MW00628775

EDAF
MADRID - MÉXICO - BUENOS AIRES - SAN JUAN - SANTIAGO

ÁNGELES LÓPEZ

TRASTORNO AFECTIVO BIPOLAR

La enfermedad de las emociones

Prólogo de JUAN LUIS ARSUAGA

Introducción de GUILLERMO CABRERA INFANTE

Epílogo de JUAN JOSÉ LÓPEZ-IBOR ALIÑO

PSICOLOGÍA Y AUTOAYUDA

Editorial EDAF, S.A.
Jorge Juan, 30. 28001 Madrid
http://www.edaf.net
edaf@edaf.net

Edaf y Morales, S. A.
Oriente, 180, n° 279. Colonia Moctezuma, 2da. Sec.
C. P. 15530. México, D. F.
http://www.edaf-y-morales.com.mx
edafmorales@edaf.net

Edaf del Plata, S. A.
Chile, 2222
1227 - Buenos Aires, Argentina
edafdelplata@edaf.net

Edaf Antillas, Inc
Av. J. T. Piñero, 1594 - Caparra Terrace (00921-1413)
San Juan, Puerto Rico
edafantillas@edaf.net

Edaf Chile, S.A.
Huérfanos, 1178 -Of. 506
Santiago - Chile
edafchile@edaf.net

6.ª edición, abril 2005

Depósito legal: M-18.025-2005
ISBN: 84-414-1277-4

PRINTED IN SPAIN   IMPRESO EN ESPAÑA
Cofas, S.A. Pol. Ind. Prado de Regordoño - Móstoles (Madrid)

*Este libro está dedicado a todos aquellos
que padecen un trastorno bipolar.
Su dolor, desconcierto, esperanza y nobleza,
dan sentido a todas estas páginas.*

Solo aquel cuya radiante lira
haya tañido en la sombra
podrá seguir mirando hacia delante
y recobrar su infinita alabanza.
Solo quien haya comido
amapolas con los muertos
descubrirá para siempre
sus acordes más armónicos.
No obstante, la imagen en el estanque
suele desvanecerse:
Conoce y permanece en paz.
En el seno del mundo dual
todos los sonidos terminan
entremezclándose eternamente.

RAINER MARIA RILKE
Los Sonetos a Orfeo

Índice

❧❧

Págs.

AGRADECIMIENTOS 13

El cerebro, la evolución y el trastorno mental..., por Juan Luis
    Arsuaga 15

INTRODUCCIÓN: Por qué este libro, para qué y para quiénes . . . 19

Cómo leer este libro 22

Guillermo Cabrera Infante, a modo de introducción... 25

PRIMERA PARTE

Estoy en crisis (Paciente) 33

Está en crisis (Familiar) 41

¿Hospitalización? (Paciente) 47

Hablen para que yo los entienda (Familiar) 56

Ni un minuto más... (Paciente) 72

Alta hospitalaria, no alta médica (Familiar) 79

Nunca más (Paciente) 89

Esa negra dama llamada depresión... (Familiar) 95

De vuelta a la vida... Soy un civil (Paciente) 100

SEGUNDA PARTE

1. Qué es el trastorno bipolar 109

2. ¿Cuáles son las causas de la enfermedad bipolar? 117

3. Factores que regulan el estado de ánimo 127

4. Bipolaridad en cifras 130

5. La manía 137

6. La hipomanía 147

Págs.

7. La depresión bipolar 151
8. Fases mixtas 161
9. Clasificación de los trastornos del estado de ánimo 166
   A) Bipolar tipo I (Tab I) 167
   B) Bipolar tipo II (Tab II) 170
   C) Bipolar tipo III (Tab III) 174
   D) Trastorno unipolar o monopolar 174
   E) Ciclación rápida 177
   F) Ciclotimia 179
   G) Distimia 182
   Cuadro-resumen de los trastornos del estado de ánimo ... 186
10. El trastorno esquizoafectivo bipolar 187
11. Periodos de intercrisis o silentes 189
12. Hospitalización 193
13. Riesgo de suicidio 197

TERCERA PARTE

14. El tratamiento: Conocerlo y manejarlo 203
15. Incumplimiento farmacológico 253
16. Tratamiento psicológico y otras iniciativas terapéuticas... .. 258
17. Mujer bipolar. Embarazo, lactancia 265
18. Creatividad y trastornos afectivos 274
19. Apoyo familiar 282
20. La pareja de un bipolar 295
21. El trabajo y los bipolares 301
22. ¿Cómo combatir las situaciones de riesgo que provoca el estrés? 306
23. Los bipolares y las leyes 311
24. ¿Tiene algún sentido mi enfermedad? 313
25. Entrevista con Juan José López-Ibor Aliño 320
Últimas técnicas de diagnóstico y tratamiento 328

APÉNDICE: Los bipolares a lo largo de la historia 331

BIBLIOGRAFÍA 335

ASOCIACIONES ESPECÍFICAS 340

ASOCIACIONES NO ESPECÍFICAS 345

Agradecimientos

∽᧞᧞

- A **Juan José López-Ibor Aliño,** por su generosidad al haber colaborado, desinteresadamente, con este libro que bien podría haber escrito él de un modo más solvente.
- A **Guillermo Cabrera Infante,** por contribuir a la divulgación de este trastorno desde la autoridad que le da ser quien es, tener la talla moral que sustenta y escribir como lo hace. Don Guillermo: le deseo una vida eutímica y plagada de éxitos literarios.
- A **Juan Luis Arsuaga**, por su magnífica aportación, que engrandece a este libro.
- A todos los bipolares, y familiares de afectados, que me han permitido indagar en su experiencia y que están presentes de un modo anónimo en cada página de este libro.
- A todos los psiquiatras consultados, que me han instruido en las causas, detalles y consecuencias del trastorno bipolar. De igual forma, gracias también a todos aquellos expertos a quienes he «vampirizado» estudios, trabajos y artículos para la elaboración de este trabajo, siempre de un modo respetuoso y citando fuentes.
- Al doctor Eduard Vieta y su equipo de colaboradores, por la tarea continua que realizan en favor del trastorno bipolar, así como por el estímulo que me han supuesto sus libros, artículos e investigaciones. También a la Asociación de Bipolares de Catalunya que tanto material me ha aportado.
- De un modo muy especial y emotivo, a **Mari Mar, Emilio, Julio, José Carlos, Begoña, Javi, Laura, Irantzu, Patricia, José, Juanjo, Ignacio, Nerea, Adrián y Aída**... y, por supuesto, **a Miguel**... Gracias a todos por su sensibilidad, intuición, empuje, sutileza, cariño, com-

prensión, aliento, valentía e inteligencia... Sin todos y cada uno de ellos, no hubiera tenido fuerzas para afrontar estas páginas.

- A **Guerola**, por ser mi amiga y haberme alentado, cada mañana y a la misma hora, a concluir esta labor. A **Esther González,** por su cariño, incansable apoyo y continua fe en este proyecto. A **Pablo Riaño**, por su primera lectura. A **David Roldán**, a quien no paro de deber cosas y ya era momento de agradecérselo, y a **Esther Domínguez,** por su tarea callada. A **Nino Fontán,** por su sereno cariño.

- A la doctora **Rosario Gutiérrez Labrador,** por su calidad humana y terapéutica.

- A **Antonio Vega,** por escribir, sin saberlo, un poema-canción que me ha servido para ilustrar la depresión: *Lucha de gigantes.*

El cerebro, la evolución
y el trastorno mental...

POR JUAN LUIS ARSUAGA

∽᷉ᴄᴧ

C UANDO llevaba dos tercios del libro escritos, me rondaban por la cabeza una serie de interrogantes, que seguían sin encontrar respuesta, en cuántos trabajos médicos y psiquiátricos había barajado. Algunos autores heterodoxos se atrevían a ver en el trastorno bipolar —igual que en otros desórdenes mentales— una suerte de enfermedad evolutiva. Una «capacidad incontrolada» del cerebro, apta, para algo que aún no ha llegado. Como si un artilugio del siglo XXI hubiese caído por error en la Edad Media... Una suerte de «pico genético» o «evolutivo», fuera de su tiempo y lugar... Pero ¿dónde estaba la línea divisoria entre la mera especulación teórica y la realidad antropológica? ¿Acaso mis razonamientos solo eran válidos para mí misma?

... Entonces, me vino un nombre a la memoria: **Juan Luis Arsuaga** —sobra decir quién es y falta espacio para hacerlo correctamente: catedrático de Paleontología de la Universidad Complutense, codirector del equipo de investigación de Atapuerca, responsable de numerosos artículos en revistas tales como: *Nature, Science, Journal of Human Evolution* o *American Journal of Phisical Anthropology,* y autor, entre otros títulos: *La especie elegida, El collar de Neandertal* o *El enigma de la esfinge...* Por si lo dicho anteriormente fuera poco, fue distinguido, además, con el premio Príncipe de Asturias de Investigación Científica y Técnica en 1997.

Aún podía recordar cómo, dos años antes, cuando yo subdirigía el programa *La Vía Navarro* —en Vía Digital—, le habíamos invitado a participar en un debate sobre el origen de los sentimientos. El resto de los contertulios eran: Javier Sádaba, José Antonio Marina, Gustavo Bueno y la fotógrafa Christine Spengler... Es innecesario decir que la hora y media de charla estuvo plagada de grandes respuestas y valiosas conclusiones, hasta tal punto que merecerían ser materia de otro libro... Pero fue en ese preciso instante, que el recuerdo me invitó a contactar con Juan Luis Arsuaga, y conocer así su perspectiva antropológica acerca de la enfermedad que me ocupaba. Todas las vías para llegar a él, con mi «mochila de preguntas», estaban despejadas —no es, en absoluto, un tipo inabordable al que no se pueda acceder—, pero su hiperactividad era más fuerte que mi rotunda persistencia: «estoy en una conferencia», «me encuentras en una mesa redonda», «estoy participando en un chat», «tengo que entregar un trabajo», «me pillas en Bilbao», «estoy de promoción con mi libro». El teléfono se me quedaba corto. Así las cosas, recurrí al bombardeo electrónico —rigurosamente literal— a través de e-mail... Y como dice el proverbio latino: *gutta cavat lapidem,* me dio su promesa de escribir su enfoque sobre la enfermedad. Acepté su palabra. A medida que su respuesta se demoraba, se me acumulaban nuevas preguntas: *¿intentos «evolutivos mal resueltos»?, ¿una reacción del cerebro ante una mala adaptación a un medio terriblemente artificial, separado de la naturaleza?, ¿hay evidencias de que nuestros remotos antepasados pudieran haber sufrido algún trastorno como el que nos ocupa?* Quince días después de entregado el manuscrito a la editorial, recibí, como regalo de Navidad anticipado, su promesa en forma de *archivo de word.* Lo que transcribo a continuación es el correo electrónico —y textual— que responde, en muy buena medida, aparte de las dudas que me planteaba... había recurrido a la persona indicada.

Querida Ángeles: Como todo llega en la vida, ahora encuentro un momento para darte mi opinión. En primer lugar, te diré que el libro me parece muy interesante y será un placer leerlo cuando esté publicado. Y vamos al tema. Con frecuencia se dice que el cerebro tiene capacidades inmensas que no utilizamos. Se oye a menudo que solo hacemos uso de un 10 % de su potencial, y por esa vía se cuelan todos los partidarios de los fenómenos paranormales, telépatas y otros charlantes de feria.

Yo no lo creo. El cerebro humano es un órgano muy costoso de producir y de mantener, ya que su consumo energético representa el 22 % del metabolismo basal (y solo el 9 % en un chimpancé o en un homínido primitivo). Si el cerebro ha crecido en la evolución humana, planteando serios problemas a la economía corporal, es porque sus prestaciones eran imprescindibles para la supervivencia del individuo. Las especies no se permiten (no pueden) el lujo de disponer órganos muy «caros» energéticamente y tenerlos infrautilizados.

En pocas palabras, seguro que hemos utilizado al máximo el cerebro a lo largo de nuestra evolución, y por eso precisamente ha crecido, porque había presiones de selección a favor de esa expansión.

¿Por qué, entonces, existen trastornos mentales?

En primer lugar, porque la maquinaria biológica tiene fallos de funcionamiento a veces, ya que no es perfecta, ni ha sido diseñada en ningún taller de ingeniería, sino que es producto de una infinidad de cambios y ajustes que se han ido produciendo a lo largo de muchísimo tiempo. Como dice el premio Nobel François Jacob, la evolución hace «bricolaje», o sea, modifica lo preexistente para generar nuevas funciones. De hecho, los mamíferos, y los primates dentro de ellos, somos descendientes modificados de los vertebrados pisciformes de la era primaria, y nuestro plan estructural, el diseño corporal o «bauplan», es el mismo. Los huesecillos del oído medio proceden de un arco branquial (que soportaba branquias) y la mandíbula de otro. ¡No está mal lo que hemos conseguido con orígenes tan humildes! También por eso me río cuando oigo afirmar muy seriamente que la postura bípeda no está del todo conseguida, ya que con los años van apareciendo problemas. Y es que está hecha de hueso y cartílago, no de titanio, y venimos de los cuadrúpedos (que, por cierto, también sufren patologías degenerativas, malformaciones, etc.). Disfunciones existen en todos los sistemas corporales, y el cerebro no podría ser la excepción.

Además, hay que considerar otro aspecto, del que se ocupan las llamadas «Medicina evolucionista» y «Psicología evolucionista» (que no evolutiva). Nuestro cerebro, y nuestro cuerpo, han aparecido y se han desarrollado en la evolución para realizar determinadas funciones, y puede haber problemas cuando se dedican intensamente a otras. Eso vale, por ejemplo, para el tubo digestivo y la alimentación, ya que la actual puede ser muy diferente de aquella a la que nos hemos adaptado biológicamente.

El cerebro está adaptado a determinadas tareas y procesa información de tipo social, ecológico, tecnológico, etc. Pero no había presiones de selección para hacer álgebra vectorial o tocar el piano en la prehistoria. Eso podría hacer que surgieran trastornos si se abusa de un sistema biológico forzándolo excesivamente en una determinada dirección para la que no está genéticamente programado.

Hace poco tiempo participé en un debate sobre temas científicos, y un filósofo comentó que no podía admitir la física cuántica porque desafía la lógica, ya que afirma que una partícula está al mismo tiempo en dos lugares diferentes y en dos estados distintos. Yo contesté que nuestro cerebro no ha evolucionado para hacer física teórica, sino para vivir en la naturaleza, donde un león no está en dos lugares y estados al mismo tiempo, sino en un lugar y estado cada vez. Es decir, a nivel macroscópico, la lógica aristotélica funciona (¡afortunadamente!), y por eso pensamos con lógica. Pero las partículas, y la naturaleza, no tienen por qué regirse por la lógica de nuestro cerebro de primate, y por eso no podemos imaginarnos a las partículas subatómicas (ya que a nuestros antepasados no les decían nada).

Y por último, a veces aparecen individuos con variaciones genéticas. Si no mueren y se reproducen, esas mutaciones persistirán en la población.

En fin, Ángeles, podría estar horas escribiendo sobre este tema, que desde luego da mucho juego, pero espero que estas apresuradas líneas te sean de alguna utilidad. Y perdón por la tardanza. Un abrazo,

JUAN LUIS ARSUAGA
Centro UCM-ISCIII de Evolución y Comportamiento Humanos

INTRODUCCIÓN:

Por qué este libro, para qué y para quiénes

∾ ∾

E N marzo de 1988 escuché por primera vez dos palabras que modificarían mi vida: *maníaco-depresivo*. Hoy sé que hay muchas maneras de saludar a alguien que padece este trastorno, pero una sola comporta connotaciones insultantes: esa es, textualmente, *maníaco* —aunque *psicótico* también se le acercaría—. Desde los años ochenta, la Organización Mundial de la Salud redenominó la, hasta ese momento, conocida como PMD —*Psicosis Maníaco-Depresiva*— por Trastorno (Afectivo) Bipolar. De esta forma, y no de ninguna otra, debiéramos referirnos a la enfermedad de las emociones que nos ocupa.

Este libro tiene el objetivo fundamental de llegar a personas que, directa o indirectamente, padecen la enfermedad bipolar de las emociones. Sin dejar de resultar útil a los profesionales de la salud mental, así como a todos aquellos que quieran saber en qué consiste un trastorno que han padecido —y padecen— entre otros, Hemingway, Virginia Wolf, Shumann, Mary Shelley o Guillermo Cabrera Infante. Como se dice en uno de los capítulos, más de la mitad de las personas que sufren desórdenes del estado de ánimo están sin diagnosticar. Alguna de ellas puede ser usted. Si es así, desoiga a quienes no conocen la enfermedad y prohíbase las versiones folclóricas que le puedan llegar de la mano de libelos o de películas de Hollywood, pues solo aumentarán la confusión.

Cuando conocí la enfermedad, solo tenía una vaga noción de lo visto en el cine. El asesino siempre era un *maníaco* y, en algunos casos, el detective encontraba en su casa un pequeño frasco de color caramelo mientras rezaba un *off* lapidario: «Como era de suponer, está en tratamiento con litio». Así es que, para mí, como para muchos profanos, el litio y, por consiguiente, el trastorno, eran sinónimo *de psicó-pata sin escrúpulos capaz de cometer las mayores atrocidades.* Si en una reunión alguien hacía una estupidez, los demás se referían a él como un *maníaco*; los amigos tildaban a los asesinos en serie o a los responsables de suicidios colectivos como *maníacos sanguinarios,* e incluso llegué a presenciar cómo, una compañera de trabajo que se sentía acosada por el jefe, le puso una denuncia por *maníaco sexual,* tal y como hizo constar en la declaración policial...

Solo después de ciertas lecturas, fui recuperando la vaga noción de que algunos de mis escritores favoritos estaban asociados —en mayor o menor modo— con esta enfermedad... Desde ese momento, consideré la causa de la divulgación bipolar como una auténtica militancia. Saber todo lo posible acerca del trastorno, averiguar lo que sienten los enfermos, así como profundizar en los orígenes y conocer los posibles tratamientos, ha sido una tarea muy reveladora. Comencé a visitar psiquiátricos, a entrevistarme con afectados —contrastando información con sus familias—, así como a buscar instrucción en diferentes expertos. Solo con el tiempo he podido saber que compañeros de trabajo también lo padecían, padres de amigos también lo sufrían, y amigos de amigos llevaban años soportando en silencio este trastorno. Nos da miedo, mucho miedo, confesar que se tiene un bipolar en la familia (como si se tratase de una enfermedad contagiosa, una suerte de peste bubónica o un síndrome selvático que pudiese alcanzarlos con una simple salpicadura de saliva)... Incluso un alto porcentaje de enfermos siguen sin saber qué les pasa, mientras viven sumidos en recaídas sin un tratamiento acertado, por el temor de su entorno a sacarlos del gueto familiar. **Para ellos, para quienes los aman, quienes los contratan, quienes comparten su ocio..., incluso para quienes les temen como a la lepra, va dirigido este libro.** Porque la información es la única medicina contra la ignorancia.

Quiero advertir que tal vez la lectura de algunas páginas pueda resultar dura en ciertos momentos. Pero nunca, bajo ninguna premisa, debe interpretarse como dramática. Si es así, solo quien esto escribe es responsable de ello. Entender y asumir que se padece un trastorno bipolar puede ser ciertamente «áspero» —a falta de un mejor adjetivo—, pero no hay otro camino; ocultarse a uno mismo el problema no supone ninguna ayuda. A pesar de cierta reiteración en los episodios, afortunadamente hay largos periodos de «normalidad», y los avances farmacológicos ayudan a que esta sea la tónica, consiguiendo que cada vez estén más distanciadas unas crisis de otras. Ser bipolar es solo un añadido más a toda una vida, y un desorden químico no puede limitar una existencia.

Cómo leer este libro

❧ ❧

L AS instrucciones para leer este libro son muy sencillas. Consta de una primera parte en la que se reseña el ciclo completo por el que atraviesa un bipolar: desde la fase eufórica, pasando por el proceso de «aterrizaje a la realidad», hasta llegar a la temible depresión y posterior fase de estabilización. **Los capítulos impares** están destinados a escuchar la voz del enfermo, mientras que **los pares** se dedican a seguir los pasos de su mujer, sus dudas, sus temores... Más que ninguna otra, se trata de una enfermedad que afecta al núcleo familiar, no al individuo de forma aislada. Por tal motivo, me pareció oportuno seguir el hilo argumental de ambos. Cada persona vive las cosas de una manera íntima e intransferible, y solo escuchando su testimonio podemos aproximarnos a la experiencia real, salvando así la distancia que separa la «teoría» médica de la «práctica» personal... Como decía Silvio Rodríguez: *si alguien se siente retratado, sépase que se hace con ese deseo...*

Para elaborar el testimonio del paciente bipolar, así como el de su mujer, me he inspirado en casos reales hasta conformar un *retrato robot*. Todo lo que se pone en boca de ambos es absolutamente cierto, vivido y relatado por los protagonistas. No hay ninguna recreación de acontecimientos, y sí una adecuación de estilo.

Numerosos psiquiatras y expertos en salud mental se han ocupado de hablar de los motivos, la herencia genética y los detonantes de este trastorno, pero nunca he leído en ninguna parte si algún otro ser humano había pasado por la noche oscura que a mí me había tocado vivir. Cuando diagnosticaron a mi marido su bipolaridad, huelga decir que me abalancé sobre cualquier manual que existiese en el mercado para atender a multitud de interrogantes. Pero, pasado el periodo meramente informativo, necesité saber cómo se sentían otras personas en mi lugar. En nuestro lugar. Bien es cierto que hay asociaciones que tienen esta utilidad y que en ellas se comparten experiencias, estrategias y posibles soluciones. Pero no había un libro en el que se reseñara cada estadio del trastorno. Ni uno en el que alguien explicase un seguimiento exhaustivo del proceso, para dotarlo de normalidad, para conferirle pautas de regla. Cada vez que mi marido entraba en crisis, yo debía recurrir a un cajón de mi memoria para recordar si todo se estaba desarrollando «con la normalidad de la anormalidad», para revisar antiguos tratamientos, recontar los días que nos quedaban por delante... Así pues, comencé a llevar un diario en el que reseñaba actitudes, acciones, conversaciones con el enfermo, el psiquiatra, así como medicaciones que le iban administrando. En la reiteración de las euforias me resultó de inestimable utilidad la continua consulta de mis propias notas, porque solo a través de la experiencia he llegado a la conclusión de que ningún enfermo se comporta igual a otro. Es lo que me ha llevado a defender que no hay enfermedades, sino enfermos. Por tanto, cotejando mis apuntes, sabía las dosis que debían administrarle, el tiempo que nos quedaba de una u otra fase, y el análisis histórico de los hechos me daba fuerzas para continuar adelante. Algo así como: «Esto ya lo hemos vivido, es exactamente igual a la vez anterior, y ya nos queda menos por recorrer».

Quien así habla es Marisa —que bien pudiera ser Juana, Elena o Lucía, o tal vez Ramón, Pablo o Ángel—, y huelga decir que ese diario —absolutamente real— ha resultado de una ayuda inestimable, así como un referente continuo, para la redacción de este libro. También debo aclarar que el caso concreto que aquí se reseña es el de un bipolar llamado *agudo*, con todos los agravantes médicos que conlleva este adjetivo en el desarrollo de la presente enfermedad. Es decir: un **bipolar** de **fase I**, afectado de **episodios mixtos, ciclador rápido** y **con antecedentes familiares probados**. Así pues, a este ejemplo habría que quitarle «capas» como a las cebollas para conseguir sentirse reflejado en él. Afortunadamente, no todos aquellos que padecen un trastorno bipolar presentan un cuadro tan grave como el que aquí se reseña.

La segunda parte del libro se ciñe a las directrices de la divulgación —qué es la enfermedad, cuáles son las causas, pautas farmacológicas, psicoterapias...—. Cualquier psiquiatra podría explicar mejor que yo *en qué consiste, por qué se padece* y *hacia dónde va* la enfermedad, pero solo movida por los intereses de los afectados —entre quienes he encontrado amistad profunda y sincera—, únicamente alentada por quienes lo sufren en primera persona, he podido llegar a saber qué interesa realmente. Estimulada por tal pensamiento, me he atrevido a usurpar «transitoriamente» el merecido papel divulgador de un terapeuta, a quienes, desde aquí, pido mis mayores disculpas.

Por amabilidad del doctor **Juan José López-Ibor Aliño** (reputado psiquiatra clínico y ex presidente de la Organización Mundial de Psiquiatría), se incluye un cuestionario de preguntas sobre la enfermedad. Algo así como «todo aquello que usted siempre quiso saber sobre los bipolares y nunca se atrevió a preguntarlo». Por último, el codirector de las excavaciones de Atapuerca, **Juan Luis Arsuaga,** ha tenido la generosidad de aportar a este texto una visión antropológica del desorden.

Los bipolares y su entorno inmediato logran desarrollar, con el tiempo y la debida reeducación, una sobrehumana capacidad para desdramatizar, así como una fe indestructible en los avances médicos, genéticos y farmacológicos. Confío en que mis humildes palabras, pensamientos y *exorcismos* sirvan de bálsamo e impriman todo el coraje necesario a los afectados.

ÁNGELES LÓPEZ
yobipolar@hotmail.com

Guillermo Cabrera Infante, a modo de introducción...

෴ ෴

A veces la gente (mujeres sobre todo) cree que les saludo efusivamente, pero se trata más bien de ciertos temblores. Provienen de la época —entre el 72 y el 75— en que estuve loco. Estuve muy loco: ya no me importa contarlo. Primero ataques de parálisis y de amnesia. También depresión clínica, que no tiene nada que ver con la depresión corriente. También tuve ataques de euforia en los que me creí el dueño de los mayores secretos del mundo...

GUILLERMO CABRERA INFANTE

No es necesario hacer presentación alguna de este escritor cubano, afincado en Londres, transgresor del idioma, cinéfilo empedernido, cantante y fabulista de realidades amargas. Sirva como apunte decir que nació en Gíbara, Cuba, en 1929, y que entre sus obras se encuentran: *Así en la paz como en la guerra, Tres tristes tigres* —novela con la que consiguió el premio Biblioteca Breve, 1964—, *La Habana para un infante difunto, Delito por bailar el chachachá, Ella cantaba boleros, Todo está hecho con espejos, Mea Cuba* o *Puro humo*. En 1997 fue galardonado con el premio Cervantes.

Escuché al señor Cabrera Infante hablar por primera vez del litio hace más de una década. A partir de ese instante, y a través de diferentes entrevistas, he sabido del desconcierto —no sé si es la palabra que él utilizaría— que le comporta padecer el desorden bipolar... Sus experiencias con el electrochoque, sus depresiones, sus euforias... Cuando proyecté redactar este libro me rondaba una monoobsesión por la cabeza: conseguir encabezar el texto con unas palabras suyas. Decidí probar suerte.... Al tercer timbrazo en la casa de Gloucester Road, descolgó el teléfono su mujer —la actriz cubana Miriam Gómez, a la que se atribuye haber convertido su hogar en una isla caribeña en medio de la capital inglesa—. Escuchada mi escueta presentación, solo pude oír un lejano: «Guillermo... desde España»... A los veinte segundos sentí la voz cubana, honda y gruesa, del escritor al otro lado del auricular. Le expliqué lo que quería. Me escuchó en un profundo silencio... «No sabía que lo llamaban bipolar. Más que una enfermedad, parece una modalidad de aviones a reacción». Barroco en la palabra y la conducta. Estaba hablando con don Guillermo. Cabrera. Infante. Exuberante en el verbo. «Con gusto contestaré a sus preguntas, señorita. Pero lo haré por escrito. Remítame un fax y recibirá respuesta a la mayor brevedad... y... una última cosa: como dirían los ingleses, agradecido de haber pensado en mí»...

El autor que dijera que *vivir daña seriamente la salud* tardó diez días exactos en remitirme sus respuestas, que, no sin cierta emoción, trascribo, literalmente, a continuación.

- ¿Desde hace cuánto tiempo padece el trastorno afectivo bipolar?

Exactamente un día de junio de 1972, cuando un *nervous breakdown*[1] dio paso a una situación mental inesperada. Mi psiquiatra de entonces, que era un analista, diagnosticó con un nombre que aún entonces me pareció más cómico que médico. ¡Padecía de melancolía! Ese analista todo lo que hizo fue empeorar mi *breakdown*[2].

- ¿Qué cosas no ha podido hacer debido al trastorno que sufre?

Conducir. Antes de mi *breakdown* era un excelente chófer. Hasta conduje, cuando mi viaje a Hollywood, por el laberinto de asfalto y hormigón que es Los Ángeles.

- ¿Qué aspectos de su vida personal —emocional—, social o laboral ha variado el hecho de ser bipolar, o maníaco-depresivo, o como

---

[1] Literalmente: crisis nerviosa.
[2] Por *breakdown* él se refiere a «crisis», palabra que utilizan los bipolares para referirse a «episodio».

quiera denominarlo la Organización Mundial de la Salud? ¿En qué le ha perjudicado ser bipolar (familiar, económica, socialmente)?

Mi fase maníaca produjo toda clase de incidentes que entonces no supe lo peligrosos que eran. Esta fase dio lugar a una catatonía en que yo no podía siquiera conectar con mi mujer, Miriam Gómez.

• Muchos bipolares, en la fase maníaca, se ven abocados a tener problemas con su entorno, malentendidos, discusiones... ¿Puede extraer algún anecdotario de su experiencia «eufórica»?

Mi manía, que muchos calificaban de euforia, me llevó hasta el Festival de Cannes. Para entonces yo vivía en una película tan melodramática como cualquier estreno actual.

• Los psiquiatras dicen que los bipolares tienden a padecerse a sí mismos en las fases de euforia, a repetir pautas y comportamientos... ¿hay algún *leivmotiv,* a modo de argumento, en sus crisis?

Siempre una paranoia excesiva que me conduce a los más extraviados vericuetos.

• El entorno familiar de los enfermos bipolares habla de ciertos indicios peculiares que anuncian la llegada de una crisis. ¿Hay algún modo particular en que pueda detectar su familia que usted está entrando en una fase eufórica —o maníaca?

La primera manifestación de mi *breakdown* la sufrió mi hija menor, que apenas tenía 10 años, cuando me iba a acompañar hasta mi médico (Miriam Gómez estaba en Miami visitando a su madre) y yo insistí en vestirme de esmoquin —¡a las diez de la mañana!—. Cuando Miriam Gómez regresó y fui a buscarla al aeropuerto, le insistí durante todo el viaje de vuelta a Londres que había descubierto la clave, no de nuestras vidas, sino del sufrimiento que nos producía a todos nuestro exilio. Cuando llegué a la casa le puse un vídeo con «MacMilland and Wife», ¡un programa de una serie en que el héroe era Rock Hudson! El viejo actor era capaz de escapar a las trampas que su mujer propiciaba. Más que una revelación era una iluminación kafkiana.

• Algunos expertos aseguran que, para los artistas bipolares, resulta mucho más creativa la fase depresiva que la eufórica. ¿Le parece que sus estados de melancolía han engrandecido su obra...?

Nadie que está seriamente afectado por un *nervous* —no: un mental— *breakdown* puede escribir, que es lo que hago ahora. Como tampoco puede hacerlo un borracho o un drogómano en sus respectivos *highs* [3]. Pero he observado que cuando estoy verdaderamente deprimido, escribir, o simplemente sentarme ante mi máquina, me obliga a concentrarme, mientras que la manía me desborda.

• ... La capacidad de vivir estados alterados de conciencia extremos —vaivenes anímicos tan dispares—, ¿consigue hacer de un creador un ser dotado para una compresión especial de la vida?

Yo no soy más que un escritor (a veces) y no puedo —leer más arriba— descifrar el menor problema de mi vida. Todo lo que puedo hacer es ir al psiquiatra, tomar mis píldoras como si compusieran un paraguas... y esperar a que escampe.

A mayor depresión, mayor tristeza, que no es más que una de las formas que adopta el egoísmo máximo de un *nervous breakdown*. Para entonces yo no puedo ser compasivo con nadie, excepto conmigo mismo.

• Los expertos hablan de que muchos bipolares poseen un alto cociente intelectual y una mayor capacidad de comprensión y compasión —pasión, «con»—, no en vano son trastornos afectivos. ¿Quiere esto decir que, a mayor dolor, mayor sensibilidad?

El problema de un *breakdown,* mental o nervioso, es para mí como un dolor de muelas allí donde ya no tienes muelas.

• ¿Qué le ha llevado a reunir la valentía necesaria para contarle al mundo que padece un «trastorno mental»? —no sé si sabe que ahora los psiquiatras dicen que se trata de un trastorno meramente químico con consecuencias mentales.

---

[3] Literalmente: colocado.

No es valentía. Es que como escritor (no tiene más que recordar algunos de mis títulos) tiendo a contarlo todo. Recuerde que yo escribí *wherever there is a pun a pain is hidden* [4].

• ¿Reniega de su enfermedad o es una condición completamente incorporada a su vida?

O no, claro que reniego. Lo único que un *breakdown* es: excelente cura para la nostalgia, ya que se vive (en mi experiencia) en un eterno presente, muy lejos del eterno pasado que vuelve y revuelve, que tanto gustaban a Nietzsche y a Cocteau. La araña está siempre tejiendo en la cancela.

• Algunos investigadores se atreven a ver en este trastorno una enfermedad evolutiva. Una «capacidad incontrolada» del cerebro, apta, para algo que aún no ha llegado. ¿Cómo lo ve usted?

Lo único que sé de mi enfermedad es que no es evolutiva, sino regresiva y circular. Pero peor es la diabetes que padezco.

• ¿Desde cuándo está usted recibiendo medicación «eutimizante» o reguladora? Por cierto, ¿puedo preguntarle qué toma en este momento, o es una descortesía?

Exactamente desde que mi mujer Miriam Gómez me recluyó en un *home* (palabra aparentemente más acogedora que manicomio) en junio de 1972. Desde entonces son treinta años. (Diez más que el tango.) Mis medicamentos se han llamado de muchos nombres y marcas comerciales, pero todos son antidepresivos y metaeufóricos: Surmentil es el más antiguo, Efexon es el más moderno y actual. Han sido tantas drogas diferentes que mi actual psiquiatra, al recetarme Efexor (en España Vandral) me dijo: «Para su *cocktail*». No podía referirse a más que uno, ya que soy un alérgico social al alcohol. Ni siquiera puedo silbar sibilino como Humphrey Bogart en *Casablanca* «Here's to you, kid».

---

[4] Literalmente: «Donde quiera que haya un juego de palabras hay un dolor escondido».

PRIMERA PARTE

Estoy en crisis (Paciente)

∽ ∾

CREÍA soñar...
    ... y en esa evocación plácida imaginaba una realidad en la que era imposible rozar el suelo, planeando sobre las nubes, alejándome a cada brazada, más y más, de la gravedad de la tierra. Mi cuerpo, moviéndose etéreo hacia un destino de cobalto. Sumergido en mi sueño, que no lo era, observaba lo pequeño que parecía el mundo, visto desde allá arriba. Lo diminutas que son las cosas, lo absurdas y perecederas... Podía sentir, en el rostro, el aire fresco que proporciona la paz de la distancia, pero, con todo, era de una pureza sobria y sin edulcoramiento. Qué paz aquella que no podía disfrutar por no haber soñado... La realidad era bien distinta:

Dos noches sin dormir. Aunque, si se mira bien, tampoco es que lo necesite de forma imperativa. ¿Qué es dormir sino una pérdida de tiempo? Me siendo lúcido y calmado, igual que si hubiese descansado treinta y seis horas seguidas. ¿Por qué tiene que resultar un problema el hecho de no conciliar el sueño? El cuerpo es inteligente y sabe pedir, en su justa proporción, lo que necesita en cada instante. Qué sabrán los demás de lo que sucede dentro de cada uno; ya lo decía mi abuela, heredera de la más honda sabiduría castellana: *cada uno en su casa sabe lo que pasa...* Y en la *casa* de mi cuerpo solo yo sé lo que acontece.

—Anoche tampoco dormiste, ¿verdad, Manuel?

Marisa, imperativa, entorna los labios como si estuviese a punto de empezar una Guerra Santa...

—Sí, dormí. Tardé en hacerlo, pero cuando empezó a invadirme el sopor, tú ya estabas soñando con angelitos.

—No me mientas, Manuel. Es verdad que yo he dormido, pero me desperté varias veces y estabas fumando en la cocina, o sentado en el ordenador, apostado en la terraza, organizando la caja de herramientas... ¿coincidencias?

... Y no solo es la boca —y lo que supone el gesto—, también la cabeza, inclinada hacia delante, con el dedo índice apuntándome como el que principia un juicio sumarísimo. Mi mujer me increpa con una reacción intempestiva. Me defiendo.

—Pues sí. Sincronía entre tu desvelo y el mío. Te aseguro que dormí como un tronco. Es cierto que me fumé un cigarro, que tenía que poner un correo urgente, que había olvidado durante el día...

—... ¿a quién?

Me apetece volver a soñar que sueño, regresar a ese espacio tibio y envolvente en el que no hay sombras de desconfianza, ni interrogatorios en la mesa de la cocina a la hora del desayuno... Al menos no de parte de quien no debe saber más de lo que sabe. La realidad es siempre engañosa...

—¡Eso forma parte de mi intimidad, Marisa! No quieras saber tanto... También salí a tomar el aire porque me dolía horriblemente la cabeza.

—¿Por eso te anudaste mi fular, como si fueras el *Pequeño Saltamontes*?

(*Qué ramplona puede llegar a resultar... además, no sé qué hago yo aquí discutiendo con alguien que no entiende nada de nada, por más que me empeñe en porfiar*)... Pues sí, aunque no te lo creas —porque yo no tengo la culpa de que seas tan ignorante—, la presión del pañuelo provoca una función vasoconstrictora que me alivia. Con ello consigo bloquear los nervios supraorbitarios que son los culpables de mis jaquecas.

—Y la caja de herramientas, ¿tan urgente resultaba ordenar, de madrugada, alicates, tuercas, alcayatas, clavos y arandelas?

—¡No me puedes someter a este placaje!, ¡déjame en paz, *coño*!

Estoy harto de las preguntas estúpidas y las frases estúpidas en el momento en que la cabeza está a punto de reventarme. Harto de que un *pepito grillo* tome la iniciativa de lo que debo, o no, hacer. Lo que es correcto y lo que deja de serlo. Si me apetece no dormir, no duermo, ¡y basta! Decido soñar que sueño y, eso, me alimenta. Una cosa es padecer un trastorno bioquímico, y algo bien distinto significa que todo el mundo se sienta con derecho a entrar y salir en mis deseos, necesidades y entretenimientos nocturnos. Bien está que lo hagan cuando entro en crisis, pero ahora yo no estoy raro, no hago nada extraño, no estoy averiado... Es más, estoy mejor que nunca. Controlo mi vida, manejo mis miserias y mis emociones. Mi ocio y mi aburrimiento. Mi sueño y mi vigilia.

Más aún que otra cosa: siento que estoy madurando. Percibo que estoy en un momento de tránsito del que saldré renovado. *Sursum corda*. Desde hace días acuño la sensación de que está sobreviniendo el cambio que siempre he estado esperando para modificar mi vida. Toda mi triste vida. Si quienes me quieren no son capaces de entenderlo, ya pueden irse acostumbrado —*renovarse o morir*—... o alejándose de mí. Incluso mi propia mujer, si se opone a la metamorfosis. Tampoco entendieron a Juan el Bautista: *una muda en el espíritu, tras de un baño purificador, para ser salvos...* Si ella quiere un tullido emocional y anodino a su lado, un *sinsorbo* homologado y previsible, que empiece a buscar otro marido porque yo no estoy dispuesto a seguir lamiéndome las heridas. Desde hace un par de días soy yo quien la he notado a ella rara y distinta. Distante conmigo. Como si estuviese hecha de uñas de gato y alambre. Me mira áspera, me contesta lacónica, la siento lejana. Rehúye cualquier tipo de intimidad conmigo —¡qué digo intimidad!: no permite ni que la vea vestirse—. Sería una lástima tirar tantos años por la borda, pero la gente cambia y yo tengo nuevas necesidades. La mujer que esté conmigo debe entenderlo... o marcharse de mi lado.

Siempre he estado falto de energía, anhedónico, como si me hubiera abandonado el *elam vital* en el mismo instante del nacimiento o si estuviese obligado, por algún mandato divino, a arrastrar una maleta llena de *cadáveres*... pero, por primera vez en muchas reencarnaciones, siento un brío y un ardor renovados. Algo me dice que ha llegado mi momento; tenía que llegar y solo yo sabía que sucedería, porque soy el único capaz de interpretar «las señales». Apenas requiero alimentos y me basta con beber el cóctel de limón, ajo, vinagre y coca-cola que me hago en la *osterizer*. Incluso he adelgazado tres kilos. Yo lo llamo *preparado milagro*. Quizá patente el brebaje antigraso, energizante y vasodilatador. Me siento ágil, con la fuerza de un bisonte y una apertura de campo visual inusitada. Desde que tengo conciencia de mí mismo, siempre he sentido que vivía con orejeras emocionales y visuales. Todo podía conmigo, mientras yo me defendía observando un norte recortado, restringido. Ahora no solo veo el amplio horizonte, sino que vislumbro el este y el oeste y lo que hay más allá de babor y estribor —¿cómo era la cita de Melville?, ¡ah, sí!: *... con grandes aspavientos el filósofo Catón se arrojó sobre una espada, en cambio yo sencillamente me embarco*—... El mundo es un poco más mío que nunca. Interpreto las señales. Leo los signos. La guerra contra Iraq contiene todas las evidencias. *Ellos saben que yo sé, y quieren hacerme callar... Pero todo está escrito desde el principio...*

—Manuel, tenemos que hablar...

Llegados a este punto, en el preciso instante en que Marisa pone cara de yogur ácido —bajo en calorías— y me dice con tono de viuda negra «tenemos que hablar», ya sé lo que viene después... A pesar de todo, me hago el tonto, porque siempre cede el que más inteligencia tiene. El que más sabe. Y la información es poder. Yo sé, y ella no.

—Vale. ¿De qué quieres que hablemos?
—... Veras, Manuel... realmente, ¿tú no te notas nada?
—No. Es decir, sí. Que estoy bien.

Se ha levantado de la silla y se ha arrodillado como una gatita a mis pies. Ronroneante y persuasiva. Pero soy completamente inmune a las vocecitas de carey y a las zalamerías de salón. Como bien imaginaba, su postura no era más que un preámbulo... La oigo decir en un susurro a la muy ladina:

—¿Y no te extraña *estar tan bien*?
—¿Qué pasa, que ahora es un delito sentirse en forma?

—Te está cambiando el color de los ojos.

—Estupendo, nos lo ahorraremos en lentillas. No sabías cómo ajustar el presupuesto de este mes, y ya tienes una pista...

—Te sentirás muy gracioso, ¿no?... Pero no es hora de hacer chistes. Estás muy «ingeniosillo» y eso reafirma aún más lo que te quería decir. Las rimas, los chistes malos, las frases rebuscadas, tu falta de modestia... Creo que... me parece, si me permites que te lo diga... que... estás entrando en crisis.

—...

Claro que no digo nada. Todo lo que diga puede ser utilizado en mi contra. Volar, eso me apetecería ahora mismo, más que responderle. Sobrevolar a Marisa y su percepción de crisis...

—¿No dices nada?

—Yo no lo noto, Marisa, pero si tú lo dices... Tú me conoces mejor que nadie.

Seguirle la corriente a Marisa siempre es lo más inteligente. Resistencia callada, como la de los primeros cristianos en las catacumbas.

—Llevo observándote dos días. Has rescatado del armario la camiseta de I hate USA rojo fosforescente, que te regaló mi hermano y que odias con todas tus ganas; has pasado del tabaco rubio al negro... Apenas has comido desde hace 48 horas...

—Pero ¿eso te alarma? Hay veces que el organismo está desajustado y hace cosas raras... Además, caramba, los hombres no son relojes suizos...

(Por cierto, esto me recuerda que el omega sea master que me regaló mi hermano mayor tiene la corona rota. Lo llevaré a reparar al distribuidor, porque ahora necesito un cronógrafo analógico de alta precisión. Es preciso que mida el tiempo por mi cuenta, ya que ellos manipulan los relojes atómicos y los digitales.)

—... Marisa, los cuerpos tienen días peores y días mejores... Lo que pasa es que tú solo estás tranquila si me ves bajo tierra, hundido y deprimido. Reconócelo, mujer.

—No seas injusto, me hace igual de infeliz que a ti ver atravesar la depresión por el umbral de esta casa. Manuel, te conozco muy bien... Nos *lo* conocemos los dos. Estás entrando en crisis. Como no *lo* atajemos, esto irá a más, y te me escaparás de las manos.

Contemporizar. Contemporizar. Si soy cauto, la conversación terminará añadiéndole a mi dieta un par de pastillas *juanolas* que esperan enterradas en el cajón de medicinas de la cocina.

—Está bien. Yo no lo noto, pero si tú lo dices: solo por amor, te creeré. ¿Qué propones, querida?
—Pues... empezar con el antipsicótico, mientras nos da hora la «psiqui»... o...
—¡No!, ¡al hospital no pienso ir! Si esta vez me ingresáis, te juro que me escapo. Puedo aceptar que me notes raro, pero te puedo asegurar que no estoy loco. Pase admitir destrozarme el hígado tomando tus pastillitas *de la señorita Pepis,* solo para que te quedes tranquila... ¡pero no pienso hacer un paréntesis en mi vida, mis cosas y mi trabajo para tomarme unas vacaciones mentales rodeado de zumbados!
—Manuel, los dos sabemos que siempre empiezas colaborando con buena voluntad, pero luego te «me escapas», deja de haber comunicación...
—Claro, y ese es el momento en que viene el *Comando de Ingresos Voluntarios,* y me lleváis al psiquiátrico, ¿no? ¡Venga, llama a mis hermanos!, ¿o, tal vez, ya sabe todo el mundo, que tú dices —que este matiz quede bien clarito— que el *loquito* ha entrado en crisis?
—Esperamos, si quieres... Veamos si la crisis aborta, con un subidón de antipsicóticos. Total, es lo que te hacen en el hospital. Si quieres, para quedarnos más tranquilos aumentamos también el ansiolítico. Manuel, seguro que podemos con esto, ya verás...

Contemporizar. Contemporizar... No levantar la liebre. Esperar que escampe. Esta pobre infeliz se cree que soy como mi hermano, que a la mínima de cambio empieza a ver, en cada mujer, a las madonnas de Murillo, sonrosadas y apetecibles... Yo no estoy como él, a mí me dan euforias más suaves, aunque los dos seamos bipolares... Aparte de que a mí me gustan las mujeres como Frida Kahlo... y no imagino que mi chica se lo monta con el rey, ni acudo a los concesionarios de coches para intentar financiarme un *Porche Mariland...* Contemporizar...

—Sabes que sí. Que siempre colaboro... aunque sea un acto de fe, porque no veo lo que tú ves... Para probarte mi buena voluntad, dame mi veneno, *Desdémona...*
—¿Te puedo pedir una última cosa, Manuel?
—Estoy magnánimo. Habla.
—Dame la tarjeta de crédito. Solo por precaución. La última vez te gastaste, en veinte días, trescientas mil pesetas.

Vale. Trescientas mil, ¿y qué? También es mi dinero y tengo derecho. Ella puede invertir trescientas mil en hacerse la depilación láser, pero yo no puedo comprarme una maqueta que reproduzca el palacio derruido de Cnosos. Qué maravilla... allí empezó la cuna de la civilización micénica, extensión de la indoeuropea, para luego expandirse por todo el continente. Una cultura lúdica, telúrica, casi pagana, blandiendo sus cuernos de minotauro al mundo. Una lástima que Marisa sea tan ignorante y no sepa leer entre líneas. Transigir, contemporizar.

—Para que veas que estoy bien, haré una última concesión: te entrego la Visa. Luego no me digas que no soy razonable.

Me tomaré la medicación solo porque tengo la evidencia que no me tumbará. No hay neurotransmisores que bloquear porque ninguno se ha desmadrado. Estoy fuerte, más fuerte y lúcido que nunca, y estoy seguro de poder con cualquier dosis de *juanolas.* Para chulo, yo. Si ella se queda más tranquila y con ello consigo paz, lo haré. A pesar de que el litio lo fabriquen los judíos y corra el riesgo de engullir microchips nanotecnológicos en formato de pastilla... Me lo tomaré... Lo tomaré... O no. Ya veremos. Marisa puede decir misa. ¡¡¡Además rima!!! Tengo una facilidad tremenda para hacer ripios... ¡En el fondo siempre he sido un poeta, yo lo sé! Porque poeta es todo aquel que tiene la capacidad de mirar el mundo con ojos nuevos, distintos. Pero los poetas no se limitan al papel y la pluma. La pintura también es poesía. ¿Qué es la pintura sino hacer rimar los pinceles con el lienzo?... Encontrar la metáfora adecuada en cada rasgo... Me voy a comprar pinceles, óleos,

telas, un caballete. También ceras y carboncillo. A ver cómo salgo
a la papelería sin que venga Marisa conmigo... aunque, pensándolo
bien, tiene que acompañarme: ¡no tengo un duro y me ha quitado la
tarjeta!

¡Mira que está rara! Hasta diría que le están cambiando las facciones de la cara. Cada vez me recuerda más al personaje que interpretaba
Sharon Stone en *Desafío total*. Schwarzeneger creía que ella era su
mujer cuando, en realidad, era una espía que se hacía pasar por su verdadera esposa para que no recordara su pasado de sublevado en Marte.
Es posible que alguien esté manipulando a Marisa contra mí, porque
ella no tendría iniciativa para emprender ese proyecto por sí misma.
Por si acaso, no me fiaré. La tendré a raya. Ni una concesión. *Ellos*
quieren lo que yo sé. Desean sustraerme el potencial que yo poseo,
pero ignoran que es indisoluble de mí mismo. Tendrían que matarme
para conseguirlo... ¿O sí lo saben? Quizá por eso sentí ayer la presencia de un francotirador en la azotea de casa. No lo vi, pero sé que
estaba allí. *Van* a por mí. Quieren poseer mi capacidad para controlar
el tiempo, adelante y atrás. Pero ignoran que me asiste una fuerza
inusitada. Puedo batirme con catorce tipos a la vez y no hacerme un
solo rasguño...

... Aunque no sería necesario hacer ningún alarde de fuerzas... *Ellos*
no saben que puedo cambiar de universo paralelo, a voluntad. Con solo
proponérmelo... Y soy más rápido que *ellos*. Ya pueden empezar a bus-
carme, porque les va a costar dar conmigo. ¡Mientras tanto, Marisa
preocupada por si estoy en crisis!; ¡cómo son las mujeres!... ¡Entrete-
nerse en semejante puerilidad con lo que tengo por delante!

Está en crisis (Familiar)

ᑎᓄ ᑕᓇ

SER viuda debe ser mucho más fácil. Al menos eso es lo que me consuela pensar en estos momentos. Lo más complejo de afrontar es esta suerte de tener un hombre desconocido dentro del hombre que amas. Qué digo complejo, es terrible. Usurpando su cuerpo, su nombre. Invadiendo mi casa, mi cama. Disponiendo de su cosas y sus asuntos...

He perdido la cuenta del tiempo que hace que no nos acostamos juntos. No puedo. Siento que le estoy siendo infiel... con él mismo...

Me acusa de todo. No me reconoce. Horada, socava, desmorona, rompe, destroza, rasga y pervierte —enterrándolo— todo aquello que fuimos juntos construyendo... ¡hasta hace solo diez días! Parece que ha sobrevenido un eón y no han pasado ni dos semanas. Le incrustas, en la mirada, todo el desconsuelo que te invade, con la sensación de abandono que comporta un hecho insostenible, y él solo canta, escupe —nunca antes había escupido en plena calle—, come por cuatro, tiene la mirada perdida, detenida, a un metro justo, de sus ojos... Elucubra... sé que maquina, pero ignoro la trama.

Sin duda, ser viuda debe ser mejor que esto. Al menos recuerdas a tu muerto, intacto e inviolable, a salvo de sí mismo. Cuerdo. No trastornado. Lúcido...

Mientras, vivo reclutada, confinada, encerrada, sepultada en casa. Con miedo, pavor, terror, agorafobia. No fotos. No revistas. No libros. No tele. No cine. No amigos. Ningún contacto con el exterior porque todo me escuece, todo me agrede, todo me duele. Mientras dure este trance de ser viuda con un marido vivo, pero lejano, quiero ser una «pobre de mí» en permanente decadencia y elucubrar sobre la posibilidad de distintas salidas drásticas, al problema: ¿suicidio?, ¿parricidio?, ¿divorcio?, ¿destierro?, ¿abandono? No me peino. Diez días con el mismo pantalón y la misma coleta. No quiero ver, ni ser vista —¿dónde venderán los dichosos anillos de Giges?—. Que no me quieran, ni me compadezcan, ni me entretengan siquiera. Ni caricias, ni risas, ni novedades, ni sobresaltos, ni distracciones de mi propia pena. Quiero estar así: regodeada en mi propio jugo. Manteniendo sus cosas en orden, y en su sitio, por si regresa de estas «vacaciones» que se ha dado de sí mismo, que no encuentre nada fuera de lugar. No a todos y a todo... Menos a su recuerdo que, cada día, sin yo saberlo, me va diciendo adiós, abriendo y cerrando el puño con la burlona mueca de un niño... Diluyéndose bajo la forma usurpadora de quien ahora gobierna su cuerpo.

Porque esto es casi una posesión. No se lo puedo decir a nadie, pero lo siento así. Un hombre vive dentro del hombre que amo y le obliga a hacer y decir cosas imposibles e impensables: a vestir como él nunca lo haría, con ropas cargadas de colores de feria, a fumar un tabaco que no es el suyo, a responder a preguntas invisibles, a increpar a la televisión, a cambiarle los andares —ya está próximo a parecer *Tony Manero*, en *Fiebre del sábado noche*—, los ademanes, los sueños, las ilusiones... a suponerse capacitado para industrias —y andanzas— inoperantes. No. No a todo. Negación como principio único de supervivencia.

—Quiero el divorcio, Marisa.

Me espetó ayer por la tarde, cuando volví del trabajo. Había sido un día realmente agotador del que todavía tenía recuerdo en los abductores, de las trescientas escaleras —subidas y bajadas—, dos inversores de la inmobiliaria donde trabajaba decidieron tomarse la noche libre y emplear el taxi, que debía conducirlos a la oficina, para vivir Madrid *la nuit*, y, para colmo de males, mi jefe me había recriminado varios fallos garrafales en los últimos informes impresos. Recuento de la batalla: los pies hinchados como botos de Valverde del Camino, los ojos enrojecidos de estar pegada al ordenador como una calcomanía y un cuerpo de sardana, tremendo. Cuando escuché la voz de Manuel diciendo semejante sandez, tuve la presencia de ánimo suficiente para respirar en ocho tiempos y decirle, con el tono de voz más sereno que pude encontrar en los bolsillos:

—No tengo inconveniente, Manuel, pero ya sabes lo que decía la Santa: *en tiempo de crisis, no hacer mudanza...* Mejor esperamos un mes, y si pasado ese tiempo sigues deseándolo, te prometo que te lo concedo. Pero, dime una cosa, ¿tanta repugnancia te provoco?

—No te puedes hacer una idea... Además, mi vida no puede seguir así. Me esperan en otro sitio.

Me joroba ser profeta, pero ya lo había vaticinado. Se me estaba escapando... Aunque luego, cuando todo pasa, hacemos muchas bromas al respecto, cada vez que sobreviene un episodio eufórico es como si fuera la primera vez. Siempre termino desmoronándome y llorando...

—Explícame eso un poco mejor... Siempre nos hemos entendido bien... ¿Quiénes te esperan?, ¿dónde te esperan?

—No lo entenderías. Ahora ya no entiendes nada.

Se fue. Ahora dejará de colaborar. Intentará vomitar el neuroléptico para que no le haga efecto y empezará a hacer *juguetes bélicos* a mis espaldas. Las noches serán un trasiego de idas y venidas, de reparar electrodomésticos, de hacer cálculos para encontrar las míticas ciudades perdidas: Avalón, Herbácea, Shangri-La, Shambala, la Xanadú del Kublai Kan... *Se fue* y los dos lo sabemos. Pese a todo, intento sujetarlo a la tierra, como una pobre niña tirando del hilo de una cometa a merced de un huracán...

—¿En tan poco estimas los años que llevamos juntos, Manuel?

—Mira, no me líes, ha llegado el momento. Hay veces que un hombre dice hasta aquí, y es hasta ahí donde debe llegar.

—¿Entonces?

—Te doy un mes. Ni un día más... El mismo tiempo que necesitaré para concluir la primera fase de mi proyecto... y si crees que voy a cambiar de opinión, me conoces poco.

Demasiado lo conozco. Hasta en crisis lo conozco y sé que es idéntico a sí mismo, en estos parajes de delirio, de *persecuciones y segundas venidas de Cristo.* Por eso sé que todo volverá a ser igual aunque tenga que esperar cuarenta y cinco días para ello. Cada nueva crisis me repito a mí misma que esta vez será distinto. Más corto, menos intenso, menos doloroso. Un pico menos alto, una «acentuación moderada»... ¡No es cierto y va siendo hora de que lo asuma! Dura lo que dura, y nunca remite antes. Cuarenta y cinco días, en los que él entra y sale. Va y viene. Arregla y destroza. Ya no funciona el ordenador, ni el equipo de música. Tenemos un osciloscopio nuevo, que me gustaría saber para qué sirve —ya pensaré cómo devolverlo a la tienda, cuando todo esto acabe—. Se acuesta y no duerme. Y yo solo deseo hibernar un mes y quince días, con todos sus minutos puestos en fila de a uno, para que termine esta pesadilla... ¿Quién hizo días *tan largamente habitados de minutos*?

Por cierto, ¿alguien se ha parado a pensar lo lejos que queda todo y lo desconcertantemente complicado que resulta acceder a ello? Se llama agorafobia —¿será contagiosa?—. No puedo desplazarme si no es en coche. Taxi. Cuatro ruedas para salvar las distancias imposibles a las que se enfrentan mis aterrorizadas piernas. Sobrevivir. Sobrevivir. Semanas enteras con una austera dieta autoimpuesta, a fin de ingerir algo: kéfir y jamón de York... Y algún ansiolítico que robo del cajón de Manuel. Igual me da Valium, que Lexatin, que Tranxilium... todo vale para enajenarme del aquí y ahora. Aquí y ahora. Aquí y ahora. *¡¡¡¡En ningún sitio y nunca!!!!*

Lo peor de todo, ya lo he dicho, es la sensación de provisionalidad. Como todo está mal y se prolongará por un periodo de tiempo concreto, yo ni me muevo. Ni altero una sola pluma hasta que escampe. En el trabajo vegeto, como un mueble de art déco, polvoriento y olvidado que solo inventa e inventa —«¿y esa cara, Marisa?»; «No he dormido bien»; «no estás muy lúcida, Marisa»; «no. Va a ser que esta no es mi reencarnación adecuada»...—. Se me está agotando el ingenio para inventarme bajas: ya he tenido una gripe, un dolor de muelas... hasta un quiste en el ovario... Todo lo que sea necesario, a fin de conseguir tiempo libre que me permita maniobrar. Posponerlo todo para convertirme en la sombra de Manuel, siguiéndolo a todas partes. Pagando sus facturas. Desvelándome con sus excursiones nocturnas a la cocina. Descolgando el teléfono para que pueda dormir media hora —¡al menos media hora!— de siesta. Esquivando a familiares y amigos para que no lo vean en este estado. Si dejo cualquier cabo al azar, puede meterse en un lío. ¿He dicho que eso era lo peor?

No contaba con el miedo a volverme loca. Necesitaría una conversación sensata con algún ser vivo de la tierra, pero ¿a quién le puedo explicar que a mi marido lo persiguen la CIA, el Moshad y la KGB a un tiempo? ¿O que ha comido con Jesucristo, y Dios Padre, en la mesa de formica de nuestra estrecha cocina?

—Has comprado vino, Manuel.
—Solo una botella, mujer...
—Sabes que no puedes beber con la medicación.

Me doy asco a mí misma. Parezco un guarda jurado, sin porra, espiando todos los escondrijos de los sesenta metros cuadrados de nuestra soleada casa.

—Esta vez es una excepción. Es un Vega Sicilia, que además me han dejado muy bien de precio.

Estará con las facultades enajenadas, pero no pierde el *pico de oro*...

—No discuto la calidad del vino. Son los grados de alcohol lo que me preocupan.
—No seas ignorante, que ya sé yo lo que debo hacer. Además, hoy era un día especial...
—¿Especial?
—No quieras saber más...

No le lleves la contraria. No le lleves la contraria... Pero tampoco fomentes sus delirios. La teoría la tengo aprobada con sobresaliente, pero... ¿cómo resistirse?, ¿cómo mirar hacia otro lado cuando hay una fogata en tu cocina, cuando tu marido viaja en ovni en lugar de en transporte público, cuando la persona con la que vives abronca a mister PESC a través del correo electrónico, condenando los bombardeos sobre Serbia durante la guerra de los Balcanes?

(Aquel día, Manuel invitó a comer a Dios Padre y a Jesucristo. El Espíritu Santo declinó la invitación. Dada la inmaterialidad de ambos comensales, se vio obligado a ingerir la totalidad del maravilloso caldo vallisoletano. Claro está, esto no lo supe hasta cuarenta y cinco días después del ágape.)

Al paso que van las cosas, me temo que tendremos que ingresarlo. Le estoy dando la misma dosis de neurolépticos que la última vez que estuvo hospitalizado, y no surte ningún efecto visible. Cada día está más lejano. Locuaz —con los demás— hasta la extenuación y desesperadamente hiperactivo... A mí apenas me habla. Si nos cruzamos por el pasillo de casa, finge darme un empujoncito para apartarme de su camino. Y lo peor de todo: continúa sin dormir. Las noches son un calvario. Me despierte a la hora que me despierte, está sentado en la cocina fumando y comiendo; comiendo y fumando. Es lo malo de los antisicóticos: el maldito efecto secundario del hambre. En quince días ha engordado seis kilos y no para de hacerme responsable de su nuevo flotador de grasa. No puedo subir más la medicación porque temo asesinarlo involuntariamente.

(Me veo en el juicio. Sentada. Con el féretro de Manuel presidiendo la sala. *«¿Cómo murió su marido?»* —*«Un fallo al corazón, señor juez»*—.*«Que exprese el forense su dictamen: ¿qué motivo, o motivos, produjeron el paro cardiaco en un paciente de 35 años?»* —*«Detectamos en su sangre, señoría, una concentración elevadísima de Olanzapina»*—. *«Qué droga es esa, señor forense.»* *«Se comercializa con el nombre de Zyprexa. Los psiquiatras lo administran como potentísimo antimaníaco. La cantidad que soportaba el difunto a la hora de su fallecimiento era muy superior a la que hubiera administrado cualquier facultativo.»* *«Tiene algo que alegar la viuda.»* *«Sí, señoría. Yo le administré la droga. Solo añadí diez miligramos más a la cantidad que suelen suministrarle en los hospitales. Yo no quería matarlo. Solo deseaba abortar la crisis. Una hipertimia, ¿sabe lo que es eso?, ¿tiene idea de lo que significa vivir con eso?, ¿ser testigo de eso?»* «Eso no es una justificación, señora. Estoy aquí para dilucidar si aquí se ha cometido, o no, un homicidio. Y mi veredicto es que, en tanto que la acusada no es doctora en medicina y se ha atrevido a administrar una potentísima droga a su difunto marido, ha habido homicidio voluntario. La condeno a cadena perpetua...».)

Lo mejor será intentar negociar con él un ingreso. Llamaré a sus hermanos. Que vengan esta tarde a tomar café e intentaremos convencerlo. A fin de cuentas, un maníaco, por muy delirado que esté, no deja de ser la persona que siempre ha sido, manteniendo su código de valores, intacto... O en eso confío.

¿Hospitalización? (Paciente)

❧ ❧

STÁ bien. Ellos ganan... de momento. Ganar una batalla no implica ganar la guerra. Vamos camino del hospital. Conduce un híbrido entre gallego y alienígena que, además, es mi cuñado. Por cierto, podría pisar un poco más el acelerador para no ir aplastando huevos. En el asiento de atrás, despachurrados, mudos y sin aliento, van: mi hermano —con cara de cirulillo románico, rociado con un poco de esencia de Robert de Niro—, mi hermana —en actitud orante de *enana portuguesa*, con la nariz de mi madre, completamente desplegada— y Marisa. Por cierto, a Marisa parece que estuvieran lijándole las neuronas una caterva de elfos: ni una sonrisa, ni una mirada de complicidad. Definitivamente es otra, o, al menos, ya no es ella... ¡Y está más fea que nunca!

Llevan su mejor talante de funeral mientras yo tengo unas irresistibles ganas de fumar, abrazar a ese árbol de tronco áspero y parduzco —sinceramente, creo que ahí radica el principal problema del hombre moderno: su desvinculación con la madre gaia—, terminar de arreglar el equipo de música, reparar la teja rota de la azotea, comer pepinillos —o anchoas o aceitunas o atún en escabeche—, escuchar a Barricada, jugar con mi perro, enderezar la antena de televisión, comprar las sondas que me faltan para que funcione el osciloscopio... ¡Nadie parece darse cuenta de la cantidad de cosas que tengo que hacer! No. Ellos tienen que sentirse con la sartén por el mango. Solo están tranquilos si consiguen lobotomizarme a fuerza de pastillas. Si el «loquito» está a buen recaudo, todos descansan... ¡como si fuera un lingote de oro!

... Pero al «loquito» le importa muy poco que le pongan camisas de fuerza mentales, que lo obliguen a estar rodeado de perturbados que echan espumarajos por la boca, que le pregunten treinta y siete veces, los psiquiatras y celadores, cuántos ovnis ha visto hoy. Esta es una oportunidad única para mí y ningún mediquito me va a reducir a fuerza de *pirulas*. No hay nada que sanar. Estoy perfectamente; mejor que nunca. Quieren nivelarme. Homologarme con el resto de la histeria colectiva que los domina a todos... A Marisa incluida. Convertirme en una válvula social uniforme y uniformada. ¡Van de cráneo! Son ellos los que salen perdiendo porque no saben —y yo sí sé— que buena parte de lo que les ocurre reside en los tejados de las casas; algo tan aparentemente inofensivo como las antenas de los móviles está modificando sus conductas. Los altera. Los idiotiza. Los gobierna. Los impele a hacer y decir lo que no quieren. Los están teledirigiendo. Suerte que conmigo no pueden. *Ellos* intentan localizar mi posición y leer mi pensamiento a través de esos inofensivos transmisores de ondas, porque quieren lo que yo tengo, pero... *lo que yo tengo* no está en venta... Mientras pueda seguir mutando de universo paralelo, les costará dar conmigo. Además, siempre puedo coger la pistola de avancarga de mi padre, que Marisa no sabe que guardo en el cajón de los calcetines, e intentar disparar a la antena que nos vigila en la torre de al lado de casa. Hasta un tirachinas me serviría... ¡Dios qué hambre!, ¿faltará mucho para terminar con este protocolo?

—¿Estás bien, Manuel?

¡La muy cínica! En casa ni me hablaba y ahora, delante de mis hermanos, quiere hacerse pasar por la perfecta casada.

—Sabes «magistralmente» cómo estoy... ¿acaso no te has convertido en mi portavoz?
—No te enfades conmigo, por favor. Sabes que nunca te haría daño... Y tus hermanos, mucho menos...
—Pues me lo estáis haciendo. Si de verdad me quieres, por qué no damos la vuelta y nos vamos todos a cenar por ahí.

Acabamos de pasar el «Asador de Don Ramón» y ahí sirven un cordero lechal magnífico. Aunque a mí no me importa el sabor del cordero pascual, porque se aproxima un poco más a la carne de muerto que debieron paladear los trece en la Última Cena. Regado con vino y acompañado del preceptivo pan ácimo —*estas son las cosas con las que un hombre cumple sus obligaciones para con la Pascua: cebada, trigo escanda, centeno y avena...* se recuerda en Pesajîm 2, Misná 5— ... La voz de Marisa emerge, monocorde, por encima de mis jugos intestinales:

—... Porque así es como te demostraría no quererte, Manuel.

—Entonces, si es así como me quieres, ódiame un poquito y déjame que te odie yo a ti, en paz. Ya has conseguido lo que querías: alarmar a toda la familia, alertarlos de lo que no es verdad y traerme de *vacaciones* al psiquiátrico... Ahora ten el decoro de callarte.

—Con ese talante ya me dices bastante de cómo te encuentras. ¿No ves lo agresivo que estás conmigo?

Está crecidita porque se siente protegida por los demás. En casa estaba mucho más dócil... ¡Mira que está fea la condenada! Debe ser por la *posesión*...

—Ni más ni menos que lo que mereces. Por intrigante. Ahora le cuentas todas tus neuras al médico y, a poco listo que sea, a ver si conseguimos que te medique a ti. Porque no sé si te has dado cuenta de que, desde hace mucho tiempo, la que necesita pastillas eres tú: neurótica, obsesiva, llena de miedos...

Llegamos. Aparcamos. Cojo mi maletita como si fuera un niño bueno camino del internado. Sé que no debería entrar por esa puerta, porque, en cuanto lo haga, cerrarán la llave tras de mí y la tirarán al río... Pero soy así de *chulo*. Prefiero estar aquí, rodeado de *tupis*, y no tener que escuchar a mi familia lo que tengo o no que hacer. Además, esto no modificará mis planes. En cuanto salga de aquí terminaré lo que he empezado: poner una bomba de cloruro de potasa en cada centro de El Corte Inglés y disparar contra todas las antenas de telefonía móvil del barrio.

(*Hospital San Gabriel*, calle de Raimundo Fernández Villaverde, Madrid, 13.45 de la mañana.)

Marisa se abalanza hacia el mostrador, como si rebasara una invisible línea de meta. Le delatan sus ademanes y la expresión no verbal de su cuerpo: «*Quiero deshacerme del "loco", quiero que lo entierren en una sepultura... No ven lo "pobre de mí" que soy*». *Incola ego sum in terra.*

—Buenos días. Veníamos con una urgencia.
—¿Nombre del paciente?
—Manuel López Pintor.
—¿Edad?
—Treinta y cinco años.
—¿Qué le sucede?
—Es bipolar y está en pleno episodio.
—¿Sociedad a la que pertenecen?
—SEGURITAS MUNDI.
—Pasen, por favor, a la salita de espera. Enseguida les atiende el doctor de guardia.
—Gracias.

No he dicho ni «*mu*», como si fuera el mudo de los hermanos Marx. Marisa hace y deshace, desvelando mis datos a cualquiera. En cuanto salga de aquí tengo que procurarme un DNI y un pasaporte falsos. Bueno, bueno... así que, de nuevo, *en casa*. Al menos, aquí no se come demasiado mal porque las monjitas no son malas cocineras. Lo peor es que las habitaciones son compartidas... si al menos me tocara de *vecina* una chavalita de la planta de anoréxicas... ¡¡¡¡Por amor de Dios!!!!, ¡los cuadros son horribles! Ese San Martín de Porres, con mirada lánguida y los brazos sobre el pecho en actitud de «quiero ser monjiiiiiiiiita»... Me mira... y no me mira... Me mira... ¡Otro cigarrito y a esperar al *bata blanca*! Si a mí me da la gana, puedo fingir un estado de normalidad absoluta y conseguiría que ingresaran a Marisa por desquiciada. Míralos, ¡qué pinta tienen! ¿Esta es mi familia? Pues digo lo que Jesús: *estos no son mis padres, ni mis hermanos*. No los reconozco... ¿Pero bueno, cuándo va a venir el *psiqui* de guardia? ¡Para unas prisas! Anda que si llego a estar mal de verdad...

—¿Manuel López Pintor?
—Sí. Soy yo. Como diría mi padre, «para servir a Dios y a usted».
—Acompáñelo un familiar, por favor. Síganme.

Pasillos oscuros y más cuadros horribles, como el San Martín de Porres de la sala de espera. Pasillos largos y luz que cae del techo hiriendo las coronillas... Esto tiene mal feng shui. Un despacho, para entrar en otro despacho, con luces y sombras. Ya hemos rebasado un par de *San Mauricios* en pleno martirio, un *Saulo de Tarso* cayéndose del caballo, una *Miriam de Magdala* derramando ungüento sobre los pies de Cristo y dos crucifixiones —irreales, por supuesto; según se ha sabido, los romanos no podían ser tan estúpidos como para colgar a nadie de las palmas de las manos... ¡se desgarraría al cuarto de hora!... La absurda iconografía renacentista—. Por cierto, a mí no me importaría que me pusieran una corona de espinas... tal vez resultara una buena terapia de choque contra este horrible dolor de cabeza. Bien mirado, aquí *no me encontrarán*. El doctor delante, Marisa detrás, y yo detrás de la que va detrás. Marisa no tiene ya ni culo. Es una esqueleta andante. Yo creo que ha adelgazado a propósito para dar pena. Llegamos al despacho. Autocontrol. Autocontrol. Autocontrol...

—Soy el doctor Cabrero. Cuéntenme qué sucede.

—Verá, padezco un TAB y estoy en tratamiento con litio desde hace años. Mi familia cree que estoy en una hipertimia...

—... Bueno, bueno... Veo que te conoces tu enfermedad. Pero, más allá de lo que crea tu familia y al margen de ser bipolar, ¿tú qué crees que te está pasando?

¿Y qué más da lo que yo crea? Esto me lo pregunta por puro protocolo y no sabe que me importa una mierda lo que él piense. Vengo preparado para la inmolación: que me ingrese, y que me hagan todos el favor de no marearme más.

—Yo no me encuentro mal. Es más, diría que estoy mejor que nunca. Un poco agitado, a lo sumo, pero lo atribuyo al cambio de estación. A quienes sí veo raros es a mi familia. Están alterados porque a mi hermano lo van a despedir del trabajo, mi hermana y mi cuñado están tristes porque su hija se acaba de marchar de la ciudad, y mi mujer, ya lo está viendo, es terriblemente nerviosa y obsesiva... Cada uno, a su modo, está proyectando sus problemas sobre mí y han decidido, de forma conjunta, que el que está mal soy yo. No hay nada como tener antecedentes para acusarte *de enfermo* y culparte de los desastres del mundo.

—¿Tú no notas nada raro, Manuel?

—Pues no. Es cierto que estoy un poco más... expansivo. Con más ganas de hablar que en otros momentos. Pero por eso no han quemado a nadie en la hoguera.

—¿Usted es su mujer, verdad?

(No. Es Sharon Stone, no la crea. Está haciendo el juego a las autoridades para que yo no descubra que, en Marte, lideré una revuelta contra quienes querían vender el oxígeno a precios prohibitivos...)

—Sí.

—¿Qué ha detectado usted, señora?

—Primero, que lleva sin tomarse el litio más de quince días. Eso como dato más importante. En cuanto a su comportamiento: lleva diez días sin dormir. No para de arreglar —más bien destrozar— aparatos por toda la casa. Por no hablar de su excesiva locuacidad, de la que se deducen, solo de vez en cuando, misteriosas frases que atienden a una extraña clave. Habla de proyectos sin sentido aparente. Empresas que quiere acometer, unido a socios con los que no cuenta. Ha cambiado de marca de tabaco, solo come alimentos fuertes, avinagrados, con muchísima sal, contesta a los locutores que dan noticias en la televisión...

(Bla, bla, bla... El rollo de siempre. Esta pobre chica, no sabe lo que hace. Me está echando a los pies de los caballos y el *bata blanca* pone cara de creerla. Siempre es igual, ante la duda, vaselina para el familiar y medicina para el loquito. *Por un perro que maté...* en fin, mejor que me mentalice porque me parece que esto termina en una habitación de la segunda planta, con un montón de miligramos de *mierda* en sangre. Mírala, sentadita, tan seria, tan buenecita, tan con los ojitos de cordero degollado. Total, me da igual donde esté. No me van a encontrar. Tengo la llave para cambiar de plano cuando me de la real gana...)

—... para no extenderme, creo que tiene delirios... Sin ninguna duda, doctor, está en crisis. Y me da miedo llevármelo de vuelta a casa. Temo las noches, cuando cierro la puerta de la calle. Desconfío quedarme a solas con él...

—¿Cuándo fue el último episodio?

Un último intento tirándome un farol y, si no, desisto:

—Hace seis meses. Por eso yo creo que estoy perfectamente protegido de tener una nueva crisis, pero si todos están de acuerdo en que tengo fugas de la realidad y usted también, doctor, no me importa firmar el ingreso voluntario. Pero que conste, que yo no comparto su opinión.

—Es muy importante esa actitud de conciencia de crisis que tienes, Manuel.

—Sí, ya me imagino. Pero el que acaba lobotomizado soy yo. Más que colaborador soy un imbécil, pero ya no importa.

Abre el secreter y, mientras saca un impreso, Marisa respira tranquila. Ya casan todas las piezas en su sitio... al menos, para ellos...

—Firma aquí.

Bueno, todos en paz y cada mochuelo a su olivo. *La niña* se ha levantado dando un brinco del asiento: «Lo he conseguido, ya lo hemos encerrado». Ahora saldrá a la salita de espera y se irán todos a celebrarlo. *El tigre de Bengala* está en la jaula.

—Acompáñame, Manuel. Puedes despedirte de tu mujer aquí.

Y es cuando dice ella, igual a sí misma:

—Manuel... Te quiero.

—¿Sí? Me alegro. Yo no. Te rogaría que no vinieses mañana a verme. Ya estás contenta; has conseguido lo que querías, ¿no?... Me río del sexo débil. He aceptado ingresarme para perderos a todos de vista y que dejéis de darme la brasa, así es que, os lo pido por favor: no vengáis a la hora de visita, ni me llaméis por teléfono. Solo quiero recibir llamadas de mis hermanos del Pirineo, son los únicos que me entien-

den. Si tienes tiempo, en tu apretada agenda, deja en recepción un car-
tón de tabaco, la radio pequeña y el libro de los *Upanishads*. ¡Y punto!
Adiós. Sabrás de mí.

(Lagrimitas de cocodrilo para epatar ante el médico... ¡Anda que no
sabe nada *la niña*!... Tanta paz lleves como dejas, guapa...)

—Señora, puede venir mañana por la mañana para hablar conmigo.
La espero en mi despacho... Y no llore, aquí estará bien atendido.
—De acuerdo. Gracias, doctor.

Otra vez pasillos. Los constructores de loqueros no tienen ni puñetera idea de feng shui, de la cromoterapia aplicada a los interiores, ni
del buen gusto. Sigo al *bata blanca* con la docilidad del cordero que
llevaran al matadero; a fin del cuentas, este tipo se llama Cabrero, ¿no?
Por cierto, tiene un aura pardusca, de lo menos evolucionado. Un alma
primaria. Ya hemos llegado, ¡qué habitación tan asquerosa! Dos cami-
tas —enanas, por cierto— cubiertas por colchas, a juego, como las que
gastaba la tía Teresa, una mesilla horrible de color brizna de centeno,
un armario empotrado en el que no caben ni un *vestidito de la Barby* y...
¡un espantoso cuadro de Madonna con niño que tiene cara de perrito
buldog! Una delicia. ¡Y que tenga yo que pasar por semejante prueba
de mal gusto porque a mi familia se le ha puesto en el rabo de la boina
que estoy en crisis! Paciencia. Paz y ciencia. La ciencia de la paz.

—Si llevas medicamentos, los tienes que entregar en control. También tienes que darnos todos los objetos metálicos o punzantes —cu-
chillas de afeitar, navajas, cúter, etc.—. En cuanto al dinero, te recomen-
damos que solo te quedes con algo de calderilla. El resto, que se lo lleve
tu familia, ya que el hospital, no se responsabiliza si algo llegara a faltarte.
—No llevo nada. Algo de dinero suelto... En cuanto a la maleta,
solo van un par de mudas, tabaco, libros, algunos objetos personales y
poco más.
—La cena es a las siete y media. En el salón de la primera planta.

Ya lo sé. Un pabellón para chicos y otro para chicas. *Soy uno más
del otro pabellón, no me apetece, que te separen de mí...* que cantara

mi amigo Rosendo Mercado. Un gueto sexista en medio de esta democracia de pacotilla. Mucho hablar en tono de formulario sobre lo que debo o no tener, pero el celador ni se ha percatado de que me he quedado con dos maquinillas de afeitar y tres cajas de *Adolonta*. Me duele terriblemente la cabeza, y ese derivado opiáceo es lo único que me lo mitiga... además, me da un *puntito*. Bueno, bueno... de vuelta al hogar. Como si jamás hubiera salido del internado... pero lo de cenar, cuando aún es de día, resulta muy fuerte..., ¡ni que fuera un geriátrico! Aunque, a decir verdad, tengo tanta hambre que no me quedan ganas ni de discutir. Las siete y veinte: iré bajando hacia el comedor. Si no se dan cuenta, esconderé pan, entre la camisa y el cuerpo, para hacerme un bocadillo por la noche.

Hablen para que yo los entienda (Familiar)

~∾ ∽~

E L taxista, sabio entre los sabios, me argumenta que:

— En ese *sanatorio*...

(Siempre me ha gustado esa palabra: sa-na-to-rio... Como si, al nombrarla, pudieses formular un deseo igual que se tira una piedra a un estanque y, el simple hecho, por sí solo, bastara de abracadabra o sortilegio para, una vez pronunciado, pausadamente, deletreando cada sílaba, como yo lo hago ahora, abriera la remota llave que conduce a la sanación.)

—... no hay más que locos y asesinos. El año pasado se escapó un *zumbado* y violó a una niña de siete años. Me río yo de la locura. A todos los tontos les da por lo mismo... y es lo que yo digo, la silla eléctrica... ¡o a picar como *cabrones*!... Bueno, para no mentir, también hay viejillos...

(Esto último lo ha dicho matizando; más bien, en forma de arma arrojadiza, aunque con un dejo de plegar velas en función de la cara que yo pudiera poner, en vista del largo trayecto que aún nos queda hasta llegar al *sanatorio*.)

—... de los que no se ocupa nadie. Mi madre tiene 87 años y, lo quiera mi parienta o no, vive conmigo. Mis hermanos me decían que la tuviéramos «a meses», pero a mí no me dio la gana. La madre que me parió se queda conmigo, y no le faltará de nada hasta que quiera Dios llevársela.

(Pausa valorativa, mientras me mira por el retrovisor.)

—¡Vamos, que los viejos que tienen encerrados aquí van a estar igual que mi madre! Un fin de semana al mes se acerca algún familiar, con diez duros de pasteles, para lavar su conciencia. Usted, señorita, vendrá a ver a su abuela, o a su abuelo... supongo...

Sí, sí. Me descubro balbuceando: abuela... Alzheimer..., hijos y nietos con jornadas laborales leoninas..., ahora no somos como su generación, ustedes son infinitamente más abnegados... El taxímetro marca 20 euros. Todavía me quedan diez euros más de conversación de besugos y justificaciones baratas...

Al menos he desarrollado una nueva capacidad, casi prodigiosa, que me permite hablar de una cosa mientras pienso en otra bien distinta. Para ser exactos, la única que me ocupa y detiene: Manuel. ¿Cómo estará hoy? Lleva dos días ingresado y no me han dejado verlo. El médico no me ha recibido, arguyendo decenas de urgencias. Ahora los veré a los dos. Me atuso las ideas al mismo tiempo que me preparo para lo peor: ¿le habrá puesto la bomba al presidente de telefónica, activándola a través del móvil?; ¿tendré cara de espía sionista?; ¿seguirá pisándome, con la intención de separar la sombra de mi cuerpo?... ¡Claro que me seguirá pisando! Yo soy la culpable de todo: de la guerra de los Balcanes, del encierro, de la medicación, de la no separación entre el poder judicial y el gubernamental, de alertar a su familia —que es la mía— de la subida, o crisis, o enajenación o alucinación o hipertimia, o *como-coño-se-llame...*

—Ya hemos llegado, señorita.
—Estupendo, ¿cuánto le debo?
—Treinta y cinco euros con diez.
—Aquí tiene. Quédese con el cambio.

Pecata minuta, si se tiene en cuenta el gran alivio que supone bajarse del taxi... Aún pude oír el habla gangosa de «Sócrates», empuñando el volante:

—¡Señorita!... ¡Que se mejore su abuela!... Y, háganme caso, intenten llevársela a casa... Que usted también será vieja algún día...
—Lo intentaremos. Gracias por el consejo.

¡Hasta nunca! Lo peor de algunos taxistas —y lo digo como hija de uno del gremio— es que no tengan sensibilidad para notar cuándo un pasajero quiere hablar, y cuándo prefiere ir sumergido en sus procesos mentales. Me recompongo el vestido. Sobrio. Ni muy ajustado, ni muy suelto. Ni muy caro, ni muy barato. Ni muy escotado, ni muy recatado. Asepsia estilística. Tengo diez minutos para demostrarle al psiquiatra que soy un ser perfectamente equilibrado, que formo una pareja estable con mi marido, que estoy interesada en saber más de la enfermedad que asola nuestra casa cada cierto tiempo, que no tengo ninguna intención de prolongar el encierro de Manuel ni un minuto más de lo estrictamente necesario, que soy lo suficientemente fuerte como para soportar el veredicto médico que tenga a bien emitir, que Manuel es un chico inteligente, formal, creativo, buena gente —en el más estricto sentido machadiano—, sensible, riguroso, ponderado..., ¡uf!, ¿cómo se hace todo eso en diez minutos, cuando no consigo reunir la elocuencia necesaria para decirle al carnicero los filetes que necesito para el estofado...? *No future, no way.*

Espero en la salita habilitada para lo que su propio nombre indica. El *psiqui* tarda en venir cuatro cigarros y siete caminatas, de izquierda a derecha, por los cuadros religiosos que jalonan la estancia. Miento. También he tenido la extraordinaria oportunidad de contar las treinta y siete hojas que adornan el poto que duerme bajo la ventana, enterrado hasta el cuello en un inefable macetero con grecas granates. Aborrezco el granate, siempre me ha parecido un color de segundo rango, un subcolor, casi... Hablando de color y de granate... ¿se me habrá *corrido* el pintalabios? Busco un espejo de mano para comprobarlo...

—¿Es usted la mujer de Manuel López Pintor?
—Sí.
—Soy el doctor Cabrero, disculpe el retraso. ¿Le importa acompañarme?

Pasillo. Pared. Pasillo. Pared... Más pasillo, que desemboca en otro pasillo, al que le sucede un nuevo pasillo. Despacho. Puerta. Despacho. Puerta. Despacho. Silla. Sillas. Una enfrente de la otra: encontradas —¡empezamos bien!—. Mesa en medio, a modo de río Duero —*río Duero, río Duero, nadie baja a acompañarte...* ¡Basta! Cada vez que estoy nerviosa asocio frases, enumero, recuento cosas...—. No se me vaya a olvidar que el notario de la diagnosis es él y no yo.

—Su marido está en una fuerte hipertimia. Desde su ingreso ha *desobedecido* a varios celadores, y hemos tenido que inmovilizarlo en la cama.

—Atarlo, querrá decir.

Sacudo la cabeza, intentando ahuyentar la imagen que tengo de Manuel, hace tres crisis —tengo la mala costumbre de utilizar cada episodio de Manuel como un mojón del tiempo—, atado con fuertes correajes a un camastro, del que le sobresalía medio cuerpo. Inmovilizado de brazos y pies, fingía indolencia, blasfemando anatemas al ritmo de *el nueve de mayo, en Cova de Iría, bajó de los cielos la Virgen María...* mientras su madre, ataviada con el hábito de Santa Gema, rezaba todos los misterios —los gloriosos, los gozosos y *los-no-me-acuerdo*— de un rosario de nácar que siempre llevaba en el bolso. En definitiva, y para resumir, que otra vez estaba atado. El doctor Cabrero dirigió su mirada a la punta de mi nariz, en un intento de esquivar mis ojos.

—Estamos administrándole una fuerte dosis de antisipcóticos. También hemos aumentado los ansiolíticos y, a partir de hoy, añadiremos un nuevo eutimizante porque el litio no parece tener, por sí solo, una respuesta muy efectiva en los *cicladores rápidos.*

Etumina, Zyprexa, Haloperidol, Ribotril, Litio, Tegretol y quizá Depamide —¿o era Depakine?—. Una coctelera estupenda para hacer, cuando menos un viaje astral o correr en pos del animal totémico. Al menos, este psiquiatra ha tenido el buen gusto de contarme los nombres comerciales de los fármacos, mucho más fáciles de recordar utilizando reglas memotécnicas... porque otros, más carpetovetónicos y jurisconsultos con sus químicas, recurren a enumerarme la nomenclatura molecular y termina convirtiéndose en un diálogo para sordos. No obstante, no he olvidado lo último que ha dicho. Estaré un poco lenta, pero no estúpida.

—Le importa explicarme qué es, exactamente, un ciclador rápido.

—No sé si sabe que hay muchos tipos de bipolares. Los que simplemente son ciclotímicos y pasan por estados de humor contrapuestos, prácticamente en el mismo día. Es un aspecto del trastorno medianamente benigno porque apenas requiere medicación. Otro tipo de bipolares son los que tienen contadas crisis en su vida porque el litio les resulta un regulador del estado de ánimo de suma efectividad: tres o cuatro crisis maníacas, con sus correspondientes depresiones, y pueden llevar una vida perfectamente normal. Luego están los unipolares, que solo sufren un aspecto de la enfermedad: euforias o depresiones. Tampoco estos últimos presentan el rostro más grave de este desorden...

—Por lo que me explica, mi marido no corresponde a ninguno de esos grupos. Lo que significa que su caso sí es de los graves... ¿Hasta qué punto?

Me tiembla todo el cuerpo. Cada vez que Manuel tiene una euforia, albergo el desagradable pálpito de que nada volverá a ser igual. Que lo he perdido para siempre, como si descendiera por el túnel en el que se perdía el conejo de Alicia en el País de las Maravillas —*no tengo tiempo, no tengo tiempo*—, pero sin maravilla alguna, y sin ningún tipo de final para ese pasadizo... ni puertas —grandes o pequeñas—, ni galletas que te encojan o te agranden... ¡Basta! En definitiva, que terminará quedándose en ese limbo maníaco en el que lo persiguen los judíos, la CIA, el Moshad, la KGB y un coro de amenazas *judeomasónicas* que pujan por su pescuezo, mientras las antenas de los móviles se convierten en una poderosa arma articulada por la INTERPOL.

—... también están los bipolares llamados del tipo I, que son aquellos que obedecen a un cambio en el estado de ánimo completo y de forma intensa: euforia aguda, con una duración aproximada de 45 días —medicado, por supuesto— y depresión endógena paralizante, imposible de determinar su duración. A este grupo pertenece su marido, pero con un agravante...

—¿Puede haber más agravante a lo que acaba de decirme?

—Todo puede ser peor. Siempre hay que dar gracias a Dios... No estamos hablando de esquizofrenia, ni de otra patología incapacitante...

Debo estar verde. Verde oliva. Tengo cinco minutos de autonomía respiratoria en este despacho... Si el ametrallamiento de malas noticias continúa, puedo derrumbarme de un momento a otro. Vomitar encima de la mesa los cinco gramos de jamón de York que metabolicé anoche... O incluso puedo entrar en una noria de convulsiones traumáticas...

—A tenor de lo que me han contado de sus últimas crisis, he llegado a la conclusión de que su marido es un ciclador rápido.

Soy universitaria, he viajado un poco y siempre he pensado que tenía lo que los horteras llaman «cierto mundo». Creía haber escuchado todo tipo de barbaridades, sucesos, modos de vida, preferencias sexuales, insultos, blasfemias, resoluciones judiciales, opciones políticas, acuerdos internaciones, eventos deportivos, concentraciones reivindicativas... pero juro que nada en mi vida había sonado peor.

—¿En qué consiste eso de la ciclación rápida?... Y le ruego que me lo explique en cristiano para que pueda entenderlo.
—Verá...
—Si no le importa, tutéeme. Siento que me va a encarcelar. Continúe, por favor.
—Verás, la ciclación rápida significa que el bipolar pasa de un estado de normalidad a una fase eufórica —manía: hipertimia o hipomanía— en cuestión de horas. No hay modo de parar el proceso que se desencadena a un ritmo vertiginoso. Habrás advertido que, cuando detectas en tu marido los primeros síntomas de euforia, en muy poco tiempo se te ha ido de las manos... De igual forma, el viraje hacia el otro polo sucederá con la misma celeridad: un día se acostará teniendo síntomas de manía y amanecerá con un cuadro depresivo.

Así es que ese es el nombre de mi nueva enemiga íntima. La ciclación rápida. Decepcionada de habernos conocido. Con razón siempre pensábamos, cada vez que llegaba una nueva crisis, que esa vez íbamos a poder con ella. Que en esa ocasión abortaríamos el episodio... Jamás entendíamos por qué no podíamos con ello y terminaba derivando en un nuevo ingreso. Pero ¿por qué demonios nadie nos había contado esto? Hemos pasado consulta con más de veinte psiquiatras, hemos padecido al menos ocho crisis... Psiquiátricos, inabordables tomos en inglés, Internet, charlas, medicamentos, terapias de apoyo... ¿Por qué esto ahora? ¿Por qué a nosotros? ¿Por qué, de entre todas las opciones de bipolaridad, le ha tocado a Manuel bailar con la más fea?

—Pero aún hay otro aspecto más...
—¡Estupendo! Deberíamos donar su cerebro a la ciencia...
—Tiene episodios mixtos.

Conozco el sándwich mixto. De pequeña fui a colegios mixtos, porque mis padres odiaban que recibiese la antipática educación sexista-confesional de internado femenino. Mixtura de pollo, telas mixtas, recopilaciones mad-mix, y hasta remix... De lo que estoy completamente segura es de no haber escuchado a ningún tipo, y mucho menos a uno vestido con bata blanca, haberse referido a Manuel como un portador de episodios mixtos. Nado en un mar sin agua...

—Lo que significa que puede estar en una perfecta fase eufórica, con rasgos típicamente depresivos tales como: angustia, ansiedad, tristeza, bloqueo, ataques de pánico...

Manuel y yo siempre nos hemos referido a los millones de síntomas por los que pasa su cuerpo de un modo diametralmente opuesto a la nomenclatura que utilizan los especialistas. Donde dicen angustia, nosotros decimos «pelos de gato en el plexo solar», allá donde determinan *panic attacs*, lo denominamos «jamacucos», a la tristeza la transmutamos en «brown», a la ansiedad la convertimos en «guindilla», y al bloqueo unido a un cansancio atroz lo rebautizamos: sentirse como «los boquerones cuando les quitan la espina». Nunca he sabido si esta suerte de renombrar las cosas obedece a un juego infantil para no aceptar la crudeza de la realidad —desdramatizándola— o a las ganas de ser más propios con las definiciones... o pura poesía, con su bálsamo sinestésico.

—Esto quiere decir que si le dan fármacos para «bajarlo» de la euforia están resultando contraproducentes para los síntomas depresivos que simultanea con la crisis.

—Más o menos. Significa que es complicado el espectro de actuación de los fármacos. Cuando un bipolar está en euforia, hay que administrarse antipsicóticos, que, en otras palabras, son depresores. Si el paciente presenta una fase mixta, lo que es bueno para la psicosis no lo resulta tanto para el cuadro depresivo asociado.

—Es decir, que me acabo de enterar que mi marido es bipolar de fase I, que, para resumir, es el estadio más agudo, amén de ser un ciclador rápido y que, para colmo de males, tiene crisis mixtas. ¿Se me olvida algo?

—No se aflija. Al menos, todos estos datos pueden arrojarnos una explicación de por qué le han sucedido tres crisis en un solo año. Él, ¿ha abandonado la medicación en algún momento?

—Las dos crisis anteriores —la de hace medio año y la de hace un año— sí. Esta, que yo sepa, no.

—Según algunos estudios recientes, los cicladores rápidos entran, sin motivos aparentes, en lo que se conoce por «proceso de sensibilización» —algunos autores americanos lo han definido como «estar tocado por el fuego»—. Esto quiere decir que, sin motivo aparente, o quizá por haber abandonado los eutimizantes, en un momento determinado entran en una espiral de crisis recurrentes, sin que nada los proteja. Algunos llegan a soportar más de cuatro episodios eufóricos en un año, con sus correspondientes «caídas»... pero, de igual forma que llega esta recurrencia en la ciclación, remite espontáneamente.

—Estupendo. Ahora que ya saben cómo sucede, ¿tienen idea de cómo protegerlo con respecto a nuevas recaídas?

—Alternando el litio con otros estabilizadores del humor. El tegretol es un regulador muy eficaz para los cicladores rápidos.

Estupendo. Salgo del despacho repitiéndome, *por lo bajini*, los gramos de Zyprexa, Ribotril, Etumina y Plenur que administran a Manuel, como si de un mantra se tratara. Como si el hecho de no olvidar las cantidades —que no son más que números sin un sentido concreto— me redimiera de mi impotencia. Hipertimia, hipomanía, *hipermierda*...

¿Por qué los arquitectos de psiquiátricos hacen los pasillos tan largos? La fisonomía de todos los sanatorios mentales que he conocido, es idéntica: mal gusto, inoperatividad, penumbra y pasillos larguísimos ataviados de horribles azulejos. *Buenos días*; *buenas tardes*: tono que-

jumbroso por mi parte —y de desidia por la suya— al toparme con una
señora de la limpieza. Puedes llegar a superar el hecho de que se en-
cuentren lejos de la civilización, que sean tétricos y que huelan a zo-
tal... pero lo imposible de admitir son los larguísimos pasillos, que
te dan tiempo a —primero— pensar en el rosario de alegrías que acaba
de darme el psiquiatra, y —segundo, y casi peor— prepararme para la
incógnita de cómo me encontraré a Manuel. Recorres los kilómetros
de baldosas desvencijadas con el corazón desbocado, las piernas tem-
blorosas y santiguándote —aunque seas ateo, siempre te santiguas, por
si las moscas— en prevención de las sorpresas que la visita pueda de-
pararte. Luego penetras en una zona, tan estigmatizada como prohibida,
donde tienes la certeza de que están confinados los desheredados de la
lógica —temporal o perpetua, que de todo hay en la viña del Señor—...
porque, por si alguien no lo sabe, hay *loquitos* de hoja perenne y otros
que solo lo son de hoja caduca. Afortunadamente, Manuel es de hoja
perecedera.

También, indefectiblemente, siempre hay un timbre. Haces una primera llamada de *no-molestar-al-celador*, que es casi inaudible. Tímida.
Escueta y sordomuda, con la que, más que avisar de que te abran, estás
pidiendo un tácito perdón. Hay que llevarse bien con los cuidadores
porque, terminada la hora de visita, tú te marchas y pueden llegar a tomar algún tipo de represalia con el que se queda dentro. Pero el celador
no suele responder al primer timbrazo cortés. Persistes. A la quinta,
suele ir la vencida. Es, entonces, cuando te prometes que, en adelante,
a los cálculos del horario de visita deberás incorporar un cuarto de hora
de más para invertirlo en la demora del timbrazo. Solo a la décima, y
cuando ya se ha organizado una civilizada cola de familiares con ojeras
y bolsas de plástico, escuchas, a lo lejos, los zuecos del *cancerbero/a*.
Se abre a puerta. La cancela de blanco desportillado se abre como la
boca de un pez y, claro, no sabes si quieres entrar para ser digerido por
sus fauces o prefieres nadar —corriente arriba— hacia un lugar más
saludable, más apetecible... Tras unos segundos de desconcierto, y no
sin percatarte del desidioso gesto del celador/a, reflexionas que aquel
quien más quieres está allí dentro, habitando en los intestinos de esa
ballena que te ofrece, sinuosa y lasciva, sus fauces. Decido entrar y entro. La puerta-cancela-verja-vano-salida se cierra a tu retaguardia con
una diligencia metálica y de forma desproporcionada a la velocidad de

su apertura. Ya estás dentro. En una atmósfera de humo, como ecosistema privativo dotado de potestad para estrujar tu fragilidad de visitante... como si de un blindaje de nicotina se tratara, capaz de envolver sillones, paredes, cortinajes de indefectible color calabaza, puertas, bandejas y pacientes. Los recluidos mentales fuman y fuman y fuman. A veces sin piedad, otras con desánimo, las más, impelidos por la abulia del aislamiento que los invita a quemar los interminables minutos en forma de aros de grisáceos de humo.

El primer obstáculo que un familiar se ve obligado a salvar lo conforma un piquete de internos que, previsiblemente, no tendrán visita y hacen inútil guardia en el vano más próximo a la entrada. El único peaje permitido para continuar el recorrido es un cigarro. O varios. Tienes la libertad de darlo, o no, pero generalmente accedes. Quizá Manuel también participe del mismo protocolo con los visitantes de otro interno. A fin de cuentas, es un entretenimiento inocente, de los pocos que les permite la dirección del centro. Saldado el *impuesto nicotínico*, eres libre de adentrarte en la nueva red de pasillos en busca de la habitación que te han dicho los celadores, como si de un salvoconducto, en plena guerra fría, se tratara. Repites el número mentalmente, y en ocasiones, de tanto rezarlo, le desgastas un dígito para terminar colándote en la habitación contigua. La 109. La 109. La 109. Indefectiblemente, terminas abriendo la puerta de la 108 donde se encuentra un tipo de mediana edad recostado en la cama remedando a Julio Tiberio o Cayo Claudio, con acentuada barba de una semana y pijama cetrino y descombarcado que, no te reprocha el error, sin duda curtido en la rutina de ver violada sistemáticamente la poca intimidad de que disfruta.

—Perdón. Me he equivocado. Busco la 109.

—¿Eres familia de Manuel?

—Sí. Su mujer.

—Qué guapa eres. Su cuarto es el que está justo al lado de este.

—Gracias.... Por el piropo y la información. Y lo siento, no volverá a suceder.

Mientes como una condenada porque, en el instante en que te estás disculpando, eres consciente de que mañana se volverá a reproducir la misma confusión... En tiempo de crisis —esto lo aprendes pronto—

cada día es idéntico al día de ayer. Antes de soltar el picaporte, para dejar a *Tulio Petronio* imbuido en sus afanes y sus aros de nicotina, aún puedes escuchar...

—¿Tienes un cigarro?

Nuevo peaje. El último, antes de franquear la última puerta. La 109. Escrutas en la penumbra para terminar descubriendo, cuando los ojos se acomodan a la media luz, que Manuel duerme un sueño de neurolépticos, libre de correajes. El cuerpo inquieto y la respiración entrecortada, pero sueño a fin de cuentas. Ronca profundamente y decides sentarte a leer. No te importa consumir parte de las dos horas de visita en una providencial vigilia. Aún más, aprendes a rebañar los instantes que él descansa, aceptándolos como un regalo de feliz no-cumpleaños. Si duerme, no piensa. Si no piensa, no elucubra, no delira, sus neurotransmisores (neuronas, catecolaminas, sistema límbico, sistema nervioso central —y hasta el periférico—) descansan. Él reposa. Yo reposo. Nosotros reposamos... vosotros reposáis... Siempre que Manuel está en crisis me descubro en una sucesión de recuentos, enumeraciones, repetición de palabras, conjugación de verbos, reiteración de términos de los que ignoro su significado. Calculo la suma total de las matrículas de los coches, cuento el número de escalones, declino —en mi remoto latín— el odiado *templum-templi* que me obligó a pasar un verano privada de piscina, a las órdenes de un profesor particular. Intento recordar el gentilicio de Orihuela —*tu pueblo y el mío*—, fabrico la lista mental de todos los compañeros de octavo de EGB, con sus dos apellidos... es curioso, pero nunca más he vuelto a saber los dos apellidos de nadie: ni amigos, ni compañeros de trabajo, novios, amantes, escritores favoritos, cantantes... solo en el colegio accedes a semejante privilegio... Incluso puedo recordarlos por orden alfabético... Luis Alonso Cañada... Esther Ariza Reina... Marta Armas Mercado... Mario Bleda Jiménez...

... Decía que Manuel reposa, y yo aprovecho para reposar. Con la cabeza levemente inclinada en el butacón de cretona sintética semi-raída paseo mi mirada de ferretería por todo el cuarto, escrutando los restos de su desorden mental. En el suelo se ven varios pares de calcetines, mezclados los sucios con los limpios. Camisetas picadas de viruela, a consecuencia de quemaduras de cigarro. Gominolas confundidas con calderilla. Vaselina. Espuma de afeitar, con un sombrerito provisional de vaso de plástico. Tabaco rubio reposando, incestuosamente, con puritos farias del número dos (los puritos son una visita característica de las crisis)... confundidos con almendras, conguitos, kikos y otras golosinas. Como último recuento, un bote vacío semiabollado de cocacola a pie de cama y un cenicero rebosante de colillas, ralladuras de origen desconocido, tropezones metálicos y toda suerte de desperdicios biodegradables o con algún tipo de vida.

El sueño dura menos de lo que prevés. O de lo que deseas. El dormido ha abandonado el sopor, levanta la cabeza, como reconociéndote y te espeta algo parecido a:

—¿Qué me has traído de comer?

—¿Cómo te encuentras, Manuel?... Te he traído un bocadillo.

—¿De anchoas?

—Sí, y untadas las tapas con tomate.

—Seguro que no las has desalado al chorro de agua caliente y están como perros...

—¡¡Manuel...!!

—... Y seguro que los tomates no eran de los «raff». No sabes comprar, admítelo. Eres una *inutilinda*.

—Podrías demostrar un *pelín* de sensibilidad: «¿Qué tal estás?», «¿te da miedo dormir sola?», «¿se han enterado en tu trabajo de lo mío?»...

—Qué-tal-cómo-estás-te-da-miedo-dormir-sola-se-han-enterado-en-tu-trabajo-de-lo-mío... ¿Te has acordado de la coca-cola?

—Sabes que no dejan traer excitantes. No. No te la he traído. No me voy a arriesgar a que me llamen la atención a consecuencia de un capricho absurdo.

—Bueno, te perdono. ¿Vamos al gimnasio?

Lo que menos te apetece en el mundo es bajar al gimnasio, pero haces esa concesión. Queda una hora y media de visita y resulta casi imposible retenerlo en un sitio concreto. A pesar de la medicación, consigue bajar las escaleras con más diligencia que yo. Salpimentamos la excursión con una pizca de «buenas tardes», un chorrito de «¿qué tal andas?, un poco de «¿te han bajado la medicación, Elena?», una brizna de «¿qué médico te lleva a ti?», y un último «te presento a mi mujer, Antonio. ¿Quieres un cigarrito?». Me fijo en que uno de los internos lleva un letrero fabricado con los restos mortales de una caja de galletas Fontaneda. Escrito con temblorosa caligrafía, reza la siguiente leyenda: *D'ont disturb. I am drugs*. El portador es un chaval joven con ojos enrojecidos y un evidente sentido del humor que no han conseguido cercenar los fármacos. Última estación: el gimnasio; o lo que un día fue un gimnasio. Presumiblemente es un recinto cerrado y abandonado desde hace años, pero Manuel, como un adiestrado perro trufero, ha construido allí su guarida secreta.

—¿Quieres ver la obra de arte que he hecho?

Me sorprendo escrutando el gimnasio: paredes llenas de carteles, fotografías, manualidades de lejanos enfermos y remotos delirios, dos desvencijadas camillas de cuero pardo, testigos de algún pasado masaje... yeso, cuero, cintas, revistas atrasadas, un espejo con la luna rota —ya se sabe, siete años de mala suerte—, cola de contacto seca, un radiocasete del tiempo en que reinaba Carolo... Me escucho mascullar un tímido:

—Claro, Manuel. Enséñame lo que has hecho.
—Como no me dejan tijeras, he fabricado un *collage* a fuerza de ingenio. Es decir, recortando lo que necesitaba con *estas manitas, y mis abalorios...*

Efectivamente, un alarde de ingenio, cuanto menos. Una portada de revista, añada de 1985, con un primerísimo plano de Clint Eastwood, en donde se percibe un agujero, a la altura del labio superior, y en el que se le ha practicado un injerto con material no biodegradable: una colilla de Marlboro que, al menos, no era bajo en nicotina. En la frente *del más kíe de Hollywood*, un círculo trazado con boli Bic —no es necesario datar el instrumental con sofisticadas pruebas para deducir la marca— reproduciendo el icono *hippy* de la paz. Aun si lo hubiera hecho mi sobrino resultaría pueril, pero en un gesto de concordia miento vilmente:

—Muy bonito. Me gusta mucho.

En aquel lugar, en el sótano del destartalado edificio, lejos de la mirada de los celadores, Manuel campa a sus anchas. Ha descubierto que tiene un enchufe donde puede recargar la batería del móvil y una radio anciana en la que le obliga a cambiar constantemente de dial.

—La música de ahora es *pasta chuta*. Sigue buscando emisoras que pongan discos de los setenta.

Me da órdenes desde el fondo del gimnasio, reclinado en una de las camillas —que una vez fueron nuevas— como si él también fuera Cayo Tiberio. Se moja la cabeza en una pequeña pila, una y otra vez, mientras se alisa el pelo hacia atrás, a la guisa de una mala réplica joseantoniana. Con la palma de la mano aún empapada de agua hace un intento de extendérmela, en lo que imagino una atípica caricia. Puedo sentir la humedad. Cuando me tiene bien sujeta, introduce los dos dedos de la victoria en el enchufe mientras me contempla con la mirada de «corto alcance» que suele gastar en las crisis. Sé que no quiere hacerme daño. Pero no le importaría exterminar la dualidad malévola y direccionada que me atribuye. No sé lo que ha pretendido, pero hace tiempo que ha dejado de interesarme el contenido de sus delirios. Sin aspavientos, retiro la mano bajo su atenta mirada.

—¿No confías en mí?

—No confío en la electricidad, Manuel. Sabes que para mí sigue siendo un milagro pulsar un botón y que se encienda una bombilla. Me dan pánico los enchufes, y lo sabes.

—Esto no tiene nada que ver con los enchufes. Es cuestión de fe. Y no tienes fe en mí.

Aquí no viene nadie. Ni un celador. Ni una enfermera... Ni siquiera algún *loquito* tan explorador como Manuel. Pensándolo bien, tenía que haber permitido que llegase a introducir los dedos en el enchufe y quedarnos los dos pegados. No es tan mal final. Solo tengo una duda: si realmente existe otra vida —o estadio, limbo, cielo, infierno o purgatorio—, y nos vamos juntos hacia ella, ¿Manuel llegaría loco o cuerdo?... ¡toda una eternidad en crisis no podría soportarlo!

Llevamos media hora de silencio absoluto. Miento, él tararea; yo calculo cifras absurdas. No podemos hablar de nada. De hecho, no hablamos de nada. Terminado el protocolo de «¿qué tal has dormido?», «¿es buena la comida?», «¿qué tal es la gente de aquí?», se me termina el repertorio. Los hombros se me repliegan hacia el tronco, como a un saurio herido... parece que dormita sobre la camilla mientras escucha a Led Zeppelín. Música. Música. Música... Que no amansa a las fieras, que es mentira. Lo digo yo y basta. Suena un timbre, apenas audible, en el búnker en que nos hallamos.

—Manuel, ha terminado la hora de visita.
—*¡Joder!*, ¡el tiempo en este sitio se dilata y estrecha a voluntad!... Yo creo que lo hacen *ellos*.
—Venga, vamos. Acompáñame a la salida y así llegas pronto a la cola de la cena.

Vuelvo a encontrarme junto a la puerta-cancela-verja-vano-salida, pero en esta ocasión en sentido inverso. Mientras empleo otros quince minutos aguardando los lentos zuecos del celador/a, contemplo la cola formada por pijamas en la antesala del comedor. Fumando. Todos fumando. Todos de color cetrino. No importa el color que tuvieran sus caras y sus pijamas fuera del psiquiátrico, aquí dentro se produce una suerte de monocromatismo que los invade a todos. También a Manuel. Pasos de zuecos cansados. Cara de pocos amigos. *Adiós; adiós; hasta mañana...* Una mochila repleta de ropa sucia, varios encargos absurdos y el corazón encharcado. Un día más, o un día menos... Y un largo pasillo por delante, estrecho, desvencijado, escoltado por paredes vainilla, como única expectativa de redención.

A la salida, justo antes incorporarme a lo que queda del día, le advierto a una enfermera que Manuel no se toma la medicación.

—Me extraña, señora.

Tiene el nombre escrito en la bata, el pelo corto a bocados y el rictus de concederme poco tiempo.

—Créame; conozco perfectamente a mi marido. Si le están dando la dosis que me ha dicho el doctor, debería estar más *dopado*. Y les juro que no es así. Si les sirve de algo mi experiencia, procuren darle la medicación triturada. Es muy listo y sabe cómo escamotearla.

—Lo diremos en planta. Márchese tranquila.

—Gracias.

¡Y una *mierda*! No dirán nada. No comprobarán nada. Y no triturarán nada. Siempre es igual. ¿Quién vigila al vigilante?

Ni un minuto más...
(Paciente)

∾ ⌒∾

A pesar de las triquiñuelas, la enfermera se ha dado cuenta. No sé por qué se enfada. Al menos, me trago la mitad de la ponzoña que me dan; exactamente lo que creo necesitar. Ellos siempre dan de más, para curarse en salud. Es como matar moscas a cañonazos. Ignoran cuántos neurotransmisores se desatan en una crisis, pero, por si acaso, intentan exterminarlos a todos. Desde hace dos días me dan la mediación triturada y me resulta un poco complicado esquivar la mitad. Aun así, lo he estado consiguiendo hasta esta mañana, en que la muy china —es oriunda de China, o Filipinas o Tailandia... o de por ahí; no un insulto— se ha dado cuenta. Seguro que se lo *sopla* al doctor y me suben la dosis.

Tres semanas. Estoy hasta las narices de seguir encerrado, de posponer mis cometidos. Con las facultades que tengo en este instante no tengo por qué seguir demorando mi misión. Me está volviendo loco estar rodeado de locos. Daniel, por ejemplo, es un puñetero esquizoafectivo, que no para de decir estupideces sin lógica alguna. Pinta un poco —para ser exacto, guarrea láminas—, y se permite el lujo de criticar a Antonio López... que si es un contactado, que pinta al dictado de los alienígenas de Ganímedes... que si Chillida es un paranoico y no sabe manejar el cincel, pero tiene un cuerpo astral adosado que le hace de negro... además, Daniel es agresivo. Trata de imponerte su opinión por la fuerza. Él sí debe estar aquí, este es su lugar, pero no el mío. Las horas son eternas. Un hormiguero de minutos que alguien debe estar controlando, demorando, ralentizando, con mala voluntad. Bueno... alguien no; *ellos*. Para hacerme desistir.

La pobre Marisa es tan gobernable. Tan influenciable. No tiene opinión propia y nunca la ha tenido. Le han hecho creer que estoy mal para que siga consintiendo mi permanencia en este centro, malgastando mi tiempo y quemando mis energías. Al menos, anoche pude colarme en el pabellón de las chicas y entrar en el cuarto de María. Nos vio la enfermera, la que tiene los ojos rotos y cara de ropero desordenado, y nos obligó a que abandonásemos la habitación. «Chicos y chicas revueltos en las alcobas, no. Salid a hablar al cuarto de la tele.» Salimos. Y cuando se había ido a regañar a otros internos, volvimos a entrar en su habitación. Sinuosa y taimada, mientras hablábamos de cine, introdujo su mano en mi accesible pantalón del chándal. El pelo, como una cortina negra y lacia, le caía por el rostro cubriéndole buena parte de su fisonomía. No es que sea bonita, pero la Virgen —Gaia, Madonna...— adopta multitud de formas para poner a prueba la abnegación de ciertos mortales. Mientras su mano seguía inspeccionando los entresijos de mi ropa interior, descorrí la cortina de cabellos, prendiéndola detrás de su oreja. Definitivamente, no es nada bonita. Suerte que la abstinencia de tres semanas domeña cualquier tipo de resignación. La cosa derivó en una erección involuntaria, prácticamente mecánica, inmolada a las alturas como prueba de buena voluntad. Si la Shiva —bailarina del mundo— decide adoptar la peor de sus formas terrenales para someterme a examen, no voy a defraudarla. Acepto el sacrificio: gimnasia sexual, remejido entre unas caderas anchas como el canal de Suez, un aliento a betadine mezclado con tabaco rubio y una fisonomía de pez espada coronado con pelo de estropajo. Dos minutos y treinta segundos. Misión culminada; *cantando, que es gerundio*... Si el destino cósmico lo desea, seré el padre de un nuevo Mesías...

Camino hacia mi dormitorio con gusto a neumático en las encías. Mientras recorro la distancia, tomo una determinación inaplazable: si no me dan el alta por las buenas, me marcharé por las malas. Mañana, a mediodía, justo antes de la comida, cuando todos los «perturs» estén en el jardín dando miguitas a las palomas —*milana bonita, milana bonita*—, saltaré la verja. Apenas mide dos metros y medio. No me resultará difícil porque ningún interno dará la voz de alarma ya que están todos demasiado *dopados* como para reaccionar a tiempo. Y el cuidador —el de los bigotes de presentador televisivo de los sesenta, patillas de calorro y bata poblada de lamparones— bastante trabajo tiene untando la grama con una capa de cola a fin de que se queden incrustados los tordos, jilgueros y periquitos. Si no tuviera que marcharme, le daría una paliza. Por mentecato, zafio, cruel, insensible y cretino.

Me estoy *cabreando* por momentos, pero el enfado es como gasolina para mi estado de ánimo. Quizá el hecho de que haya vomitado la medicación de la cena me hace pensar con lucidez. Ya está, lo veo todo claro: me escaparé hoy mismo. Ahora mismo. Estas noches de verano, los celadores de guardia dejan las puertas del jardín abiertas porque salen al fresco, a fumarse algún cigarrito y mirar las estrellas. Giro el picaporte... ¡bingo!..., no hay nadie. Siempre puedo argumentar que no podía dormir, aunque me arriesgue a que me insuflen un hipnótico. Vale la pena intentarlo: tres zancadas —muy bien, chavalote, estás en forma—. Miro verja. Salto verja. Estoy al otro lado de la verja.

—*(Ring, ring.)*

—¿Marisa? Soy yo, Manuel.

—¿Manuel? Son las tres de la mañana. ¿No te puedes dormir?

—No. Estoy en el jardín, con unos compañeros. Ahora nos iremos a la cama.

—Manuel..., ¿ocurre algo?... Te noto raro...

—No... O sí... ¿Vas a estar en casa?

—¡Como no voy a estar en casa a las tres de la mañana! Manuel, dime qué te pasa. Por favor, confía en mí.

—Verás... Prométeme que no vas a enfadarte... ¿Me lo prometes?... Acabo de escaparme.

—...

—¿Marisa?

—Dime dónde estás y voy inmediatamente a por ti.

—No he podido ir muy lejos porque no tengo un puñetero duro. Estoy al otro lado de la verja.

—Espérame ahí, por favor. Voy a por ti y, si quieres, nos venimos a casa.

—¿Me prometes que me llevarás a casa? Mira que no aguanto ni un minuto más ahí dentro. Me estaba volviendo loco. Como no cumplas tu palabra, no volveré a fiarme de ti, nunca más. Nunca más. Te lo juro.

—Espérame, ¿lo harás?

Aquí sigo, media hora después, en un silencio de tontos. No sé porqué he llamado a Marisa. Tengo el pálpito de que ha alertado al hospital y, a estas alturas, deben haber llamado a la policía... Acaban de encender todas las luces de fuera y eso me da mala espina; oigo bullicio. ¡La muy traidora me ha delatado! No me puedo fiar de nadie. De nadie. Esto me pasa por pringado. Y encima, para más INRI, estoy rebozado hasta los tuétanos de zarzas: calcetines, camiseta, pantalón... Los celadores avanzan hacia donde estoy, apenas nos separan dos metros. Empiezo a distinguir, en la penumbra, el mostacho del cretino matapalomas. ¿Ahora qué hago?, ¿qué hago? Además de tener que luchar contra *ellos*, también tengo que protegerme de estos... ¿*Ellos* y estos estarán confabulados?: ¡claro! No puedo seguir aquí, tengo que salir de entre la maleza; ante todo soy un caballero, no un conejo.

—¡Estoy aquí! Tranquilos. No voy a ir más lejos.
—Acompáñanos de vuelta. Así... Despacito. Las manos donde yo pueda verlas... ¡Venga!, ¡ligerito!, delante de mí...
—Tranquilo. No me aprietes la muñeca. ¿No ves que no puedo huir? Sois cinco contra uno.
—¿Por qué has saltado la verja, Manuel?
—Porque quería ir a mi casa. Y porque el doctor Cabrero es un perfecto *chulo*. Esta mañana me ha dicho que hasta que los niveles de litio no marquen lo correcto no me marcho de aquí.
—Bueno. Ahora hablamos con él. Tranquilízate, Manuel.
—... Si estoy muy tranquilo. Soy un hombre de paz..., ¿no me veis?

De nuevo, en la sala de espera del día del ingreso. Para que todo sincronice, me sentaré en el mismo butacón de *curpiel* arañada y agujereada y encenderé un cigarro mientras informan al *psiqui* de que no me he comido ningún niño crudo, ni he talado ningún árbol. Esto me recuerda a el *día de la Marmota*... Un bucle en el tiempo. Todo se repite, idéntico a sí mismo. Me río yo de Heráclito y su riachuelo o su arroyo o su baño de bañista, que nunca reincide en las mismas aguas. ¡Una *mierda*! Todo se repite. Todo es siempre igual... al menos para mí. Ahora vendrá Marisa, con el *Comando de Ingresos Voluntarios*. Habrá sacado de la cama a mis hermanos y mis cuñados —*la enana portuguesa, el marciano híbrido de gallego y el mal remedo de Robert de*

Niro—, incluso habrá telefoneado a los que están fuera —a *Pilón y al Grillo de las cumbres*—... y vendrán todos del brazo, con ojeras y cara de póquer, a convencer al *loquito* de que debe ser bueno y esperar a que todos convengan en que ha mejorado. Que de aquí no debe moverse... ¿No decía yo? ¡Marisa escoltada por los hermanos *Dalton* y los cuñados *Malasombra*! Se podía haber pintado, trae una cara de limón con reminiscencias de urinario, tremenda.

—¡Manuel!
—¡Marisa!

Luego dice que la remedo... ¡Cómo no me voy a burlar de ese horrible tono de priora ursulina con lágrimas de *pobre de mí, mírenme cómo sufro*!

—Empeoras las cosas. Estaban a punto de darte el alta, y con esto solo consigues demostrarnos que estás peor de lo que todos creíamos.
—¿Desde cuándo eres psiquiatra, *inutilinda*? Además, ¿es un delito querer dormir en mi casa, en mi cama, ver a mi perro...
—Manuel. Ya te queda muy poco.
—Siempre queda muy poco, pero quien soporta esa *suma de pocos*, que son *muchos*, el que aguanta cada segundo de aislamiento, soy yo. ¡Y no es poco, es muchísimo! Siento angustia, pero, claro, eso no os importa.
—¿Qué te ha dicho el médico?
—Todavía no lo he visto. Debe estar preparando el chaleco antibalas por si oculto un fusil de asalto en el sobaco.

Bata blanca sin nombre en el bolsillo izquierdo. Es decir: celadora o Auxiliar Clínica. Solo los médicos conocen a bordadoras experimentadas en tatuar, con hilo azul añil, su apellido seguido del dudoso galón «Dr.» o «Dra.»

—Pueden pasar a ver al psiquiatra de guardia. Que entre el paciente y un acompañante.

Pasillo. Cuadro. Pasillo. Cuadro. La ruta de esta catacumba ya la recuerdo. Despa ho. Puerta. Despacho. No es doctor, es doctora. Con su bata —y su canesú— de iniciales bordadas.

—¿Estás más tranquilo, Manuel?

—No estoy intranquilo. Estoy *cabreado*, que es muy distinto. Antes de que me diga nada, sepa que no voy a aceptar volver a subir a planta. Esta noche duermo en mi casa, sí o sí.

—Sé razonable, Manuel. Todavía no estás bien.

—Usted qué sabe cómo estoy o lo que pasa por mi cabeza.

—Cuéntamelo tú.

—Son cosas mías. No le conciernen.

—Manuel, sabes, por la experiencia de otras veces, que cuando desciendes de la «euforia» te arrepientes de todo lo que has hecho en este tiempo en que no puedes gobernar tus actos.

—Si está haciéndome un prólogo que intenta terminar en «sé bueno y vuelve a planta», ahórreselo. Firmé el ingreso voluntario y ahora exijo el alta voluntaria.

—Desde luego puedes hacerlo, pero yo, como médico, puedo argumentar que no estás en posesión de tus facultades...

—¿Y...?

—... Y puedo exigir una orden judicial que te obligaría a quedarte, aunque fuera contra tu voluntad.

—Es decir, como si estuviera preso. Me río del Estado de Derecho y de la puñetera Democracia.

—Manuel, hagamos las cosas bien. Vuelve a planta y en menos de una semana podrías estar en tu casa.

—Una semana, después de otra semana. Siempre es igual. Sabes cuándo entras pero nunca cuándo sales.

Un rato más de tira y afloja para acabar accediendo. Siempre accedo. Soy un pringado. Otra vez me veo siguiendo mis pasos por un laberinto de pasillos que terminan en la puerta blanca desportillada, por la que entras, pero nunca sales. Estupendo. Lo único que he conseguido es miradas de reprobación, bronca del psiquiatra y la ropa llena de pinchos de zarza. Mañana tendré una urticaria *de narices*. El celador autista que hace de cicerone se detiene en enfermería. La «china» —de la China— está de guardia. No soy racista, pero no me fío de los chinos.

—Manuel. Te voy a inyectar un depurador hepático. Para ayudarte a metabolizar todos los fármacos que te estamos dando. Bájate un poco el pantalón. Así...

Ya. Ahora llaman depurador hepático al *chute* de sedantes y antipsicóticos que me acaban de meter. Tengo mucha *mili* para creérmelo, pero no puedo hacer otra cosa que poner cara de bueno y bajarme los pantalones —metafórica y literalmente—. Será una dosis de *Modecate* o *Cisordinol acufase* o algo parecido. Conclusión: tres días tumbado en cama, con pesadillas químicas, habla gangosa y pérdida de la orientación. Vale. Está bien. Me río yo de la pasión del «melenas»: del vía crucis, la corona de espinas, la lanza de Longinos... ¡Un poquito de Haloperidol en sangre le había dado yo para que supiera lo que es sufrir! Ya empieza a hacerme efecto. ¡Mierda!, ¡mierda!, ¡más mierda!

Alta hospitalaria, no alta médica (Familiar)

∾ ∾

ADA tarde suenan las cuatro en punto en todos los relojes del mundo. Veintitrés días durmiendo con la tele encendida y el volumen quitado. Tres sobresaltos, por cada señal horaria, me recuerdan que tengo una radio que desemboca en un auricular, enterrado dentro de mi tímpano... «... *el portavoz del PNV acaba de exhortar al legislativo su derecho al referéndum...*». Debilidad ante cada noticia del exterior. Pánico a la oscuridad moteada de sombras que gobierna mi casa. He recuperado la pesadilla infantil en la que me acechaba un gran muelle con cabeza y miembros humanos, que pretendía llevarme al peor de los avernos metálicos. Temo que el timbre sacuda el silencio de la noche. Un timbre que lleve el nombre de Manuel escrito en la frente. *Buena noches, soy yo, y me he vuelto a escapar...* Sucesión de horas, tan adelgazadas como mi anatomía. Nadie sabe lo largos que son veintitrés días. Pegada al teléfono. Llamada de Manuel desde el móvil —terminaré quitándole el teléfono para que deje de agredirme con él a cualquier hora—. No le entiendo nada: exige que le lleve algo, mañana, en la hora de visita. Creo que ha pedido que le riegue las plantas. Un *adiós...* seguido del impersonal *pi-pi-pi...* y me quedo sola con una regadera acompañando mi soledad mientras sostengo el teléfono, vacío de voz, pegado a mi oreja, tan sorda como vacía.

Falta de concentración. En el trabajo han notado que no soy la misma; un simple enfriamiento no dura tanto. Las cuatro menos cuarto. *Mi marido tiene salmonelosis, ¿puedo irme un rato antes?* No cuela; sé que no soy convincente. Que mis ojeras no son proporcionales a los efectos de una simple bacteria, aunque me *hagan la vista gorda.* Quizá esta semana le den el alta y tendremos que reorganizar nuestra vida doméstica de otro modo. Las cuatro menos diez: sigo sin saber de qué va esta maldita reunión. Escucho la voz de mi jefe como salida del fondo de la más profunda alacena. Menos cinco: *me tengo que ir, el taxi está en la puerta del despacho;* los ojos de mis compañeros me miran incisivos... *Lo lamento, mañana me ponéis al día...* pero acaban de sonar las cuatro en punto en todos los relojes del mundo y debo marcharme camino de una cita no deseada, habitada de explicaciones peregrinas y desconsuelo.

Camino del hospital sé que de hoy no pasa. A pesar de su *disartria medicamentosa* —di-sar-tria—, ellos redenominan, con este palabro a la forma de hablar que no encuentra concordancia entre lo que se dice y lo que se desea expresar, como si no hubiera correspondencia entre lo dicho y lo por decir. Pues bien, a pesar de todo, incluso de la palabra, sé que de hoy no pasa. Que mañana le darán el alta.

En casa emprenderemos de nuevo una intendencia de provisionalidad desoladora, auspiciados por el horóscopo del insomnio, las excursiones nocturnas a la nevera, las compras absurdas, *lo* que dice y *cómo* lo dice, las exigencias, la pauta de medicamentos colgada con un imán en la nevera. Volver a vivir con el vecino de enfrente; la sensación de serle infiel con él mismo.

—Mira, Marisa, te presento a mi amigo Satur.
—Ya nos conocemos. Llevas veintitrés días presentándomelo.

Satur no habla, escupe, en un idioma casi infantil, del que deduces algún sentido gracias al movimiento coral de sus manos.

—*Vuestri traere tabaco a tuo niñao.*
—Sí. Le he traído tabaco a «mi niño», Satur. ¿Quieres tú un cigarrito?
—*Sier; ereis moi boinitiai.*

Parafrénicos, anoréxicas, esquizofrénicos, paranoicos, neuróticos obsesivos, histriónicos, obsesivo-compulsivos, border line... Él y todos los demás. Todos convertidos en ceniza, dentro de este monstruoso cenicero social.

—¡Di sí!... ¡Di sí!... ¡Di sí!...
—Sí, Raúl. Sí...

Incapaz de decir otra cosa, me veo diciendo *sí* a Raúl, como todas las tardes desde hace veintitrés días; ritual para el que me siento sobradamente preparada. Mide casi dos metros y viste como un colegial a la hora de acudir a catequesis: pantalón corto, azul marino y camiseta blanca; el pelo moreno y peinado con milimétrica raya al centro. Aunque tiene el rostro aún por hacer, sus facciones ya han adquirido la paz que gobierna a un anciano. Lejos de resultar incómodo, mirarlo provoca un aquietamiento y una dulzura infinitos que te obliga a salir de tu ensimismamiento para verlo caminar, como si estuviera aprendiendo a hacerlo o como si, a la mitad de su cuerpo, se le hubiera apagado la luz. Mientras lo observo hoy, repitiendo *sí,* por vigésimo tercer día consecutivo, me doy cuenta de que Raúl es un ser bello. Con su cara de nogal y sus ojos eternamente vidriosos...

—¡Has dicho sí!, ¡has dicho sí!, ¡has dicho sí!... Sí: ¡que mañana vendrá mi madre a verme!

—Claro que sí, Raúl. Ya verás como mañana vendrá tu madre.

—Y me traerá patatas fritas... ¿Tú tienes algo de comer?

—No, hoy no he podido, pero te prometo que mañana te traigo algo. ¿Qué quieres?

—Kikos y gominolas y un bocadillo de jamón y patatas y coca-cola.

Raúl vive en el centro desde hace años. No sé si tiene nombre lo que padece. No sé si es un retraso mental o tienen algo que ver las marcas de los fórceps que conserva en las sienes. Pero Raúl vive aquí. Es cariñoso, resignado y llora por las palomas que agonizan en el mar de pegamento que embadurna el celador sanguinario. Cuando habla, un sirimiri de esputos, mocos y restos de comida antecede a sus palabras. Debe tener... ¿25?, ¿35?, ¿45?... Una indeterminada edad se solapa con su imagen de enorme bebé de Roswell, con una sencilla mirada, de individuo sencillo, que se detiene a un metro de tus ojos. Raúl, a su manera, es un ser precioso. Un pico genético, nacido a destiempo. Una estirpe inocente, rara y feliz.

Mientras lo vemos alejarse hacia su cuarto, con mi promesa de chucherías bajo el brazo, Manuel aprovecha para dictarme su telegrama urgente, en demanda de mi acuse de recibo.

—Mañana me dan el alta.

Aún disártrico, dispara con certeza en la justa diana de mis temores.

—¿Mañana?

—¿Qué querías, que me quedara a vivir aquí? Parece que la *inutilinda* se ha acostumbrado a estar sola...

—No seas injusto, Manuel... Me ha pillado desprevenida. Eso es todo.

—Como broma ha estado bastante bien, pero ya iba siendo hora de que se dieran cuenta: ¡no me pasa nada! A las once, tendrán el resultado de la última litemia y, si los niveles son buenos, en una hora me ponen en la calle.

—A las diez y media vengo a por ti.

—¿Para qué vas a venir tan pronto? Además, no soy un niño. Puedo coger el metro e irme a casa yo solo.

—No te preocupes. Vengo, hablo con el médico, nos dan el informe de alta y nos vamos juntos.

Antes de que termine el horario de visita, zanjo la conversación con Manuel y lo dejo perfectamente escoltado por Satur y Raúl. Inmejorable compañía para su última tarde. Vuelo —planeo, troto, me embalo— para ver al médico —notario de su cordura, pasante de sus neurolépticos, hechicero de la tribu de los *sinrazón*—, perdiéndome por entre los pasillos —¡ni que fuera la primera vez!—, abriendo y cerrando puertas, investigando la, por mí olvidada, ubicación del despacho de urgencias.

—*Toc, toc...* ¿Puedo pasar, doctor?

—Adelante. La puerta está abierta...

—Doctor Cabrero, disculpe que le moleste, pero... ¿es cierto que mañana le dan el alta a mi marido o es cosa de Manuel?

—Sí.

—¿Por qué tan pronto?

—Porque ya ha pasado lo peor. La fase aguda está remitiendo.

—Pero Manuel todavía no está bien. Aún no es él...

—Lleva 23 días. Suficiente para un episodio de euforia. Ya está listo para el seguimiento ambulatorio con su psiquiatra.

(Lágrimas. Auque no quiero, tampoco puedo evitarlas. Lágrimas, como si lloviera dentro de mí. Como si hubiese estallado la peor de las tormentas en las nubes de mis ojos. Truenos y rayos en el esternón, bajo la atenta mirada del único psiquiatra del mundo con ojos de pez morena. Abre la boca para decir muchas cosas, pero solo le oigo una.)

—Oiga, a usted ¿la está tratando algún especialista?
—No. Que yo sepa no me pasa nada.
—Pues debiera tratarla algún colega. Parece tener crisis de ansiedad.
—¿Cómo quiere que esté, cuando mi marido me cuenta que ha hablado con los cuadros del tío Federico, muerto y enterrado en la posguerra? ¿Espera que esté tranquila llevándome a Manuel, en plena hipertimia, de vuelta a casa?

No hay discusión posible. Es más fácil hablar con Manuel que con su psiquiatra. Si sigo insistiendo, terminará ingresándome en el pabellón de las chicas —bien mirado, el único problema es que no me he traído cepillo de dientes—, así es que mejor guardar el saquito de miserias en la trastienda de mis fobias personales. Son las ocho. Una hora de camino a casa. Jamón de York y kéfir. Una hora de parte telefónico a familiares y amigos, seguido de un duermevela con la pantalla del televisor encendida para ahuyentar los fantasmas de la oscuridad. Y ya es de noche: sueño e insomnio, a partes iguales; cigarros nocturnos en la cocina: el informativo de *onda cero* a las tres, el de la *ser* a las cuatro, el de *radio nacional* a las cinco; ducha, desayuno...

Ya ha sido de noche y, de repente, ya es mañana... Una vez más, ante las puertas del sanatorio, pagando a un nuevo taxista que me ha regalado un trayecto repleto de revolucionarias teorías apocalípticas en donde los locos, delincuentes, peneuvistas, nazis y gitanos —*todos juntos y todos revueltos, porque son la misma morralla, sabe usté, señorita*— son los responsables directos de una inminente Tercera Guerra Mundial. Como si no me hubiera ido. Como un segmento de tiempo ininterrumpido, entre el *adiós Manuel-hola Manuel*. Definitivamente, debo estar viviendo dentro de *El día de la marmota*.

Manuel se ha vestido con la misma ropa que llevaba hace veinticuatro días. El día del ingreso. *Voluntario*, me recuerda. Ni rastro del notario-psiquiatra-hechicero de la tribu de los sinrazón. En su lugar, una enfermera con zuecos grisáceos, y como salpicados de motas de sésamo, nos extiende dos sobres blancos y apaisados. Mientras en uno reza: *alta de Manuel López Pintado*, en el otro no hay leyenda alguna, aunque observo que está abultado. Nos tiende su flácida mano llena de dedos y le desea suerte a Manuel mientras pone mucho cuidado en obviarme. En el taxi, reviso el contenido del segundo sobre y descubro una pauta de medicación —con destino directo a la nevera imantada de mi cocina—, que reza en caligrafía perfectamente alineada.

• Plenur:	1 - 1 - 1	
• Tegretol (400 mg):	1 - 0 - 1	
• Rivotril (5 mg):	$^1/_2$ - $^1/_2$ - 1	
• Zyprexa (10 mg):	0 - 0 - 1 - $^1/_2$	
• Etumina (opcional):	0 - 0 - $^1/_4$	

... De forma anexa, incluyen las pastillas, exactas, para cubrir un periodo de veinticuatro horas. Ni una más, ni una de menos. Durante el trayecto a casa tamborilea con los dedos en la bandeja trasera del taxi y aún le da tiempo para acariciar el cuello del perro de juguete que dice sí-sí-sí-sí-sí, eternamente sí, a los coches de atrás, con su oscilante cuello de fieltro. Mi padre tenía uno idéntico que viajaba a bordo de nuestro flamante *Dos Caballos*, cuando mi hermana y yo éramos pequeñas. A decir verdad, todos los padres tenían uno igual, ya fuera marrón, canela o moteado. Quizá se tratase de una camada de perritos de fieltro que hubiera nacido dentro de los coches de aquella década: «Por la venta de cada modelo familiar, un *perrito sí-sí-sí* de regalo». Tal vez el taxista tenga hijos, tal vez a ellos les dé la misma rabia que a mí... y tal vez, solo tal vez, le hayan bautizado también, al *ch···ho afirmativo*, con el nombre de *perrito sí-sí-sí,* tal y como hiciésemos mi hermana y yo hace más de veinte años.

—Veinticinco euros. Y no les cobro la maleta.

Esta vez no ha habido un *plus* de suntuosas teorías apocalípticas, aunque Manuel no está dispuesto a hacerme las cosas fáciles. Con el ceño fruncido se dirige a mí por primera vez desde hace media hora:

—Déjale propina, no seas roñosa. A fin de cuentas, eres hija de uno del gremio.

El tono. Sigue gastando un tono imperativo acompañado de un fruncimiento de ceño, propiciando la aparición de una ancha línea en la frente, como si se tratase de un escalón donde pudieran recostarse a tomar el sol los lagartos. Todavía me pregunto por qué me odia tanto. Por qué me he convertido en su peor enemiga.

Dejamos atrás la propina. Dejamos atrás el saludo marcial al vecino del primero A —«¡cuántos días sin verte!», «he estado de viaje»; «tenemos que hablar de las goteras del cuarto», «cuando quieras, Andrés. Sube luego y charlamos»—. Atrás quedan todos mis cálculos referentes a cómo me las arreglaré para poder compatibilizar mi vida con el trabajo, con la intendencia de la casa y con los veintitantos días de crisis que nos restan. Porque esto es solo el ecuador. Como si hubiésemos emprendido un viaje y se nos hiciese imposible llegar a destino por la ineficacia de la *touroperadora*. Un trayecto Madrid-Andorra... en el que nos hubieran abandonado a merced de la noche en un descampado soriano para que continuásemos el camino a pie, con los zapatos rotos y los pies plagados de ampollas. Eso sí, generosamente, la organización no ha olvidado hacernos entrega de un mapa. Una pauta médica, que no es más que un mapa de carreteras incapaz de salvar las distancias, mitigar el cansancio o curar las llagas.

Tras abrir la puerta, el perro ni se ha inmutado. No ha corrido a dar saltos a su alrededor, ni ha festejado su regreso. *Tracio* ha avanzado despacio, lo ha olfateado pacientemente y, con una mueca a medio camino entre el desdén y la indiferencia, ha vuelto a su cojín situado bajo la calefacción. Los animales tienen un sexto —y hasta un séptimo y octavo— sentido, detectando, viendo y oliendo cosas que a nosotros se nos escapan.

Es curioso, pero cuando le dan el alta a Manuel, todo el mundo respira porque «ya ha pasado lo peor» o porque «va quedando menos». Pero es mentira; queda lo que queda: veintidós días, en el mejor de los casos, y nunca baja de cuarenta y cinco días consecutivos, como en Pekín..., ¿o en Pekín eran cincuenta y cinco? Me convierto en una niñera de guardia, alterando mis hábitos en función de sus necesidades —primordiales o superfluas—: mientras se ducha, me sorprendo haciendo guardia sentada junto al bidé por si tropezara con la bañera. Lo persigo por toda la casa con un cenicero en ristre, por si decide encenderse un cigarro. Impido que *resetee* el disco duro del ordenador —cuando menos, varias veces seguidas— cada vez que intenta poner un correo... Todos los cuadros de la casa se convierten en retrovisores por los que espío sus movimientos. Si sale a la calle, lo acompaño fingiendo que se trata de lo que más me puede apetecer en el mundo, porque no lleva dinero. *Quiero huevos estrellados. Quiero dormir. Quiero que nos compremos un Volswagen Golf. Quiero que tengamos una niña para septiembre del año que viene. Quiero ir al rastro. Quiero oír música. Quiero retomar mis lecciones de armonía. Quiero una fender estratocaster. Quiero. Quiero. Quiero...* Todo le vale al nuevo inquilino con *traje* de hipopótamo. Todo lo rompe, todo lo tira, todo lo cambia... *¡y solo se me ocurre odiarlo!...*

Es como en *la invasión de los ultracuerpos*: una pesadilla de vainas gigantes de las que ha brotado un Manuel, idéntico a Manuel, pero distinto a Manuel.

Ya no tengo paciencia. La docena de días y los kilos perdidos han lijado la poca entereza que tenía. Por eso es por lo que me descubro delante de él, pasándole factura como una *perra fenicia,* reprochándole sus descuidos, su insensibilidad, su desorden, la sesión continua de música indiscriminada en el salón de casa: Barricada-Leño-Rosendo-La Polla Récord-Siniestro Total... una y otra vez, y otra, y otra... (*«Todos los fascistas mueren, ¡cara al culo!; por eso no ven más allá de su nariz, ¡cara al culo!...».* ..*«¿Gozas negro?, ¡Tope bwana!... ¿Negro, gozas?... ¡En las chozas!»...*): ¡¡¡¡¡¡¡¡¡¡Basta!!!!!!!!!!!!!!!

Come, ríe estúpidamente, fuma, rompe, ensucia, tira, escupe... Para colmo, ha llegado el momento de «ir jugando» con las dosis de neurolépticos —«como lo vayan viendo»: es la nueva pauta médica que me dio la *psiqui*—. Esto significa que si, a la primera sombra de pensamiento *abrasador*, me veo obligada a alterar el canon de medicación, aumentándolo módicamente, en previsión de un repunte hacia una nueva hipertimia, será inevitable que tengamos un enfado *del copón de la baraja.* A pesar de que su estado de ánimo se asemeja a una exagerada montaña rusa, sin sospecha de estabilidad, me veo impelida a disminuir la *zyprexa*, porque mañana empieza a trabajar —lo de la salmonelosis se nos ha agotado— y no puedo exponerme a que acuda profundamente sedado. Sé que, con ello, comprometo una dilación del episodio, pero no encuentro mejor forma de obrar. No soy psiquiatra. No soy psiquiatra. En lugar de cuarenta y cinco, terminarán siendo los mismos días que Ava Gardner y Charlton Heston se amaron en Pekín... Aunque, por otro lado, percibo, especulo y siento que no *aterrizará* jamás. Sé que es imposible, dado que no hay *jurisprudencia clínica* para suponerlo, pero yo soy perfectamente libre de martirizarme pensando lo que me dé la gana. En tanto que mi corazón tiene vida propia y siente lo que menos le conviene... Que nada volverá a ser igual. Ninguna escena del futuro evocará las pasadas tardes, sentados uno frente a otro, flotando civilizadamente sobre un mar de palabras. Que jamás volveremos a ser cómplices, amigos, amantes, porque lo han robado de mí... y de sí.

Cuando Manuel *vuelva de viaje* —eufemismo con el que amortiguo mi hermético dolor—, me pregunto si resultaremos fortalecidos de semejante ferocidad o nos quedará un remanente de secuelas emocionales... Me consulto, si volverá a ser habitable el mundo después de esta amarga sacudida. Las respuestas están cerradas.

Evidentemente tengo un clamoroso pánico al futuro. Hijos, ¿podremos tenerlos algún día?, ¿heredarán los fuegos del trastorno? Los médicos sopesan estadísticas que hablan de una entre siete posibilidades —¿o eran diez?—... Ignoro si deberíamos ser tan temerarios como para contraer semejante riesgo o, por el contrario, desoír los aciagos *idus* de un hipotético inconveniente. Los padres diabéticos, ciegos, asmáticos, sordomudos, artríticos, hipotensos o hemipléjicos, gordos o hisquémicos no hacen tantas concesiones a la mala suerte.

Hasta este momento he conseguido dominar la curiosidad de mis padres. Continúan, por fortuna, sin saber nada. De la enfermedad, de los ingresos, del cajón abarrotado de pastillas, de los *viajes* —sin fecha de retorno— de Manuel. ¿Cómo explicarles que su yerno hace *mitting point* con Dios Padre, su Hijo y el Espíritu Santo y que se ha convertido en un aguerrido partisano, ansioso de poner bombas —de plastelina con clorato de potasa— en los aseos de El Corte Inglés? Dudas, dudas. Incertidumbre. Inseguridad. Desamparo. Algo comparable a contarle al mundo que las camisetas se ponen en las piernas y no en el cuerpo... como la paloma de Alberti que «se equivocaba, se equivocaba»...

—Sabes, Marisa, cuando termine todo esto nos iremos juntos a Salt Lake City...

—¿Qué se nos ha perdido allí?

—¡Qué ignorante es *mi niña*! Solo los «gentiles» lo ignoráis...

—¿Qué cosa?

—Que allí los mormones, la Iglesia de Jesucristo de los Santos de los Últimos Días, llevan años reuniendo información genealógica exhaustiva de todos nosotros. Guardan registro de linajes familiares que se remontan a los tiempos de Adán y Eva...

—¡Venga ya!, ¿con qué objeto iban a hacer semejante esfuerzo?

—La información es poder, Marisa..., parece mentira que seas periodista, aunque no ejerzas.

—Conservan esos registros en potentes ordenadores. Líneas de sangre ancestrales, de la población mundial —tú y yo incluidos— enhebradas y codificadas en tecnología de ceros y unos.

—¿Se supone que los gobiernos están enterados? Porque podrían robar esos archivos... o dinamitarlos... Habrá mucha gente interesada en que esa información no vea la luz.

—Está perfectamente oculta, a prueba de bombas, en el interior de una montaña de Utah.

—Pero no me has contestado..., ¿para qué quieres ir allí?

—Para consultar una duda que tengo sobre mi heráldica. Creo estar emparentado, en línea directa de cosanguineidad, con... en fin, ¡a ti qué te importa! Si no quieres, no vengas, que nadie te obliga...

Nunca más (Paciente)

∽ ↺

HA sido cuestión de horas: anoche me acosté con la fuerza de siete samuráis y he amanecido inhumado en un sepulcro. Antes de dormir tenía un motor de inyección que gobernaba mis decisiones, y ahora, por la mañana, se me hace un mundo prepararme el café. Estoy sitiado. Como sitiadas estaban las lagartijas de cuando éramos niños y a las que cruelmente lisiábamos, poco a poco, para constatar que su fría sangre las mantenía con vida a pesar de nuestra torpe mutilación. El brío de ayer se ha evaporado como por encanto en alguna esquina de los sueños.

Bandada de horas viajando hacia *Nuncajamás,* y mi cuerpo noqueado, dolorido, cítrico, escocido y mermado. Náufrago abolido del día. Como si padeciese las consecuencias de una monumental resaca sintético-anímica. Huellas de una legítima «lucha de gigantes»... El cantautor Antonio Vega también debe ser bipolar, o tiene a alguien muy cercano que padece el trastorno, porque nadie ha definido mejor la atmósfera crepuscular de un ser humano vencido frente al mundo. Hace frío o yo lo siento. Por más que me abrigo, tengo la sensación de cubrirme con toallas mojadas. Un pie, y el otro, a la más absoluta deriva. Ni sabio, ni diferente, ni capitán, ni nada de nada. Ya solo soy un hombre que soporta una vida, que es un permanente paréntesis en medio del bosque que delimita con árboles y más árboles y donde en medio solo hay ceniza. Se han desvanecido: los mundos paralelos, las misiones secretas, la conjura de la CIA y el Moshad, los odios sarracenos, la manipulación espacio-temporal de la historia a cargo de la NASA, los fármacos nanotecnológicos controlados por el *lobby* judío, la sociedad virtual en que vivimos, la mutación atómica de mis células...

Los usurpadores y usurpados. El peligro, las armas biológicas, la militancia interplanetaria, los carros de combate, el peso del deber, las elucubraciones mesiánicas. Después del paréntesis, todo sigue igual. Incluido yo, a la intemperie de la realidad. Cenizas de hombre.

Aun no ha hecho acto de presencia *la negra dama*... Pero sé que es cuestión de horas. Cuando llegue, todo lo que toque lo convertirá en angustia, ansiedad, bloqueo..., «muerte en vida»...

Bastante trabajo comporta sentir el vacío de lo que acabo de perder, igual que un mago al que acabaran de arrebatarle sus poderes. Donde había determinación solo queda parálisis. Impedimento. Letargo. Naufragio. De forma brusca, como un moderno ascensor de edificio inteligente que te permite ascender al último piso, varios minutos detrás de tus intestinos. Ese hueco de minutos es el que soporto en el esternón. Donde debiera ubicarse el chakra del plexo solar.

Sensación de medianía, linde, frontera, borde, valla. Mitad de en medio. Mitad de nada. Ni allí, ni aquí. Desasistido. Abandonado. Vaciado por una enorme cuchara, igual que si un Gulliver gigante, con licencia para maniobrar en mis entrañas, horadara el aliento vital que me resta.

Perplejidad más que dolor. El sufrimiento, supongo, no se detendrá en este punto. Querrá más y mejores horizontes de dolor. Desorientación, aturdimiento y paisaje devastado.

Estoy en la cocina y no sé para qué. Veo ir y venir a Marisa, como si todo volviera a ser igual, sin haber dejado de ser distinto. Ella hace, deshace, va, viene, organiza... Yo la miro como el que tiene instalado un aserradero en las meninges, dotado de un invisible motor capaz de lijarme los pensamientos y las decisiones, con una certera lija del trece. Me disputo entre querer o no querer, dirigir mis escocidos pasos hacia el salón, el dormitorio o los helados infiernos de Dante... El invisible gato de Chesihire se burla de mí, reclinado en la parte más alta de un armario de la cocina... ¡¡¡¡Esto no puede volver a sucederme!!!!

—Marisa... ¡no paras!

—Estaba ordenando un poco. Y tú, ¿cómo te encuentras?

—No lo sé. *Como un boquerón al que le hubieran quitado la raspa.*

—Me imagino.

—Seguro que no. Nadie se lo puede imaginar si antes no lo ha pasado.

—¿Han llegado *los pelos de gato* a la boca del estómago?

—Todavía no. Pero tampoco debe faltar mucho. Siento cómo *voy a menos*, por momentos.

—Esta noche bajamos la *zyprexa*. Media pastilla de cinco miligramos, ¿te parece?

—No sé si me parece, o no... Decídelo tú.

—Manuel, la *psiqui* nos ha dicho siempre que, además de comportarse como un neuroléptico, a bajas dosis actúa como una especie de eutimizante...

—Pues vale: media de cinco.

—Esta vez no habrá depresión. Te lo prometo.

—No hagas promesas que no puedes cumplir.

Esta vez no. Esta vez no. Siempre nos prometemos lo mismo, sabiendo que nos mentimos. Esta vez también. Como la anterior, y la otra, y la otra. Siempre es igual, solo podemos rezar para que sea leve, para que no sea paralizante, lisiante... catatónica.

—Llevas un par de días sin salir de casa, ¿te apetece que demos una vuelta?

—No.

—Te acompaño a la peluquería y te cortas el pelo.

—No.

—¿Quedamos con Pablo?

—No.

—¿Cine?

—No.

—Manuel, dime realmente ¿qué te apetece?

—Un suicidio colectivo, estaría bien para empezar el día.

—¡Manuel!

—¿Qué quieres que te diga?, ¡es lo que siento! No puedo pasarme el resto de mi vida montado en un vagón de montaña rusa. Subiendo, bajando, faltando al trabajo, mintiendo a los amigos, acumulando cachivaches que luego tardo un mes en tirar, destrozando aparatos de casa, *poniendo bombas* de juguete, derribando antenas de móviles. Mi vida no puede ser un paréntesis después de otro paréntesis... porque, dime, ¿dónde vivo realmente?: ¿en el interior de los paréntesis o fuera de ellos?

—Vives todo el tiempo. Dentro y fuera de las crisis. Tú eres siempre tú. Enajenado y centrado. No podemos renegar de esto.

—Pues yo reniego.

—Algo tendrá que aportarnos... Algo nos estarán enseñando las crisis.

—¿Y por qué a mí?, ¿por qué a nosotros?... ¿por qué soy como soy?

—Quizá porque tenemos, porque tienes, capacidad para entenderlo. Somos lo que nos sucede; la suma de lo bueno y lo malo. Ya sabes que te quiero mucho y que no cambiaría nada, ni siquiera tu enfermedad... Aunque celebraré por todo lo alto el día que llegue una especie de vacuna que te libre de las recaídas... que te evite el sufrimiento...

—No es el sufrimiento lo que me machaca. Puedo aguantar el dolor, pero no puedo soportar la sensación de provisionalidad. De estar permanentemente aguardando a que llegue el siguiente episodio. No poder hacer planes. ¿Recuerdas el pasado verano...?

—... No me acuerdo.

—¡Sí te acuerdas, Marisa! Teníamos los billetes sacados, las maletas hechas, habíamos llevado el perro a casa de mis padres, incluso habíamos metido las plantas en la bañera para evitar que se secaran...

—Vale, bien... Y el día de antes noté que estabas entrando en fase. ¿Y qué? Grecia sigue estando en el mismo sitio. No la han movido del mapa... y prepararemos otro viaje en cuanto nos sea posible. Puedo jurarte que no tengo intención de morirme sin ver el Partenón.

—¡*Joder*, parece que no quieres entenderlo! No te das cuenta que siquiera podemos programar unas vacaciones.

—Ni los diabéticos pueden irse a trabajar sin inyectarse la insulina, ¿dónde está el problema? Cada uno carga con la cruz que le ha tocado llevar. Y punto. Esta es la nuestra, y seguro que está hecha a la medida de nuestras fuerzas.

—Eso me recuerda al cuento de Tony de Mello, que nos contó Juanjo Noguera...

—Yo no me acuerdo...

—Sí, mujer, aquel en el que un mortal apesadumbrado decide acudir a reclamarle a Dios. Se presenta a las puertas del cielo y le dice: «Señor, perdone mi atrevimiento, pero no estoy de acuerdo con la cruz que me ha tocado soportar». «¿Por qué lo dices, buen hombre?» —le responde Dios—, «porque veo que todos mis vecinos y amigos, toda la gente que conozco, soporta una cruz más llevadera que la mía. Así es que me he armado de valor y acudo ante usted para ver si me permite cambiar mi cruz por otra nueva que se adapte mejor a mi espalda». «No tengo inconveniente...» —le responde Dios, investido de toda su magnanimidad—, «... vayamos hasta el almacén de las cruces y, de entre los miles que allí existen, elige la que creas que puedes soportar». El hombre le siguió hasta el cuarto y se quedó anonadado ante tamaña exposición. Las había de todos los pesos, formas, tamaños y colores. Una semana estuvo ocupado, el hombre apesadumbrado, en probarse cruces. Acariciando los materiales, examinando cómo se adaptaban a su espalda, sopesando las aristas... Tras muchas deliberaciones, se presentó ante Dios y le dijo: «Señor, ya he tomado una decisión. Esta es la cruz que me llevaré». «¿Crees haber elegido la adecuada, aquella que se adapta a tus necesidades y no te impide llevar la vida feliz que tanto ansías?» «Sí, Señor. Estoy convencido de haber elegido la correcta. De ahora en adelante no volveré a lamentarme de mi mala suerte porque he escogido la cruz que puedo soportar» —contestó el hombre, mientras se alejaba cargando el peso de su nueva opción—. Cuando Dios se quedó a solas, esbozó una sonrisa y pensó para sí: «Qué curiosos son los individuos... De entre las miles de cruces que podía haber elegido, decide llevarse la misma que traía puesta...».

—...

—¿No dices nada?

—Tú mismo te acabas de dar la respuesta, Manuel. De entre todas las opciones de vida que pudieran adaptarse tus necesidades, no encontrarías otra más adecuada para ti.

—Quizá tengas razón.

Puede que Marisa esté en lo cierto, puede que esto sea exactamente aquello que esté preparado para soportar. Pero yo solo. No tengo por qué arrastrar en mi fracaso a todos los que me quieren. El balance de cada crisis es el mismo: Marisa cinco kilos más flaca, mis padres noqueados, mi hermana destrozada, mis hermanos neuróticos, mis cuñados abatidos, la cuenta corriente con algún cero de menos, la casa llena de aparatos que no puedo devolver, mis jefes escamados...

Puede que Marisa tenga razón, pero no puedo, por menos, sentirme como un tumor maligno que mi entorno debiera extirpar para sentirse más libre.

Esa negra dama
llamada depresión... (Familiar)

～ ～

E MPIEZA a perder peso. Desde que rebajamos la *Zyprexa* se fue mitigando el hambre de forma paulatina. Al tiempo que se terminaron las excursiones nocturnas a la nevera, el cubo de la basura ha dejado de ofrecer el desolador espectáculo matutino de varias latas de mejillones, mezcladas con tarros desiertos de paté atropellados, a su vez, con raspas de sardinas. Cuatro kilos en una semana... y este ritmo lleva camino de continuar.

No puedo soportar ser notario estéril de su dolor. Atrás han quedado, como humo que pasa —y mancha—, las cuatro anécdotas de la crisis, mal resumidas en: los correos electrónicos a la OTAN, el DVD mutilado y varias compras extravagantes sin aparente utilidad. El presente es mucho más acerbo, en tanto que obedece a su fiel máxima de: si algo puede llegar a empeorar, inexorablemente empeora... como sin duda está sucediendo. *Lucha de gigantes...* Manuel tiene razón, cuando me recuerda la canción de Antonio Vega. La *negra dama* es un titán que todo lo arrasa: lo suyo, lo mío y lo nuestro. Ojeras. Anemia. Cansancio. Angustia. Pánico. Ansiedad. Estremecimiento. Agorafobia... Dolor en el cuerpo y en el alma...

... Lucha de gigantes. Convierte el aire en gas natural... Su percepción está alterada como una noria, borracha de sinestesias. El cuerpo: pesado, amorfo y desajustado, tiene la única aspiración de flotar en hidrógeno líquido con el fin de olvidarse de las púas instaladas en el núcleo de su pecho, que le obligan a acusar una «masa atómica» imposible de soportar... Hasta la fuerza de la gravedad es causa de dolor.

... un duelo salvaje, advierte, lo cerca que ando de entrar en un mundo descomunal... No hay nadie más en este duelo. Los dos únicos

combatientes son él y su *bestia*. Por más que yo esté cerca, no existo —ni opero, ni actúo, ni eximo, ni sosiego— entre su yo y sus fantasmas químicos. Manuel resiste los envites, pero la *bestia* no se arredra. Puede sentir su aliento en la nuca. Él me lo asegura y yo le creo. Logra verle las garras y notar los zarpazos... A veces se lo lleva por unos instantes... en ocasiones me lo devuelve. Hay delirio, ¡claro que hay delirio también en la depresión! Percepción distorsionada de la realidad. El mundo se achata y se elonga. Las distancias insalvables, el tiempo *incronometrable*... Los hombres grises de Momo jugando a voluntad con *cada décima de segundo*... Ese es el saldo a nuestro favor: la desorbitada factura que pasan los cuarenta y cinco días de crisis; ni un día más ni uno menos. Tengo para mí que incluso el calvario de Cristo debió ser más benigno, al menos más corto. Como si se tratase de una posesión demoníaca, llevada a cabo por un íncubo invisible, que gravita sobre su coronilla... Una pesadilla nacida de *Hellraiser*, sin haber cometido el pecado de mover de sitio las caras del cubo. La caja del infierno.

... Siento mi fragilidad... Pánico. Solo semejante a los infantiles horrores al aula, a la muerte, a la profundidad del océano, a la inmensidad de un mundo sitiado por un ejército de langostas —nada más sombrío que aquello nacido del mar, y su exógeno esqueleto, con tantas disimilitudes para con cualquier otro género o especie— avanzando con la tétrica lentitud y regularidad de un diapasón, tierra adentro... asolando y arrasando... hasta encontrar nuestra casa, nuestra guarida. Fragilidad de presa ante las fauces lentas... Flaqueza. Indecisión y sometimiento.

Nosotros dos a la intemperie de los antidepresivos que no surten efecto. Descalificados los tricíclicos por el secundario efecto de la retención urinaria —el prostatismo que padeció hace cuatro años resultó casi peor que la propia depresión—, estamos a merced de los serotoninérgicos —los psiquiatras dicen recaptadores de la serotonina, pero yo no soy médico. Ya me gustaría. Así es que los llamo como me da la gana—. Una, dos y.... hasta tres patillas de Seroxat, diarias. Aunque la dosificación deba ajustarse en función del peso y tamaño, sigue siendo una barbaridad. Pero nada; menos que las gominolas. Es como intentar derribar un F-18 con un tirachinas infantil. Si te ha dejado el novio, te has quedado en paro o padeces el síndrome del nido vacío: Prozac,

Besitrán o Seroxat, pueden llegar a hacer algo por tu estado de ánimo, pero para una depresión endógena —depresión mayor, que la llaman ellos— como la de Manuel... no tiene un efecto muy palpable.

Sigue la canción, como una banda sonora indeseable, aunque bella... *vaya pesadilla... corriendo, con un bestia detrás...* Lleva cuatro días sin salir de casa. En pijama, despeinado, sin afeitar, lavándose constantemente las manos —no encuentro explicación para esto último, pero se lo preguntaré al psiquiatra en la próxima consulta— y con unas ojeras que le cuelgan hasta los pies. Sentado —arrugado como un garbanzo que hubiera estado demasiado tiempo a remojo— en la misma esquina del sillón, emboscado en una incómoda posición fetal... Como si huyera o huyese... Incapaz de seguir un argumento. Inhabilitado para sostener una conversación. Sin *feedback*. Sin retorno. No se distrae con la tele ni se concentra en leer un libro; no atiende el teléfono ni encuentra consuelo en la música —su música—, ni siquiera desea recibir visitas. Solo viéndolo luchar con la madeja de *pelos y uñas de gato* que ha decidido anidar en su esternón me doy cuenta de que tengo tres maridos por el precio de uno: el Manuel estándar —el de todos los días—, el Manuel hipertímico —imprevisible, inaprensible, egoísta y *asesinable*— y el Manuel depresivo —atemorizado, subyugado, conquistado por *la bestia.*

Me da miedo la enormidad... donde nadie oye mi voz... Se lamenta con frecuencia, sin saber que sí le oigo pero no dispongo de retorno. Estoy, claro que estoy. Nunca he dejado de estar. Pero mi voz debe llegarle distorsionada, camuflada entre las interferencias de la irrealidad que le circunda y atenaza. Una ensoñación macilenta y emponzoñada, dispuesta a contaminarle el aire, enturbiar su respiración y confundirle los sentidos. No hay modo de salvar la distancia. Solo me deja margen para atender sus necesidades más rudimentarias: hacer la comida, ordenar el cuarto, lavar su ropa, acompañarlo a la calle escoltando su agorafobia. Siento su fragilidad, como de bebé recién nacido y desacostumbrado a tomar oxígeno sin cordón umbilical. Tanta desprotección, en un metro noventa de cuerpo... *No hay nadie más aquí* —sigue la *plegaria-canción* de Antonio Vega en el CD—. No lo hay. Porque si bien estoy, no se me permite el acceso a falta de puentes, barandas, acueductos o cigüeñales... *Está pasando sin tropezar* —puedo sentirlo— un *monstruo de papel que le impide ver contra quién va.*

Pasará, remitirá sin secuelas; lo conseguiremos. Nos han hablado de «la chispa». El electrochoque. De seguir por este camino, y en vista de que no hay reacción ante los antidepresivos —siquiera la ayuda del Norebox, potente noradrenalérgico, nos ha facilitado las cosas—, los psiquiatras se lo están planteando, es decir, nos lo han planteado. Le han propuesto el ingreso, pero Manuel prefiere no salir de su entorno. Su burbuja. Su campana de Gaus... Algo de consuelo debe encontrar entre sus cosas, por mínimo que sea. Subimos el Valium, en la confianza de que pueda disminuir la ansiedad...

«La chispa». Me he informado a través de un amigo médico:

—El electrochoque ha cambiado mucho, Marisa. Lo que pasa es que sigue siendo una palabrota con muy mala prensa.

—¡Joder, Enrique! Suena a manicomio de finales del diecinueve. A Mary Shelley. A pabellones húmedos, camisas de fuerza, correajes... Enfermos mentales con el cerebro licuado, adornados con tornillos y cables, echando espumarajos blancos por la boca...

—Mujer, la ciencia ha avanzado. Olvídate de Hollywood, que tiene mucha culpa de todas las ideas equivocadas que tenemos en la cabeza. Esto se ha modernizado mucho. El cerebro no sufre. Cuando la química externa no provoca reacción en el paciente, no hay otra forma de estimular los neurotransmisores.

—Dirás lo que quieras, pero Manuel y yo hemos visto en los psiquiátricos a gente que recibía la «chispa» diariamente y no recordaban las caras de sus familiares... les temblaba todo el cuerpo... se sumían en el autismo... Vagaban por los pasillos como los muertos de Amenábar, en *Los otros.*

—Es cierto que hay un pequeño riesgo de amnesia temporal..., pero es leve y transitorio.

—No me convence... Supongo que prefiero esperar...

—¿Manuel, qué dice?

—Que lo que yo quiera. Pero me parece un riesgo muy *jodido* de asumir. No se trata de elegir el color de la funda del sofá, estamos hablando del cerebro de Manuel...

—Como tú veas...

Ese es el problema, que yo no veo nada. Bueno, miento. Veo a Manuel, día a día, cómo se va desintegrando tras una nube de dolor, miedo y desolación. Lo veo sufrir y no tengo instrumentos para hacer nada. También me han hablado de la terapia electromagnética... La magnetoterapia... ¿Qué demonios es eso? Los psiquiatras no deciden, y yo, que puedo decidir, no soy psiquiatra. La familia dice que lo que yo quiera; Manuel dice que lo que yo quiera. Y mis nervios no están para contraer ninguna decisión... Mejor me busco un chamán y que indague en su animal de poder. Quizá ese sea su problema: que no conocemos su animal de poder... La última vez recurrí a un curandero. Ruin y despreciable, charlatán, que nos sacó el dinero y no consiguió mejoría alguna —como era de esperar—. Ni efecto placebo siquiera. Parece mentira que mi padre me pagara una carrera... Pero, claro, el miedo no entiende de lógicas. También recuerdo haberlo llevado a un «centrador» de almas —*sucede en muchos nacimientos: el cuerpo alumbra por un lado y el alma no se incorpora en su eje.* Dos pases mágicos y, de propina, la voluntad—... Y a un iridólogo... Y a un mago celta... y a un médico naturista... y a un homeópata... y a una médium que conectaba con sus antepasados... y a un sacerdote... a un dojo zen...

¿Y si tomo la opción equivocada y convierto a Manuel en un vegetal?... ¿Dónde está la estantería en que se clasifican, divididas, las cosas adecuadas de las incorrectas? Mejor esperaremos. Un día más o un día menos, según se mire. Tiene los pies y las manos helados, un rictus sepulcral en la mirada... ¿Está solo?, ¿está conmigo?...

... *¿O es que acaso hay alguien más aquí?*

De vuelta a la vida... Soy un civil (Paciente)

෨෪ ෬෭

POCO a poco, aunque con mucho esfuerzo, he podido incorporarme al trabajo. Más de cuatro meses y solo ahora empiezo a recuperar el control: dominar los ataques de pánico en el autobús, superar la fobia social, reconquistar la fuerza en el trabajo, enfrentarme a la mirada del jefe, a las bromas de los compañeros, la inercia de la rutina, los imprevistos, el estrés, la indecisión, a ignorar susceptibilidades... A tomar el litio en los servicios si tengo que comer fuera de casa. No hay problema en que un diabético reconozca que debe inyectarse insulina, pero no estaría bien visto que un *psicótico* se tomara las pastillas delante de todos. «¿Te duele la cabeza, Manuel?»; «no, esto es solo *criptonita,* para mi locura?».

Sentirte habitante de un siglo que es el tuyo, pero no te corresponde —*una generación, que no es la mía,* que diría la poetisa Blanca Andreu—. Todo vuelve a ser igual, pero todo es distinto.

Voy recuperando a Marisa. Puedo empezar a sentir de nuevo deseos de abrazarla, acariciar su pelo, atraerla hacia mí. Besarla, tocar su cuerpo como si fuera un instrumento, aunque yo no pase de ser un tañedor de segunda... Reparar nuestra intimidad, sepultada bajo *ciento y pico* días de *proceso* —¡qué eufemismo!—. He vuelto a reír, sin darme apenas cuenta. Igual de paulatino e imperceptible que cuando un niño comienza a caminar. No ha sido labor de un solo día, sino un proceso lento de aprendizaje y readaptación anfibia. Una falta de diálogo entre mi nueva respiración y yo... como si tuviera pulmones y branquias. Pulmones capacitados para mi *vida de civil* y branquias adaptadas a las *legislaturas de crisis...* Pasar de uno al otro medio de respiración es complejo, una ardua tarea de conversión que requiere muchas horas de entrenamiento, tanto personal como de mi entorno.

Ha sido definitiva la presencia de Marisa. No quisiera ni pensar cómo hubieran encajado los acontecimientos sin su valiosa estrategia de la salmonelosis. En el trabajo se lo han creído. También ha despistado a vecinos y amigos, preservándome de que me vieran en los peores momentos —en los más álgidos, que diría algún político ordinario—. De esta forma, cuando me cruzo con algún conocido no tengo que hurgar en mi memoria, improvisando «parches» argumentales, para que todas las piezas casen en el puzle de mis ausencias. Sí, señor. Toda una estratega de *Risk*...

Vuelvo a hacer deporte. Tenía los músculos entumecidos y rígidos de engordar y adelgazar; de una hiperactividad, seguida de inactividad... Y, sobre todo, a consecuencia del *resacón* farmacológico. También he retomado las infusiones de boldo y diente de león que ayudarán a mi hígado a recuperarse de las *jornadas leoninas químicas* de estos últimos meses.

A pesar de que ya ha escampado, me quedo con la rémora de ciertos temores. No sé si estaré suficientemente protegido con los eutimizantes que tomo, ya que el litio y el Valproico no resultaron una salvaguarda hace tres meses..., ¿por qué tendría que obrar el milagro la Carbamazepina? Esta tarde llamaré a mi hermano —también *polaroid*— para ver qué toma él... Y luego a ver si consigo dormir, porque anoche no pegué ojo recordando la conversación con Marisa.

—Soy una mujer. Tengo treinta y cuatro años y un reloj biológico que hace tictac... Deberíamos contemplar seriamente la posibilidad...

—No tenemos sitio para un niño. Primero deberíamos pensar en cambiarnos de casa.

—Manuel, tú sabes que esa no es la razón. Llevamos demorando esta conversación, los seis años que llevamos casados...

—No es cierto. Antes tú no tenías la necesidad que tienes ahora... Esta demanda es reciente, y tú lo sabes.

—Yo digo que no es por el piso, ni por la llamada de la biología. Me da la sensación de que quieres posponerlo por tus crisis.

—Puede ser y puede no ser... pero, en cualquier caso, es un tema que hay que contemplar. ¿Y si el niño hereda mi predisposición genética a la bipolaridad?

—... Hay una de entre siete posibilidades. No es mala probabilidad. Además, cuando el crío llegase a desarrollar la enfermedad, habrá un mundo de posibilidades terapéuticas que hoy no existen...

—Eso llevan diciendo mucho tiempo. Aunque cambie el panorama para bien, no creo en los milagros. Bastante pesa la vida como para añadirle una carga extra de... *minusvalía*...

—¡Quieres hacer el favor de no llamarlo así! No es más que una disfunción química, como el que no segrega pepsina...

Marisa siempre tiene la escopeta cargada con frases dispuestas a consolarme. No es compasión; yo lo llamaría energía para defender su territorio.

—Lo que quieras, y como quieras llamarlo. Pero hacer mal las digestiones no incapacita, y ser bipolar te deja *fuera de combate* varios meses cada cierto tiempo y cuando menos conviene. ¿Te acuerdas de la comunión de mi sobrina?

—¿Qué tiene que ver eso con lo que estamos hablando?

—No te acuerdas por qué no pudimos ir. Es como si cada vez que hay una fecha señalada, mis neuronas decidieran tomarse unas vacaciones... Entré en crisis la semana de antes y nos quedamos con el regalo envuelto y los trajes comprados.

—¿Y qué? Eso es como al que le da una gripe cuando viene su hermano de la Pampa.

—Igual. Efectivamente... Marisa, tu optimismo no tiene límites. Nos hemos perdido las bodas de oro de mis padres, varias comuniones, bodas, celebraciones navideñas, dos viajes, no solo proyectados, sino pagados. He tenido que cambiar cuatro veces de trabajo en los últimos seis años... ¿A ti te parece que un tipo que sufra disfunciones con su pepsina le suele ocurrir lo mismo?

—Manuel... Se ha completado el mapa genético. Los genetistas están a punto de saber la cantidad de neurotransmisores que se desatan en una crisis... ¡no me fastidies que, una vez conocido esto, no sabrán cómo paliarlo!

—En cualquier caso, y volviendo al tema, preferiría esperar. Además, incluso si el niño no heredara la enfermedad... ¿te parece oportuno tener un padre que primero se come el mundo, para un mes después ver cómo el mundo se lo come a él?

Fin de la discusión. Marisa es demasiado *benigna* conmigo. Es posible que termine relegando —o sublimando— su necesidad de ser madre rendida ante mis temores. Tengo que plateármelo seriamente. Pensarlo con detenimiento. Deberíamos consultar a más especialistas... O tan solo esperar a que evolucione un poco más el panorama farmacológico. Claro que, si yo fuera mujer, sería peor. Clara, nuestra amiga *polaroid*, lleva dos años intentando tener un hijo. La suprimieron el litio, luego el Depakine... Terminaron dejándola, a pecho descubierto, con media de Zyprexa. Aun así, el psiquiatra no descartaba un posible episodio durante los nueve meses de embarazo. Y luego el posparto. Si todas las mujeres tienen una depresión posparto, no sería de extrañar que en una bipolar fuera más acusado. Sin duda, Clara lo tiene más difícil... Pero eso no significa que lo nuestro sea un camino de rosas. ¿Por qué querría Marisa tener un hijo con un «espécimen» como yo?

Llevo varias semanas dándole vueltas al tema de mis miedos. Más que miedo, desamparo. Siento que estoy a la intemperie, desprotegido, por más estabilizadores del humor que sumen a mi dieta de pastillas... que en cualquier momento podría desencadenarse una nueva tormenta. Los psiquiatras nos hablan de «tener conciencia de enfermedad» y yo creo tenerla. Nos han recomendado reiteradas veces que entremos en contacto con un psicólogo para someternos ambos —como paciente y familiar— a una psicoterapia adecuada. No estoy muy convencido. Nunca he creído en el psicoanálisis. Años de «alistamiento» para llegar a la conclusión de que le tengo aversión a las arañas porque mi padre se disfrazaba de insecto todos los carnavales... y luego, ¿qué?... O el conductismo... que me propondría meter la mano hasta el codo en una urna de alacranes para provocarme un enfrentamiento con mis temores subconscientes... y luego, ¿qué?... Todas las terapias tiene un resultado común: sustituir unos patrones de comportamiento por otros. Recetas para una inserción social. Atajos para el ego. Disfraces que camuflen los errores pasados. Habrá gente a la que le sirva, no me cabe la menor duda. Pero creo que a mí, no.

Llevo años intentando desdramatizar el hecho de ser bipolar. Sin comparar con mi entorno. Sin cotejar con los que no lo son o con quienes lo padecen y sus posibles estrategias para asumirlo. Intento aceptar el hecho, de forma aislada, en el aquí y el ahora, libre de confrontación..., procurando observarlo de un modo objetivo, imparcial... Es complicado, porque la mente, para mantener su estabilidad, trata de equipararse —con lo conocido— y tiende a proyectarse —en el futuro—. No es la manera. Seguro que esa no es la forma. La clave está en las conclusiones de Krishnamurti. No he conocido una mente tan preclara: «No des por sentadas ni una sola de mis palabras —cuestiónate todo, hasta la saciedad—, investiga por tu cuenta y, solo así, comprenderás que la mente necesita del asidero de la memoria, y ello es su peor trampa». Donde hay memoria, hay comparación y hay dolor. Nunca he dejado de comparar, de compararme. Desde los dieciocho años, cuando me sobrevino la primera crisis, jamás he dejado de cotejar mi vida con la del resto. Si bien es cierto que creo haber aceptado mi enfermedad, aun hoy me ronda la tentación de imaginarme qué hubiera sido de un Manuel sin crisis...

Solo yo. En este momento presente continuo. Libre de la rémora que supone tanto el pasado como el futuro, puedo aceptar *lo que soy* y *lo que tengo*. No hay más. Salvo fundirme en cada instante con mi entorno. Ser en cada momento aquello que hago, digo, veo o siento. Ser vaso cuando bebo, y no sentir el vidrio como algo ajeno a mí. Ser libro cuando leo y no contemplarlo como algo externo a mi persona. Ser beso cuando beso y ser dolor cuando algo me duele. Mi perro no sufre, ni sufrirá nunca, porque no compara, no utiliza su memoria como instrumento de tortura. Le puede doler la pata cuando se clava una espina, pero al no reparar en los umbrales del dolor, ni proyectar una posible complicación de la herida —una infección, por ejemplo—, no sufre. Le duele y basta. Como mucho, se queja, pero no se angustia... tampoco se regodea en el padecimiento...

Soy un *civil* como otro cualquiera. Solo debo tomar algunas precauciones con respecto a mi día a día, pero eso no implica que me haya convertido en una flor de invernadero. Me comprometo a tomar una medicación crónica: los eutimizantes. Aunque no tenga una «confianza ciega», no me queda más remedio que pensar que estabilizan mi humor y que si no los tomo encadenaría una crisis con otra. Tendré que llevar una régimen de vida regular, levantándome y acostándome a unas horas determinadas. No implica que no pueda trasnochar, pero intentaré evitar los horarios alterados... al menor síntoma de estrés, agitación o alteración, debo recurrir al neuroléptico: dos días tomando media de Zyprexa pueden evitar males mayores. Una visita al psiquiatra cada dos meses. Tres controles de litemia y carbamacepina al año. Revisión de tiroides (TSH), hígado (transaminasas) y corazón (electro-cardiograma) cada seis meses. Or-ga-ni-za-ción: como el chiste. Una vida más ordenada me ahorrará —nos ahorrará a todos— imprevistos desagradables. De vez en cuando tendré que escuchar un «¿Estás bien, Manuel?»..., o un: «No te notas raro, Manuel»..., o tal vez: «¿Te has to-mado el litio, Manuel», pero no dejan de ser gajes del oficio de *bipolar*... Yo cumpliré a rajatabla con mi cometido, no puedo hacer más. El resto, como todo, queda en manos del destino...

SEGUNDA PARTE

1

Qué es el trastorno bilopar

∽ ∾

AS enfermedades mentales sufren el doble estigma social de ser tan desconocidas como temidas. Por este motivo, existe contra ellas una mezcla explosiva de prejuicio, incomprensión y oscurantismo a partes iguales. Para el público profano, *maníaco* es sinónimo de asesino en serie o de ser humano asocial y violento, capaz de armarse con un kalashnikov y matar a 20 indefensos niños en el interior de su escuela... O tal vez psicópata de personalidad metódica, febril y violenta —al más puro estilo de Hannibal Lecter o Jack el Destripador—, digno de las mayores atrocidades contra la humanidad. Por fortuna, nada tiene que ver la leyenda mediática, cinematográfica o novelesca con el desorden químico que nos ocupa. La enfermedad afectiva bipolar, integrada dentro de los trastornos del estado de ánimo, se caracteriza porque el paciente sufre episodios eufóricos o maníacos —no maniáticos y durante los cuales el individuo no corre el peligro de transformarse en un psicópata sanguinario— seguidos de fases depresivas. Los afectados son hombres y mujeres cuyos mecanismos que regulan el estado de ánimo no funcionan de forma correcta, viéndose abocados a oscilaciones exageradas, en forma de exaltación e hiperactividad o desolación y abatimiento, sin que exista ninguna correspondencia evidente con los acontecimientos externos.

Tenía veinte años cuando me dio «una manía» por primera vez. Estaba veraneando en la playa con mi familia y empecé a hacer cosas extrañas. Además de no dormir y obsesionarme con comer caracoles —en el desayuno, comida y cena— porque pensaba que me daban una fuerza inusitada, hice varias «estupideces», como bucear a 15 metros sin oxígeno para intentar extraer el motor de un barco que se había hundido... o desnudarme en un chiringuito playero delante de todo el mundo. Mi familia no tenía ni idea de qué me pasaba. Presumiblemente, no teníamos antecedentes «de enfermedad mental» por ninguna de las dos ramas. Mis padres estaban tan asustados, que empezaron a atribuir mi conducta a las drogas... ¡y yo no había probado jamás ninguna droga!... Algún «canuto de marihuana» a lo sumo... Mi hermano zanjó la cuestión proponiendo que me llevasen a casa —vivíamos en Zaragoza— y que acudiésemos a urgencias del hospital que nos correspondía. Estuve 20 días ingresado. Por supuesto, me dieron Haloperidol, pero en el informe de alta no figuraba ningún diagnóstico definitivo —«posible psicosis» decía— y no me recetaron litio. No hubo rastro de depresión aquella vez... o yo no lo recuerdo. Solo cuatro años después, cuando repitió la euforia, buscamos otra opinión psiquiátrica, y me diagnosticaron: Psicosis Maníaco-Depresiva, lo que ahora llaman TAB.

¿Por qué sucede este trastorno?

- Es inherente al hombre soportar altibajos en el estado de ánimo que lo llevan de la felicidad a la tristeza —pasando por la ira, el enfado o el optimismo—, en tanto que las emociones son una parte esencial de la vida diaria. Pero quienes padecen el trastorno bipolar sufren una condición médica por la que se ven sometidos **a cambios bruscos y desproporcionados en el humor,** sin que ello esté directamente relacionado con los acontecimientos de la vida. Afectando así a sus sentimientos, pensamientos, afectos, comportamiento y salud física.

¿En qué consiste?

- Se trata de un trastorno caracterizado por la presencia de episodios reiterados —al menos dos— en los que el estado de ánimo y los niveles de actividad del enfermo se ven profundamente alterados: unas veces hacia «arriba» y otras hacia «abajo». **Su causa es indiscutiblemente endógena** —orgánica o biológica.

QUÉ ES EL TRASTORNO BIPOLAR

- Lo más característico es que podamos observar dos alteraciones bien diferenciadas. En primer lugar, una exaltación del estado de ánimo —que puede durar semanas o meses—, acompañada de una gran vitalidad, exceso de confianza, irritabilidad, hiperactividad, locuacidad y, en algunos casos, ideas delirantes: se llama **fase eufórica** o **episodio maníaco**. Más adelante conoceremos los distintos tipos de euforia —hipertimia o hipomanía, por ejemplo— y cómo, en función de su intensidad, se agrupan los distintos bipolares.

- Superada la fase maníaca, al enfermo le invade una terrible apatía, ausencia de interés por todo, ansiedad, cansancio, poca fuerza de voluntad, tristeza, falta de apetito, melancolía y sensación de fracaso. Es lo que se conoce como **fase depresiva,** y es muy distinta, en cuanto a síntomas e intensidad, de las depresiones exógenas —o reactivas— que pueda padecer cualquier individuo no bipolar.

Trastorno orgánico con distintas intensidades...

Así pues, diremos que el desorden bipolar es un trastorno orgánico (no psicológico) que se caracteriza por estados de ánimo cambiantes que fluctúan entre dos polos completamente opuestos: **la manía** —elevación del estado de ánimo: caracterizada por fase eufórica, hiperactividad e irritabilidad— y **la depresión** —descenso del estado de ánimo caracterizado por melancólica, tristeza, abatimiento, desgana—. Con toda una escala de estados intermedios, que varía según la gravedad.

- A pesar de lo dicho, no todas las personas que sufren el trastorno bipolar son víctimas de los dos ciclos de la enfermedad completa. Hay quienes solo sufren depresiones o solo manías. Por eso es por lo que los psiquiatras distinguen entre **trastorno bipolar y unipolar** —o monopolar.

Inicio, duración y factores detonantes

- Los episodios de manía comienzan, por lo general, de forma brusca y se prolongan durante un periodo de tiempo que oscila entre dos semanas y cuatro o cinco meses. En la actualidad, y gracias a los modernos fármacos antipsicóticos —también llamados neurolépticos o antimaníacos—, los psiquiatras estiman una duración que se sitúa en torno a los cuarenta y cinco días. Las depresiones tienden a persistir más —en torno a seis meses, con distinta intensidad—, aunque rara vez se prolongan más de un año, excepto en personas de edad avanzada.

- Por lo general, aunque no siempre, ambos episodios sobrevienen a raíz de acontecimientos estresantes, traumas psicológicos o situaciones sorprendentes en la vida del enfermo. Aunque su presencia o ausencia no es esencial para el diagnóstico, los especialistas los denominan **elementos detonantes** y no tienen por qué comportar circunstancias negativas. A cada persona le «estresa» o «emociona» un hecho o situación particular: en los bipolares puede ser igualmente desencadenante la pérdida de un trabajo que una ruptura sentimental, como el nacimiento de un hijo.

De la psicosis maníaco-depresiva al trastorno afectivo bipolar

Aunque la enfermedad sea la misma, su nomenclatura puede condicionar la aceptación social, evitando equívocos peyorativos que puedan llegar a estigmatizar al paciente. Hoy día, lo que antes se conocía como PMD —**Psicosis Maníaco-Depresiva**— ha pasado a convertirse en una «enfermedad respetable». Se ha sacudido de encima el adjetivo «psicótico» y se ha situado en el más asumible grupo de los trastornos afectivos. Ha adquirido un sonido más aséptico, menos ofensivo y desprovisto de connotaciones indeseable. Desde hace varias décadas, la Organización Mundial de la Salud, la redenominó TAB —**Trastorno Afectivo Bipolar**.

Enfermedad crónica y tratamiento continuado

- Se trata de **una enfermedad crónica, aunque, afortunadamente, el paciente tiene largos periodos de recuperación, mejoría y estabilización**, pero también es cierto que atraviesa etapas de recaída, tanto hacia el polo eufórico como hacia la fase depresiva. Por este motivo, la persona que haya padecido un episodio de manía o hipomanía —manía moderada—, aunque haya sido solo uno, debe tomar precauciones el resto de su vida, para evitar la repetición de las descompensaciones y lograr el equilibrio emocional.

- Es un trastorno que requiere **tratamiento médico de por vida** —al igual que un diabético necesita insulina—, con fármacos que mantienen compensado el estado de ánimo —y los mecanismos que lo regulan—. En contra de lo que pudiera parecer, en la mayor parte de los casos no se trata de una enfermedad que invalide a quien la padece para llevar una vida normal, aunque sí le obliga a tomar ciertas precauciones tales como: medicamentos, hábitos de vida, manejo del estrés...

¿Qué sucede si se abandona la medicación?

- Uno de los principales problemas en el tratamiento y evolución del trastorno bipolar radica en que el enfermo, cuando se encuentra bien —esto es, cuando se estabiliza su humor—, tiende a abandonar la medicación y a dejar de visitar al psiquiatra. Se cree curado y piensa que nunca más se volverá a repetir la *descompensación*, cosa de todo punto incierta. Si el paciente no se medica con reguladores del estado de ánimo, corre el riesgo de continuas recaídas, así como de un agravamiento del trastorno. Para una evolución positiva de la enfermedad, **resulta imprescindible un seguimiento médico, un tratamiento crónico y una profilaxis de vida.**

¿Cuánta gente padece el desorden bipolar?

• Estudios recientes revelan que la incidencia de este trastorno en la población es de un **5 % o superior** —aunque otros autores contemplan cifras en torno al 2 %—, con recurrencias permanentes durante toda la vida. Otros estudios más específicos aseguran que entre el 3 y el 6 % de la población mundial parece mostrar algún tipo de inestabilidad anímica en sus formas menos severas —como ciclotimia o distimia—, **sin distinción de razas, climas o entornos sociales.** Si a estos casos le añadimos las cifras de quienes padecen el trastorno bipolar, alcanzaríamos una cifra del 5 %, que abarcaría la totalidad del espectro de los trastornos afectivos.

Esto significaría que **la población bipolar en España** puede oscilar entre **800.000 y 2.000.000** de afectados. Lo más terrible es que **solo están diagnosticados poco más de la mitad** de los enfermos, especialmente aquellos en los que la euforia es moderada y pasa por ser una «peculiaridad» —o rareza— del carácter del enfermo.

• **No se sabe a ciencia cierta si cada vez hay más bipolares o la frecuencia ha sido idéntica a lo largo de la historia.** Los factores decisivos, a la hora de conocer la incidencia de la enfermedad, son: el resultado de mejores y más modernas técnicas de diagnóstico, los avances genéticos y psiquiátricos, una mayor disponibilidad de información, así como el aumento de nivel cultural medio de la población. Lo que sí es cierto es que cada vez se diagnostican más casos de trastornos del estado de ánimo en individuos que, en otro tiempo, hubieran pasado por «locos», «raros», «especiales» o «impredecibles».

Diagnóstico y edad de inicio

• El diagnóstico temprano suele ser poco frecuente, ya que los episodios son malinterpretados como trastornos de conducta, siendo con asiduidad confundidos con esquizofrenia, depresión, etc. **La edad de inicio** del trastorno afectivo bipolar se sitúa **entre los 15 y los 19 años**, ocurriendo de forma muy poco común antes de los 12. Varios estudios nos dicen que entre un 20 y un 40 % de los pacientes han experimentado su primer episodio durante la adolescencia, y solo un 10 % de todos los pacientes bipolares sufren su primera descompensación, en forma de depresión mayor o manía, después de los 50 años.

¿A quiénes afecta?

- A diferencia de otros trastornos afectivos, **la bipolaridad incide en ambos sexos casi de la misma forma. El primer episodio de hombres suele ser maníaco, mientras que en las mujeres, la costumbre es que sea el depresivo.** Si nos ceñimos al cómputo total, podríamos decir que en el 60 % de los casos el primer episodio que presentan los enfermos suele ser depresivo.
- El nivel socioeconómico alto, en algunos casos, puede llegar a convertirse en un factor de riesgo. Otras situaciones de peligro son: el divorcio, la soledad, la adicción al alcohol o las drogas, antecedentes familiares de la enfermedad...

El desorden bipolar no hace culpable de negligencia alguna a quien lo padece, ni se debe a una personalidad débil o inestable, ya que los propios enfermos bipolares se muestran incapaces de gobernar sus propias emociones. Se trata de una enfermedad endógena, que tiene un tratamiento médico específico que ayuda no a combatirla —es decir, **no tiene cura definitiva y total**—, pero sí a sobrellevarla.

Frecuencia de las crisis y periodos silentes

- Los episodios de manía y depresión presenta un marcado **carácter recurrente** a lo largo de la vida del sujeto, aunque, con el paso del tiempo, **las crisis tienden a distanciarse unas de otras, así como a manifestarse con menor intensidad**. Un rasgo habitual entre los pacientes bipolares pasa por aceptar estar enfermos si padecen la fase depresiva, pero se niegan a admitirlo cuando atraviesan el ciclo eufórico.

- Es habitual que se produzca una recuperación completa entre los episodios aislados, aunque también es cierto que durante los **periodos de intercrisis** —o silentes— cerca de **1/3 de los enfermos presentan síntomas residuales,** y solo una mínima parte de pacientes experimenta síntomas crónicos.

No hay personalidad novelesca, sino trastorno médico...

- Hay una peligrosa tendencia a asociar un carácter «romántico» a este tipo de enfermedad. Aunque hoy se sabe que **numerosos artistas**: escritores, músicos, actores o políticos, **han experimentado este desorden** que afecta a los cambios del estado de ánimo, la única realidad pasa por admitir que se trata de una alteración química que precisa de un tratamiento específico, y olvidarse del halo de leyenda y fantasía que envuelve al trastorno.

Los bipolares de este nuevo milenio

- A pesar de todo lo dicho, un bipolar puede felicitarse de vivir en el siglo XXI y disponer de tratamientos que puedan combatir tanto sus ciclos maníacos como sus episodios depresivos y, de igual forma, conseguir regular su estado de ánimo gracias a un grupo de fármacos conocidos como **eutimizantes o estabilizadores del humor.** Si bien se trata de una patología grave, no es menos cierto que un tratamiento adecuado, así como una conciencia plena de la enfermedad —por parte del paciente y su entorno— permiten al bipolar llevar una vida prácticamente normal.

2

¿Cuáles son las causas
de la enfermedad bipolar?

෴ ෴

*Somos seis hermanos. Mi hermana la mediana y yo,
que soy la pequeña, somos bipolares. A mi hermano mayor,
hace quince años que le diagnosticaron neurosis obsesiva.
El segundo tiene un trastorno obsesivo compulsivo... Los
otros dos, en principio, no padecen ninguna enfermedad de
las llamadas mentales, pero son tremendamente nerviosos
y cambiantes... no sé si me atrevería a decir que ciclotímicos, aunque ningún psiquiatra se haya pronunciado. En
otoño parece que nos hemos escapado de una película de
Woody Allen: todos llamándonos por teléfono, contándonos
síntomas, dolencias psicosomáticas, bajones de ánimo...
Nuestros padres aseguran que los abuelos no tenían ningún trastorno psiquiátrico, salvo un tío de mi madre, que
murió en un manicomio... ¿Qué diagnóstico tenía?..., en
aquella época eran locos sin más. Cualquiera sabe...*

NINGUNA causa única puede explicar el tercer trastorno del estado de ánimo más frecuente, después de la depresión mayor
y la distimia. Existe una combinación de factores biológicos,
genéticos y ambientales que parecen desencadenar y perpetuar esta
compleja enfermedad de las emociones.

Se postula como algo ineludible la carga hereditaria que conlleva,
puesto que más de las dos terceras partes de las personas que padecen
el desorden bipolar tienen al menos un familiar relativamente cercano
con dicho trastorno o con depresión mayor. Esto sugiere que la predis-

posición a esta enfermedad está relacionada con un número de genes que, desgraciadamente, al día de hoy, no se ha identificado la localización concreta. Con el trastorno bipolar sucede lo que con muchas otras enfermedades —como la diabetes o el cáncer de piel—: que existe un riesgo hereditario que se precipita por la influencia de factores externos concretos. En cualquier caso, los factores genéticos son susceptibles de transmitir un riesgo a las generaciones futuras, pero no la enfermedad en sí misma. Incluso el desorden puede saltar una o varias generaciones y volver a manifestarse en nietos o bisnietos de los afectados.

Hay excepciones minoritarias en que la enfermedad se debe a factores meramente externos y de tipo orgánico, como: lesiones o tumores cerebrales localizados en zonas cercanas al sistema límbico, o enfermedades hormonales. En ambos casos pueden llevar a manifestaciones parecidísimas a la propia enfermedad.

El sistema límbico

- La enfermedad bipolar consiste en **un mal funcionamiento de los mecanismos bioquímicos que regulan el estado de ánimo**. Estos mecanismos están localizados en una zona del cerebro denominado sistema límbico que se encuentra en la zona central del encéfalo. Así la define el psiquiatra **Eduard Vieta** —autoridad mundial en los trastornos del estado de ánimo y actual coordinador del programa de trastornos bipolares del Hospital Clínico de Barcelona.

- Originalmente conocido como «rinencéfalo» o «cerebro que huele», el sistema límbico, también fue denominado el *cerebro antiguo de los mamíferos*, y era responsable de que los animales experimentaran y expresaran sus emociones, emancipándose de la conducta estereotipada dictada por su tronco cerebral —o *cerebro reptiliano de los reptiles*—. La evolución de la neocorteza dotó a los animales superiores —los seres humanos— de un pensamiento racional, así como de la capacidad para resolver problemas.

- El sistema límbico es el área del sistema nervioso central que regula la actividad sensomotora y se relaciona con impulsos an-

memoria *interpretar* *sensoriales y emociona...*

cestrales —la sed, la memoria, el aprendizaje, el apetito...—. Se trata de una unidad compleja formada por el tálamo, el hipotálamo y otras partes del encéfalo, como las amígdalas, que juegan un papel importante en la conducta de la persona, ya que es responsable de la memoria, las emociones y las motivaciones básicas. Las células que se encuentran dentro del sistema límbico son las encargadas de interpretar la suma de estímulos sensoriales, así como nuestras emociones primarias —como la energía para afrontar los problemas, acudir al trabajo, el instinto sexual...—, haciendo que los estímulos nos parezcan placenteros o desagradables y erigiéndose en el asiento de nuestras respuestas emocionales. Hoy sabemos que el funcionamiento del sistema límbico se fundamenta en dos principios: su propia constitución, determinada por factores hereditarios, y la influencia de variables ambientales.

survival instinct

Por tanto, quienes tienen un sistema límbico más vulnerable, por motivos genéticos, pueden manifestar la enfermedad si llega a producirse las condiciones ambientales —psicológicas, sociales, meteorológicas, farmacológicas...—, oportunas, que la precipiten.

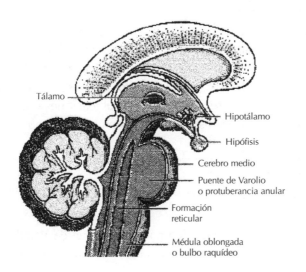

Tálamo

Hipotálamo

Hipófisis

Cerebro medio

Puente de Varolio
o protuberancia anular

Formación
reticular

Médula oblongada
o bulbo raquídeo

1. Causas genéticas

- En la actualidad no cabe la menor duda de que la causa primaria de este trastorno tiene un fundamento hereditario, aunque no es menos cierto que las razones biológicas no son el único origen. Los **factores genéticos juegan un papel decisivo en el 60 %** de los casos de trastorno bipolar, pero la enfermedad no es fruto de un solo gen responsable. Los expertos están buscando los genes que aumentan la susceptibilidad de padecer bipolaridad, y muy especialmente aquellos que regulan los neurotransmisores. Lo que sí parece cierto es que, cuando se heredan, la enfermedad puede tender a agravarse en las generaciones sucesivas.

- A pesar de la dificultad para ubicar los mencionados genes, los avances en ingeniería genética comienzan a aportar los primeros rayos de luz: un grupo de investigación del Albert Einstein College de Nueva York relacionó esta patología con un lugar del **brazo largo del cromosoma 22.** De igual forma, tres estudios aparecidos en el *Nature Genetics* identificaban varios responsables de la enfermedad bipolar: el **brazo corto del cromosoma 4,** los **cromosomas 6, 13 y 15** y el **brazo largo del cromosoma 18.** No obstante, en un estudio que acompaña a estas publicaciones, realizado en la Universidad de Standford, los investigadores se mostraban escépticos y afirmaban que nuevos trabajos contradecían estos hallazgos.

> Aunque los datos actuales no son todavía consistentes con un tipo determinado de herencia, ni con la localización definitiva de los genes candidatos, pese a todo, los cromosomas **18q, 18p, 21q y Xq26** pueden ser algunas de las ubicaciones que tienen más probabilidades de estar asociadas con los trastornos bipolares.

2. Causas anatómicas

- Las técnicas de diagnóstico por imagen han desvelado diferencias en el cerebro de los bipolares. Según un estudio publicado

WAT o.o

por *Nature* —realizado por neurobiólogos de la Universidad de Pittsburg, en Pensilvania—, **la región del córtex prefrontal ventral** de los pacientes con manía depresiva **es menor y menos activa** que la de los individuos que no padecen este trastorno. También se ha observado una disminución del volumen de la amígdala izquierda y un alargamiento del tercer ventrículo.

neurotransmisores
noradremilina
Serotonina
depre = - neurotrans.
manía = + neurotr.

3. Causas bioquímicas y neurotransmisores

- En los pacientes con trastornos afectivos se han encontrado alteraciones de los niveles normales de neurotransmisores. Los neurotransmisores son unos mensajeros químicos que participan en la transmisión de impulsos nerviosos. Por ejemplo, entre los deprimidos se ha apreciado una reducción en la concentración de los neurotransmisores «noradrenalina» y «serotonina». Entre los maníacos se encuentra un exceso de «dopamina» y «noradrenalina».
- Así pues, no es de extrañar escucharle decir a un psiquiatra que, desde el punto de vista bioquímico, los trastornos bipolares se deben a un **desequilibrio adrenérgico-colinérgico con disfunción del hemisferio no dominante y elevación de los niveles de noradrenalina** a nivel sináptico —sinapsis significa «comunicación entre las neuronas».
- También la **disminución intraneuronal de sodio** se reivindica como otro de los mecanismos implicados en la aparición de los episodios maníacos, ya que conduce a un estado inestable de hiperexcitabilidad neurofisiológica.

4. Causas endocrinas

- Los trastornos afectivos parecen estar estrechamente relacionados con alteraciones hormonales —muy especialmente con el cortisol—, fundamentalmente con las hormonas tiroideas y la hormona del crecimiento. Es posible que haya una conexión entre las alteraciones de los neurotransmisores y las de las hormonas.

- También se han encontrado en estos pacientes **alteraciones en el eje hipotálamo-hipófiso-tiroideo**. Varios autores han encontrado una alta prevalencia de hipotiroidismo en pacientes bipolares con ciclación rápida —esto significa, como veremos más adelante, que pasan, en cuestión de horas, de un polo «maníaco» a otro depresivo, o viceversa— entre el 60 y el 90 %.

5. *Otras causas, derivadas de recientes estudios sin confirmar, revelan:*

- En el *American Journal of Psychiatry*, del pasado septiembre de 2001, un grupo de investigadores **relacionaba la estación de nacimiento** —un exceso de bipolares nacen en invierno o primavera— **y las lesiones subcorticales profundas en la materia blanca**, ya que parecían estar íntimamente relacionados. Como todos los nuevos hallazgos, está pendiente de ser revisado, completado o rebatido. No olvidemos que la medicina se asienta en muy buena medida sobre estadísticas.
- **Las mutaciones** —cambios espontáneos en los genes— nos explican que enfermedades hereditarias pueden llegar a aparecer en individuos sin antecedentes familiares —directos o indirectos— de bipolaridad.
- Según numerosos estudios realizados desde los años 30, el **cromosoma X** puede tener mucho que ver en la transmisión de la enfermedad. Estos hallazgos fueron corroborados en el año 1995 por McMahon, quien observaba menos predisposición a heredar el trastorno a través de vía paterna y mucho mayor a través de vía materna (madres y tías maternas).
- Aunque difícil de interpretar, en 1994 Grof realizó un estudio con bipolares que presentaban distintas respuestas al tratamiento con litio —se verá más adelante, pero las sales de litio son la principal opción para prevención de recaídas—. Terminado el estudio, observó que los **enfermos que tenían buena respuesta al tratamiento con litio tenían antecedentes familiares con trastorno bipolar, mientras que quienes no respondían al litio presentaban antecedentes familiares en primer grado con alta prevalencia de esquizofrenia.**

6. Antecedentes familiares

- Si uno de los progenitores tiene la enfermedad bipolar, existen un 27 % de posibilidades que alguno de sus hijos la padezca. Esta posibilidad se eleva entre el 50-75 % si ambos progenitores están afectados por el trastorno. Además, hay un riesgo entre el 20 y el 40 % de presentar otros trastornos del afecto, porque no debemos olvidar que se hereda un riesgo, no el «paquete completo» de la enfermedad, que, como se verá, tiene muchas manifestaciones: unipolar, bipolar, ciclotimia...
- De igual forma, el riesgo de padecer la enfermedad entre hermanos de enfermos es del 19 %. Mientras que el peligro de padecerlo en gemelos idénticos es aproximadamente del 70 %.
- No obstante lo dicho, una herencia bipolar no debe ser considerada una espada de Damocles. Un estudio de W. Coryllel (1989) sugiere que los familiares de primer grado de pacientes bipolares tienen mejor éxito social que la población general. Esta observación nos recuerda la necesidad de no emitir juicios de valor en los estudios genéticos.

7. Causas ambientales

- Si ya se ha reseñado que las causas orgánicas son las responsables de la enfermedad en sí, no es menos cierto que los factores medioambientales actúan como detonante. Los hay de varios tipos, y además se encuentran profundamente interrelacionados:

  1. **Estacionales:** Estudios recientes revelan que hay épocas del año en que los bipolares tienen más probabilidades de recaer. Teniendo en cuenta variables como la latitud, las horas de exposición solar y el incremento de ionización en el aire, se han observado dos tipos de ciclos:
     — Depresión en otoño-invierno (con o sin manía en primavera-verano).
     — Depresión en primavera-verano (con o sin manía en otoño-invierno).

2. **Biológicas:** Como se ha dicho, producidos por algún tipo de lesión orgánica.
3. **Psicológicas:** Es posible que se produzca la «detonación» de un cuadro maníaco o depresivo ante una situación externa que provoque un «revuelo emocional» y que no tiene por qué tener un cariz negativo. De esta forma, igual puede actuar como detonante un despido laboral que una ruptura sentimental o el nacimiento de un hijo.
4. **Sociales:** Un traslado de ciudad o país... o un cambio de cultura. Igualmente, se piensa que situaciones como la falta de un soporte sociofamiliar adecuado y estable o la pobreza pudieran predisponer a la depresión, pero, en cambio, el desarrollo de episodios maníacos se presenta con más frecuencia en sujetos de nivel sociocultural elevado.

Respuesta al estrés

- El organismo del hombre está permanentemente equilibrado por funciones bioquímicas complejas que ante cualquier situación nueva —estresante, triste o alegre...— produce una serie de sustancias que ayudan a autorregularlo. Algunas de las más conocidas son la **serotonina,** la **noradrenalina** y la **dopamina**, que ayudan a ajustar en sus funciones al sistema límbico, viéndose los organismos obligados a producir más cantidad de una u otra, según sea la situación a la que deba enfrentarse: la muerte de un familiar, el cambio de trabajo o un enamoramiento...
- De esta forma, el individuo se puede adaptar a la nueva situación y retornar suavemente a la normalidad. **Quienes padecen el trastorno bipolar son más sensibles que el resto de los individuos al estrés**. Cuando se dispara una *cascada de neurotransmisores,* su organismo entra en un estado de agotamiento durante el cual se desencadenan reacciones hormonales para *combatir* las situaciones estresantes o de adaptación.
- La superproducción de neurotransmisores estimula la secreción de una sustancia denominada CRF, que es la que pone en marcha la respuesta hormonal al estrés, estimulando la producción de **cor-**

ticotropina y de cortisol. Aunque en la fase maníaca se ha estudiado con menos detenimiento —dada la nula colaboración del paciente—, sí se ha comprobado que en la fase depresiva la producción de CRF, corticotropina y cortisol es más elevada de lo normal.

Factores desencadenantes

- Son aquellos responsables de propiciar una recaída —tanto maníaca como depresiva—. Aunque cada paciente es un mundo —y cada uno responderá de mejor o peor forma a estos parámetros—, hay que tener en cuenta que la siguiente enumeración tiene muchas probabilidades de resultar detonante para un elevado porcentaje de bipolares:

> — Si se ha abandonado el tratamiento.
> — Si se pasan varias noches en blanco o con reducción de sueño.
> — Si se consumen drogas o alcohol.
> — Si se ha tenido una recaída reciente —manía o depresión.
> — Si se produce un cambio estacional.
> — Si ha habido un cambio de medicación (aumento, disminución o sustitución).
> — Si se ha hecho una dieta muy estricta.

- Por eso, es importante hacer un alto para decir que, si se padece un trastorno bipolar, es importante avisar al psiquiatra, en busca de una regulación de la medicación en los siguientes casos:

> — Si se sienten sentimientos de suicidio.
> — Si se sienten emociones violentas o irascibles —hacia situaciones o personas que antes no lo producían.

— Si se han tenido recaídas anteriores en función de cambios estacionales.

— Si se ha producido un cambio estresantes en la vida del bipolar: muerte de familiar, nacimiento de un hijo, despido laboral...

— Si se tienen efectos secundarios, nuevos, en el tratamiento de siempre.

— Si existe la necesidad de utilizar fármacos para cualquier otra dolencia: resfriado, enfermedades cardiacas, hormonales, hipertensoras... El complemento de otros fármacos puede alterar el tratamiento.

— Si requiere cirugía y, por tanto, anestesia.

— Si se tiene previsto hacer un cambio de dieta: comer menos, variar la salazón de sus alimentos, ya que alterará los niveles plasmáticos de los eutimizantes.

* Todos estos factores inducen a cambios en el organismo sobre las sustancias que regulan el tono vital, pudiendo precipitar una recaída o haciendo al paciente vulnerable a una situación medioambiental desfavorable. Pero **de igual forma que hay factores externos que actúan como detonante, también los hay que intervienen como atenuante, es decir, que operan positivamente sobre el enfermo y su trastorno.** Por ejemplo, las buenas relaciones familiares, un buen soporte social, una vida ordenada —y pautada con unas horas de sueño determinadas—, una organización doméstica y laboral adecuada... Todo ello, claro está, siempre que se respete el cumplimiento de la medicación.

* En muchos casos, los individuos bipolares sufren una _descompensación_ sin previo aviso y sin un motivo aparente, pero con un estricto seguimiento del tratamiento farmacológico, una vida organizada y una plena conciencia de enfermedad —información, desdramatización— se pueden evitar recaídas y, lo que es más importante, el agravamiento del trastorno.

3

Factores que regulan
el estado de ánimo

❧❧

E L estado de ánimo es el dispositivo con el que cuenta el cuerpo humano para conseguir los fines que precisa, más allá de la simple satisfacción de las necesidades elementales o animales. De esta forma se puede decir que el buen funcionamiento físico y psíquico del hombre pasa por armonizar los mecanismos que regulan el estado de ánimo, y que son los responsables de no amedrentarnos ante los problemas, encarar los obstáculos cotidianos, articular las adversidades de la vida, así como integrar las emociones desmedidas.

Hay épocas en las que yo mismo lo noto... los horarios, las prisas, el reloj, los balances que no me cuadran... La cara de reproche de mis superiores. Luego llegas a casa en busca de paz y te encuentras: a los niños peleándose, mi mujer con cara de pocos amigos, porque también ha tenido movida en su trabajo... El dinero, que nunca llega... El piso, que es pequeño. Si a eso se le añade un día de invierno, de los que llueve a mares... ¡es la gota que colma el vaso!... Seguro que esa noche no pego ojo. En momentos así, el psiquiatra me tiene advertido de que me «cene» unas gotitas de neuroléptico. Primero de todo, intentar conciliar el sueño. Y segundo, procurar des-dra-ma-ti-zar, relativizar las cosas... Ya cuadrarán los balances, los niños dejarán de pelearse, quizá puedan prestarnos algo de dinero mis suegros y mi mujer tendrá mejores días... si me dejo llevar por la espiral de nervios y ansiedad, ya sé cómo puede acabar la cosa...

- Cuando los problemas sobrepasan la capacidad de adaptación de un ser humano, estos mecanismos, inherentes al hombre, no consiguen por sí mismos reestablecer el equilibrio anímico, pudiendo sobrevenir un «bajón emocional» o lo que clínicamente se conoce por **depresión reactiva o exógena**. Se llaman así porque se produce como consecuencia de una situación ambiental desfavorable o adversa para el sujeto.

En el caso de los bipolares, se podría decir que **sus mecanismos de regulación del estado de ánimo funcionan incorrectamente,** de tal forma que no es necesario que se produzca una situación externa que desencadene la depresión.

- En la regulación del tono vital colaboran factores genéticos, psicológicos y sociales, pero también tienen mucho que ver otros agentes como los climáticos o farmacológicos. Es decir, **cuando el estado de ánimo decae**, por los motivos que sean, el cuerpo humano fabrica una serie de sustancias que actúan como un termostato intentando regularlo. Por ejemplo, la depresión posparto es producto del descenso de estrógenos en sangre, que actúa indirectamente sobre la dopamina —un neurotransmisor que regula el estado de ánimo—... aunque, a pesar de esta situación química, no hay que desatender los factores psicológicos añadidos como: la adaptación a una nueva situación, la responsabilidad, la inseguridad, los problemas económicos...
- De igual forma, **cuando nuestro estado de ánimo se excita,** entran en acción otras sustancias diferentes que también intentan armonizarlo evitando un exceso de «euforia». Gracias a estas sustancias, un sujeto perfectamente sano tiene un ciclo corto de duración en sus emociones «depresivas» y «eufóricas».
- Aquellas personas a las que este *termostato anímico* —o regulador anímico— les funciona incorrectamente tienen unas profundas alteraciones en su «humor» o «estado de ánimo». Aunque no hay motivo para aprenderlas, no está demás conocer las sustancias del organismo que intervienen en semejante regulación, ya que, si se padece un trastorno bipolar o se es familiar de alguien que lo sufre, será inevitable escuchárselas mencionar al psiquiatra:

- **HORMONAS:**

  — Hormonas hipotalémicas.
  — Hormonas hipofisiares.
  — Hormonas tiroideas.
  — Hormonas suprarrenales.
  — Hormonas sexuales.

- **NEUROTRANSMISORES:**

  — Serotonina.
  — Noradrenalina.
  — Dopamina.
  — Acetilcolina.
  — GABA.

- **NEUROMODULADORES:**

  — IONES.

- *Por causas genéticas, **los bipolares tienen un funcionamiento imperfecto de este** nivelador **del estado de ánimo**. De tal suerte que, cuando sobreviene un cambio estresante u hormonal —pubertad, menopausia o andropausia—, se produce una manifestación de la enfermedad que hasta ese momento «estaba dormida».*

- Para resumir, podríamos decir que tanto la **«manía» como la «depresión» son respuestas** *exageradas* —en cuanto a duración e intensidad— **al estrés**. Tanto en una como en la otra fase, **anulan la libertad del individuo,** ya que el motor que guía sus pensamientos y acciones está conducido por las emociones alteradas de su estado de ánimo.

4

Bipolaridad en cifras

෴ ෴

E N los últimos 20 años se viene observando un aumento del diagnóstico de bipolares, como si la enfermedad se estuviera expandiendo de forma vertiginosa. Pero quizá no signifique que cada vez haya más gente propensa a padecer este trastorno del estado de ánimo, sino que hay algunos factores que propician su salida a la luz. Un motivo fundamental puede ser la reforma de los criterios de diagnóstico, cada vez más precisos. Es decir, pacientes que antes estaban mal diagnosticados como esquizofrénicos —o simplemente no computados como enfermos—, al realizar una nueva evaluación se determina que son bipolares. La segunda causa podría tener su consecuencia en la extensión generalizada del uso de antidepresivos —muy especialmente los inhibidores selectivos de la recaptación de la serotonina (como el Seroxat)—. Un bipolar que desconoce serlo y acude al médico a causa de una *depresión ambiental*, puede llegar a provocarse, sin saberlo, una descompensación hacia el polo maníaco. El último factor podríamos encontrarlo en aquello que los expertos llaman el «fenómeno de anticipación genética», que consiste en la aparición de enfermedades hereditarias con creciente precocidad en cada generación. Por este motivo, si se tienen antecedentes en el trastorno de ánimo, resulta importantísimo vigilarse y, al mínimo indicio, solicitar una revisión psiquiátrica para descartar padecer la enfermedad en cualquiera de sus manifestaciones.

Tengo la sensación de que, desde que mi hijo es bipolar, todo el mundo padece el trastorno... O tal vez se deba a que desde que yo he «salido del armario» y he decidido comentarlo a compañeros y amigos, los demás también se han sincerado... Quizá también pueda ser por los avances de la psiquiatría. Porque a mi propio hijo, durante tres años, le colgaron varios "sambenitos" distintos: esquizoafectivo, parafrénico, trastorno límite de la personalidad... Hasta que no cumplió 26 años, no supimos realmente lo que tenía. Me da mucho coraje que no lo detectaran desde el principio, y que no acertaran con la medicación adecuada. Quizá hoy podría haber acabado los estudios que tuvo que interrumpir a consecuencia de las continuas descompensaciones...

Porcentajes de afectados

- Según estadísticas norteamericanas, **en EE. UU.** llega a afectar al **2 %** de la población, mientras que estudios europeos se decantan por pensar que puede llegar a incidir hasta el **5 %** —claro está, computándose desde su forma más leve hasta su manifestación más severa.

En general, se dan por válidos los siguientes porcentajes que revelan la incidencia de la enfermedad de los estados de ánimo:

— Padecen trastorno **bipolar I,** el **1 %** de la población.
— El trastorno **bipolar II** puede afectar al **0,5 %.**
— La **ciclotimia** perjudica al **0,5 %** de la población total...

Llegando, de esta forma, al **2 %** general, más aceptado.

Incidencia por sexos

- Estadísticamente, **hombres y mujeres están prácticamente igual de representados** en el padecimiento de la bipolaridad. Por poner un ejemplo español, de los 120.000 afectados que puede haber en Cataluña, la incidencia se reparte entre el 55 % mujeres y el 45 % de hombres.

• Para ser más exactos, al hablar de la incidencia por sexos, diremos:

— El trastorno bipolar I y la ciclotimia son igual de frecuentes en varones que en mujeres.

— La bipolaridad de tipo II es más habitual que se presente en mujeres.

— La probabilidad de sufrir ciclos rápidos y estados mixtos es tres veces mayor en las mujeres.

— La incidencia de ciclos depresivos es mayor en las mujeres que en los hombres.

— El primer episodio en los varones suele ser maníaco, mientras que en las mujeres tiende a ser depresivo.

¿A qué edad se manifiesta la enfermedad?

• **La edad de inicio** del trastorno puede variar mucho. Si se produce un comiendo precoz del desorden, suele tener relación con una mayor carga genética del sujeto que la sufre. Se han hecho estudios de descendientes de alto riesgo, observándose que tanto en los bipolares tipo I como en los bipolares de tipo II tales pacientes tienen antecedentes bilineales —es decir, por parte de ambas ramas de la familia—. En ellos, el comienzo de la enfermedad suele ser temprano, llegándose a describir cuadros hipomaníacos en niños de cuatro años. Aunque también es cierto que la manía en estados prepuberales —antes de la adolescencia— puede haber sido infradiagnósticada, contándose hasta un 50 % de errores de diagnosis.

Recientemente, se han conocido medias de edades diferentes en cuanto al inicio del trastorno y aparición de síntomas:

— **15,5 años para la aparición de los primeros síntomas significativos.**

— **18,7 años para la aparición del primer episodio.**

— **22 años para el primer tratamiento.**

— **25,8 años para la primera hospitalización.**

- La edad en la que se produce un pico de aparición se sitúa en la adolescencia del paciente, teniendo entre un **20 y un 25 % un comienzo** entre los **15 y los 19 años.**
- **No hay estadísticas que revelen la incidencia en la edad tardía,** pero sí se sabe que quienes presentan este trastorno por primera vez pasados los 60 años no han manifestado episodios anteriores afectivos. Suelen padecer una sintomatología atípica y, con frecuencia, hay una evidencia de daños orgánicos, generalmente afecciones cerebrales. También se ha observado que tenían un menor grado de antecedentes familiares de trastornos afectivos.

Diagnóstico

- La dificultad en el diagnóstico hace que **el 60 % de los bipolares estén mal diagnosticados** —lo que les lleva a recibir un tratamiento por dolencias distintas a las causas reales del problema—. La enfermedad bipolar es, en muchísimos casos, enmascarada por otras patologías psiquiátricas como: trastornos de conducta, hiperactividad, abuso del alcohol —drogas y otras sustancias—, rasgos obsesivos, ataques de pánico, personalidad *borderline* o trastorno por estrés postraumático. **Cuanto más joven es el paciente, mayor posibilidad se tiene de obtener un diagnóstico erróneo.**
- Con frecuencia, un paciente suele experimentar varios cuadros depresivos previos a un episodio maníaco, y las urgencias hospitalarias son, en un elevado número de casos, el primer contacto terapéutico de los enfermos con trastorno bipolar. Algo que constituye un fracaso, porque se detecta cuando el enfermo ya está en fase maníaca o depresiva. Se estima que hay un promedio de **ocho años durante los cuales el paciente bipolar no busca ayuda profesional.** Cuando se consigue una evaluación más exhaustiva, han transcurrido 10 años desde la aparición del primer síntoma durante los cuales el afectado no ha recibido tratamiento.

¿Cuántos episodios padece un bipolar?

- **Es muy difícil de pronosticar el número de episodios** que puede padecer un bipolar a lo largo de su vida, dado que las estadísticas no distinguen entre unipolares y bipolares, y tampoco se pueden computar los cuadros leves o las hipomanías que el paciente pasa en casa sin ser hospitalizado. Un psiquiatra nunca puede augurarle a su paciente cómo será su evolución, ya que depende de muchos factores, como se ha visto. Solo se puede decir que el trastorno bipolar es una **afección crónica, recurrente y progresiva** que presenta una plasticidad tremenda, dependiendo del tipo de enfermo, su carga genética, el entorno medioambiental... El único dato borroso que manejan los especialistas habla de que el **70 % de los pacientes sufre al menos una fase a los cinco años de haberse recuperado y aun tomando un tratamiento** efectivo y a dosis adecuadas.
- Tras la recuperación de un episodio agudo, los pacientes bipolares presentan una media de **0,6 descompensaciones por año en los cinco años siguientes a este episodio,** llamado «índice». El 50 % de los individuos tienen una probabilidad de volver a recaer durante el primer año, y el 70 % pueden hacerlo al finalizar el cuarto año. A los cinco años, el 90 % de los pacientes tiene probabilidades de presentar un nuevo episodio.
- La duración de las fases, así como el tiempo «intercrisis» —o periodo silente—, se estabiliza después del cuarto o quinto episodio del paciente.

> Solo el 10 % de los pacientes presenta una cronificación de la enfermedad, lo que se traduce en una elevadísima tasa de recurrencias —o episodios.

Número de ingresos hospitalarios

- En el caso de los bipolares de tipo I es frecuente que hayan tenido un ingreso hospitalario —al menos entre los 20 y los

30 años—. El 88 % de los pacientes diagnosticados había sido hospitalizado al menos una vez, y el 66 % lo había estado más veces.

Suicidio

* **Uno de cada cinco pacientes con trastorno bipolar trata de quitarse la vida,** y el porcentaje de intentos de suicidio es 30 veces superior al registrado entre la población general.
* Se estima que entre todas las personas que intentan suicidarse, 2/3 de los mismos han experimentado algún tipo de episodio depresivo o *maníaco-depresivo.*
* **El mayor riesgo de suicidio se produce en los estadios iniciales del trastorno**, en comparación con el desarrollo posterior de la enfermedad.

La tasa de mortalidad entre pacientes bipolares no tratados adecuadamente es superior a la de la mayor parte de las enfermedades cardiovasculares y a muchos tipos de cáncer.

Bipolar y adicciones

* **Más del 50 % de los pacientes con trastorno bipolar abusan del alcohol y otro tipo de sustancias** durante la enfermedad —tabaco, marihuana, cocaína, éxtasis...

Bipolar y relaciones sentimentales

* Entre el **57 y el 73 % de los pacientes diagnosticados de trastorno bipolar están divorciados** o han pasado por varios cambios de pareja muy significativos.

Número de afectados en España

- Según recientes estudios epidemiológicos sobre la incidencia de bipolares en nuestro país —se utilizó como medición las dosis diarias definidas por habitantes y días de carbonato de litio—, entre 1996 y 1998, y publicado por Criado-Álvarez (2000), en las provincias españolas, se obtuvo una prevalencia de **63 y 70 casos por cada 100.000 habitantes/d.** para el total de la población. Claro está, hablamos de enfermos ya conscientes y alertados de su trastorno y en tratamiento crónico, sin reseñar aquellos que padecen la enfermedad en silencio o ignoran sufrirla.
- **La incidencia** es la tasa de nuevos casos de una enfermedad, que se presentan en un tiempo determinado dividido por la población con riesgo de padecer la enfermedad. Según estudios de distintas poblaciones europeas, se viene observando una incidencia de 0,01-0,02 % en los hombres y 0,01-0,03 para las mujeres.

Podríamos decir que nuestro país se sitúa en una zona de bajo-medio riesgo.

Para concluir, la cifra más esperanzadora de todas las enumeradas, sin duda alguna, es:

El porcentaje de éxito alcanzado en el tratamiento de los trastornos bipolares alcanza la cifra del 80 %.

5

La manía

༄ ༄

*Las ideas se hacen cada vez más rápidas... Todas las
canciones de la radio repiten mi nombre... Hasta ese momento, nunca me había dado cuenta de lo inteligente que
era, lo bien que entendía el inglés —sin haberlo estudiado
nunca—, lo capacitado que estaba para hacer diversas cosas hasta ese instante impensables. Tenía soluciones para
todo. Me daba tiempo a todo. Las noches en vela las pasaba inventado misiones, reparando artilugios o elaborando
presupuestos de las nuevas empresas que iba a acometer.
Ningún familiar o amigo parecía estar a mi nivel; aún
más: podría decirse que querían amputarme las alas. De
repente, me había convertido en un ser nuevo, más lúcido,
más brillante, con una claridad mental inusitada, un humor
desbordante, unas irrefrenables ganas de emprender cosas... pero hay un punto en que sientes mucho miedo, te
asustas, te irritas con todo... te ves inmerso en una espiral
de la que no sabes salir.*

Qué es la manía

- Este periodo se conoce como «episodio maníaco» o eufórico.
  «Manía» deriva de una palabra griega que significa, literalmente,
  «locura». Los psiquiatras pueden referirse a esta fase como **hipertimia** o **síndrome maniforme**. Los episodios maníacos en
  los que se produce un cambio afectivo radical, o una alteración

del humor, son el sello característico de TAB —Trastorno Afectivo Bipolar—. **Básicamente, la manía consiste en un cambio del comportamiento producido por una exaltación de las funciones mentales y, por tanto, las emociones se hacen más intensas (la alegría o la tristeza), se acelera el pensamiento, se tiene menos sueño, aumentan las necesidades sexuales del individuo así como sus necesidades de interrelación.**

Más energía, más creatividad...

- El inicio de la fase maníaca es, con frecuencia, un periodo especialmente agradable para el bipolar. En este estadio, el paciente suele decir de sí mismo que se encuentra «mejor que nunca». Ya que en el comienzo del episodio sienten más energía, mayor creatividad, una facilidad tremenda para las relaciones sociales y un aumento de la cantidad y velocidad de la actividad física y mental.

El enfermo no es consciente

- Hay un hecho inherente a la manía: la falta de conciencia que tiene el enfermo de encontrarse mal. Por este motivo, si se es familiar de un bipolar, no es posible fiarse de su palabra, y aún más, se debe actuar prácticamente *en su contra* —es decir, sin contar con su consentimiento—. De su boca solo escucharemos decir que *se siente mejor que nunca, que no necesita tratamiento y que todo el mundo está predispuesto contra él.*

Distintivos del episodio maníaco

- No es difícil comprobar cómo, en manía, los **rasgos característicos del individuo se acentúan** casi **de forma caricaturesca:** su manera de andar, su forma de vestir, la construcción sintáctica en su modo de expresión verbal —en cada paciente se manifiesta de distinta manera, pero se sabe de infinidad de casos en los que se producen rimas o engolamiento verbal.

A) **Se sobrevaloran las capacidades propias**, por lo que pueden verse envueltos en decisiones arriesgadas. Al igual que los niños, no ven el peligro, porque no sienten miedo y confían demasiado en sus facultades. Por eso pueden emprender acciones temerarias con fuego, con las alturas, cruzando semáforos en rojo, saltando del autobús en marcha, etc.

B) **La exaltación de las emociones** puede llevar al paciente bipolar a la convicción de estar viviendo un apasionado enamoramiento con alguien perfectamente desconocido o que jamás elegiría en circunstancias normales. Un alto porcentaje de enfermos en proceso maníaco inicia relaciones sentimentales súbitas, que terminan cuando aparecen los primeros síntomas depresivos.

C) **La promiscuidad sexual** en la fase eufórica es otra característica común del trastorno: un número elevado de bipolares es infiel a su pareja habitual, sin prestar atención a las consecuencias emocionales. No son culpables de nada, ya que, con frecuencia, no ven mal alguno en ello, ni se paran a pensar en el daño que pueden hacer a sus parejas o a sí mismos... en muchas ocasiones se creen obligados a mantener relaciones en «atención a su misión» y con personas a las que «atribuyen» cualidades excepcionales. Con relación a esto último, **algunos estudios argumentan que, las mujeres disfrutan más de las experiencias maníacas que los hombres** —Jamison y cols., 1980—, en el sentido de recrearse de los cambios sobre áreas como la sexualidad o la energía... Socialmente, es menos censurable comprobar cómo se desinhibe sexualmente una mujer que consentir un comportamiento perturbador en un hombre.

D) **Iniciar multitud de empresas** —las más de las veces inviables— que abandonarán al poco tiempo. Con frecuencia suelen renunciar a su trabajo o establecer asociaciones tan improductivas como poco rentables.

E) **Su orden de prioridades se hace absolutamente cambiante:** pueden demostrar un inusitado interés por una cosa en concreto para, a los pocos minutos, olvidarlo y mudarlo por otro completamente distinto.

F) **La actividad constante** es otra tónica, debido a una aceleración psicomotora. No es extraño comprobar un aumento en
la actividad física acompañada de una disminución de peso.

G) **La continua planificación de citas y encuentros.** El paciente maníaco puede quedar con cinco personas a la vez, en
otros tantos sitios distintos, porque cree estar capacitado para
llegar a todo, como si poseyese el *don de la ubicuidad*.

H) **Las ideas van a una velocidad desmedida,** por eso el paciente siente más fluidez en el pensamiento, lo que no significa que tenga unas *ideas de mejor calidad*. Más pensamientos,
sí, pero no más atinados... Aunque, debido a la **alta autoestima** que siente en ese momento, el enfermo puede llegar a
creerse un ser brillante. Ha **disminuido en él la autocrítica**
y no tiene empaques en exponer sus ideas públicamente a todo
aquel que quiera escucharlo.

I) **La compra compulsiva de artículos superfluos,** que arrin-
conan a los poco minutos, sin reparar en gastos.

J) **Cambios radicales en la casa:** Reorganización del mobiliario, pintura, barnizado del suelo, adquisición de objetos de-
corativos «extraños»...

¿Cómo saber si un bipolar está entrando en fase maníaca?

• Con el tiempo y la adecuada observación del paciente, se pueden
llegar a establecer pautas que se repiten, de forma reiterativa, de
euforia en euforia. Por ejemplo, algunos familiares han advertido
que cada vez que su pariente bipolar inicia una descompensación
maníaca: cambia la marca de tabaco, utiliza ropas que en situaciones normales no se pondría —con más colorido o más provo-
cativas—, disminución en el apetito o aumento del mismo, súbito
interés por las catástrofes que se producen en el mundo, repentina
necesidad por escribir poemas —o pintar cuadros, componer música—, ganas de retomar aficiones pendientes —o frustradas— o
emprender deportes de riesgo, un gusto repentino por los sabores
fuertes —más vinagre, más sal, más especias—... las posibilidades son infinitas, en tanto que están en función de las características personales de cada individuo.

Delirio y síntomas psicóticos

- Por lo general, el contenido de los pensamientos suele ser **megalómano y grandilocuente**. El individuo posee un alto concepto de sí mismo y tiene «una misión» que cumplir —que solo él puede acometer— de la que «depende la salvación de la humanidad». Las ideas de grandeza pueden llegar a ser de tal magnitud que **se tornan en delirantes**. Una idea es delirante cuando choca con toda lógica racional y puede ser refutable con argumentos tangibles e incuestionables... Algunos pacientes en fase maníaca alcanzan el estadio del delirio. Por ejemplo: pueden llegar a pensar que curan enfermedades con las manos o que tienen la solución definitiva para el conflicto de Oriente Próximo o que han encontrado el remedio contra el virus del sida; se sienten capaces de leer el pensamiento o creen tener la facultad de viajar a través del tiempo con el único vehículo de su mente.

- En casos extremos, algunos pacientes tienen la convicción de poseer cualidades sobrehumanas o proceder de planetas alejados de nuestro sistema solar; no es infrecuente escucharles decir que tienen telepatía o que la televisión habla constantemente de ellos. Otros tienen **fugas de la realidad con contenido mesiánico**, sintiéndose enviados divinos —hay quienes llegar a ser la reencarnación del propio Mesías— con una misión para salvar el mundo.

- Estos delirios y alucinaciones se denominan **síntomas psicóticos** y **se presentan en el 70 % de los casos de los pacientes bipolares del tipo I** (más adelante conoceremos los subtipos del trastorno), de ahí que sea complicado —en un primer diagnóstico— establecer la frontera entre esquizofrenia y trastorno bipolar. La gran diferencia entre un esquizofrénico y un bipolar en fase maníaca estriba en que el bipolar tienen una presencia añadida de síntomas afectivos y el inevitable curso de la enfermedad es la *ciclación*: es decir, que en poco tiempo pasará de la fase «psicótica» a la «depresiva».

- **Hasta un 50 % de los episodios maníacos están acompañados de una idea delirante.** El 15 % de una alucinación y el 20 % de un trastorno formal del pensamiento. Las ideas delirantes de grandeza les sobrevienen a un 47 % de los bipolares, mientras que las de depresión, asisten a un 18 %.

¿Cambian los sentimientos de un bipolar?

- Es muy frecuente que el paciente maníaco presente **aversión hacia sus seres más queridos,** mostrándose incluso colérico hacia ellos. Sus afectos varían transitoriamente: su pareja deja de importarle, no muestra receptividad hacia sus hijos, los problemas familiares le traen sin cuidado, parece perder la estima hacia sus , amigos o el respecto para con sus compañeros de trabajo... Y, por el contrario, intentan retomar antiguas relaciones perdidas: llamando a compañeros de la infancia, interesándose por vecinos que, hasta el momento, ni saludaban...

Síntomas específicos de la manía

- A continuación, se enumeran **los síntomas más comunes que acompañan a la fase maníaca.** Aunque ya hemos dicho que cada individuo es un mundo, y en cada uno se produce una manifestación singular y específica, sí se reconoce que un paciente está en *proceso eufórico* cuando cursa al menos cuatro de las siguientes manifestaciones:

— Sentimientos desproporcionados e injustificados de bienestar y euforia.
— Delirios de grandiosidad.
— Dificultad de concentración.
— Sentimiento de ser invencible.
— Creencias no realistas sobre las propias capacidades y posibilidades.
— Hiperactividad.
— Incapacidad para relajarse o permanecer inactivo.
— Irritabilidad extrema.

— Disminución en la necesidad de dormir (no más de tres horas de sueño).
— Patrones de pensamiento rápidos y acelerados.
— Falta de buen juicio.
— Abuso de drogas: alcohol, tabaco, cocaína, barbitúricos.
— Sentimientos desproporcionados de euforia y bienestar.
— Patrones de comportamiento significativamente diferentes a los habituales.
— Habla rápida y en ocasiones de difícil comprensión.
— Incremento de los niveles de energía y actividad.
— Exagerada autoestima y grandiosidad («todo lo puedo»).
— Verborrea (más hablador de lo habitual).
— Fuga de ideas o experiencia subjetiva de la aceleración del pensamiento.
— Distraimiento extremo (la atención se desvía hacia estímulos externos banales e irrelevantes).
— Agitación psicomotora manifiesta.
— Implicación en actividades placenteras de riesgo: gastar mucho dinero, actividad sexual descontrolada, hacer inversiones económicas absurdas...
— Pensamientos recurrentes sobre la muerte y/o intentos de suicidio.

Conocidos los síntomas, un estudio llevado a cabo por *F. K. Goodwin* y *K. R. Jamison* en 1990 permitió desglosarlos en porcentajes de recurrencia:

• **Síntomas tímicos (del humor)**

— Irritabilidad . . . . 80 %
— Euforia . . . . 71 %
— Depresión . . . . 72 %
— Labilidad . . . . 69 %
— Expansividad . . . . 60 %

- **Síntomas cognitivos
(conocimiento, comprensión, razonamiento)**

— Megalomanía .... 78 %
— Fuga de ideas .... 71 %
— Distraimiento, trastornos de concentración .... 71 %
— Confusión .... 25 %

- **Síntomas psicóticos**

— Cualquier idea delirante .... 48 %
— Persecución .... 28 %
— Pasividad, influencia .... 15 %
— Cualquier alucinación .... 15 %
— Alucinaciones auditivas .... 18 %
— Alucinaciones visuales .... 10 %
— Alucinaciones olfativas .... 17 %
   • Antecedentes de síntomas psicóticos .... 58 %
   • Trastornos del pensamiento .... 19 %

Actividad y comportamiento durante el episodio maníaco

— Hiperactividad .... 87 %
— Sueño reducido .... 81 %
— Violencia, agresión .... 49 %
— Logorrea .... 98 %
— Verborrea .... 89 %
— Nudismo y exhibicionismo sexual .... 29 %
— Hipersexualidad .... 57 %
— Extravagancia .... 55 %
— Religiosidad .... 39 %
— Decoración cefálica .... 34 %
— Regresión importante .... 28 %
— Catatonia .... 22 %
— Incontinencia fecal .... 13 %

Duración y recurrencia de los episodios maníacos

- El cuadro maníaco puede durar **entre una semana y cuatro meses**... aunque los psiquiatras suelen estipular un promedio de 45 días —con medicación adecuada y en las dosis terapéuticas—... Lo que sí parece cierto es que, **con el paso del tiempo y la recurrencia de las euforias, hay una marcada tendencia a que sean menos severas, duren menos tiempo y se distancien más las unas de las otras.** Como somera ilustración, sirva una estadística elaborada en distintos momentos del siglo XX. Aunque bien es cierto que no es indicativa de nada, sí puede valer como aval de lo anteriormente dicho. En ella se reseña: el año del muestreo, el número de episodios maníacos y el porcentaje de recurrencias.

Año	Episodios	Porcentaje
1921	> 1	55 %
	> 3	28 %
1968	> 4	83 %
	> 7	43 %
1978	> 5	84 %
	> 7	69 %
	> 11	42 %
1989	1	28 %
		22 %
	2	14 %
	3	11 %

¿Es necesaria la hospitalización?

- En muchos casos —especialmente si hay síntomas psicóticos y fuga de la realidad— se hace imprescindible la hospitalización del paciente con el fin de prevenir daños a sí mismos o a terceros. Los ingresos hospitalarios permiten un aumento de la medicación antipsicótica, imposible de asumir de forma ambulatoria, ya que, a ciertas dosis, se requieren controles médicos, una mayor disciplina —horarios de comida, de sueño...—, amén de impedir consecuencias desastrosas para el enfermo y su entorno. El tiempo de hospitalización oscila entre la semana y los treinta días, según responda el enfermo al tratamiento.

La manía —o alteración del estado de ánimo— es suficientemente grave como para provocar un deterioro laboral, de las actividades sociales habituales o de las relaciones con el entorno.

Consecuencias psicológicas de la manía en fase depresiva

- Uno de los principales problemas que comporta el cuadro maníaco es **la** *factura* **que pasa durante la fase depresiva,** es decir, un paciente eufórico recuerda perfectamente todo lo que ha dicho, hecho o gastado cuando se encuentra completamente decaído. Por tanto, es habitual ver cómo el complejo de culpa, el sentimiento de haber hecho el ridículo o las compras desorbitadas torturan al paciente como una película de sesión continua, aumentando su ansiedad, así como el grado de abatimiento, pudiendo llegar a agravar los síntomas depresivos.

Tratamiento

- Aunque se enumerarán más adelante los fármacos específicos para cada fase, sirva reseñar que, cuando un paciente se encuentra atravesando un proceso maníaco, debe ser medicado con neurolépticos o antipsicóticos, además de la medicación *reguladora* de base.

6

La hipomanía

❦ ❧

Al principio, cuando me siento bien, es tremendo..., las ideas se suceden con velocidad..., toda la timidez desaparece, las palabras y los gestos adecuados surgen de repente como si no se tratase de mí..., la gente y las cosas poco interesantes se convierten en fascinantes... Puedo ver la tele, escuchar la radio y leer un libro al mismo tiempo. Apenas necesito dormir y, con dos o tres horas, he descansado lo suficiente. La sensualidad es incontrolable y el deseo de seducir y ser seducido es irresistible. La comida me sabe más rica, y necesito de sabores más fuertes, más condimentados. La mente se inunda con increíbles sentimientos de confianza, poder, bienestar, euforia... Te sientes con capacidad para hacer cualquier cosa..., pero... cuando menos te lo esperas... todo esto comienza a cambiar...

¿Qué es la hipomanía?

- Según la Clasificación Internacional de las Enfermedades (**CIE-10**), **la hipomanía se define como:** *un grado menor de la manía en el que las alteraciones del humor y del comportamiento son demasiado persistentes y marcadas como para ser incluidas en el apartado de la ciclotimia, pero, a su vez, no se acompañan de alucinaciones o ideas delirantes. Se produce una exaltación leve y persistente del ánimo —que suele durar entre uno y tres días seguidos—, un aumento de la vitalidad y de la actividad y, por lo* *general, sentimientos marcados de bienestar y de elevado rendimiento físico y mental.*

- Se podría decir que la hipomanía —o episodio hipomaníaco— es una manía suave o moderada. Un **estado tremendamente agradable** que provoca en el paciente un considerable aumento en su percepción y sus sensaciones: todo sabe mejor, se siente de modo más intenso, se disfruta más. Se tiene la palabra adecuada, el pensamiento preciso, el gracejo oportuno. La sensualidad está a flor de piel...
- **Es la presentación de la manía en su forma más moderada, con síntomas similares pero menos severos.** Obviamente, y después de lo dicho, es de imaginar que no se produce un deterioro importante en el funcionamiento normal del paciente en su vida cotidiana. **No se requiere hospitalización, ni se incluye la posibilidad de episodios psicóticos,** tales como alucinaciones o delirios.
- En episodios hipomaníacos, el paciente tiene un ánimo elevado, se siente mejor que en circunstancias normales y es más productivo. Si se presenta de forma moderada, dota al individuo de una mayor tasa de creatividad y liderazgo. No es de extrañar que muchos enfermos experimenten un gran placer estando en hipomanía y deseen mantener este estado de forma permanente...

Cómo se detecta

Para detectar la hipomanía **es más fácil consultar a los familiares del paciente que a él mismo.** Aun así, las preguntas claves que debería hacer un psiquiatra para diferenciar la manía de la hipomanía (según J. Angst, 1992), son:

— *¿El aumento de la actividad ha sido tanto como para haberle creado dificultades —a usted mismo, en sus relaciones con los demás o en el plano financiero?*

— *¿Los demás —familiares, amigos, cónyuge— han manifestado que su comportamiento no era habitual, hasta el punto de pensar que algo no iba bien en usted?*

Riesgos que comporta la hipomanía para un bipolar

- **Para un bipolar, la hipomanía supone un estado de extremo riesgo,** ya que, por desgracia, los pacientes no se estabilizan en esa *fase dulce* y tienden a empeorar hacia estadios superiores como la manía, o correr el riesgo de virar rápidamente hacia un proceso depresivo.

Características de la hipomanía

- Es frecuente observar que el individuo **se vuelve más sociable y hablador**, se comporta con excesiva familiaridad —aun con quien no conoce— y muestra **un excesivo vigor sexual,** así como una considerable **disminución de la necesidad del sueño.** Aunque nada de lo dicho tiene una intensidad suficiente como para interferir en su actividad laboral, en la cotidianidad de su vida y, mucho menos, como para provocar un rechazo social.
- En algunos casos la irritabilidad, el engreimiento y la grosería pueden sustituir a la exagerada sociabilidad eufórica. Puede verse alterada la capacidad de atención y concentración, dando lugar a una imposibilidad para desarrollar con calma actividades laborales, de ocio o simplemente descansar. En ocasiones, y al igual que en la fase maníaca, el afectado puede mostrar un súbito interés por empresas totalmente nuevas o sumergirse en gastos ligeramente elevados.

Síntomas de la hipomanía

Según lo relatado, percibiríamos que un bipolar ha entrado en hipomanía si descubrimos algunos de los siguientes síntomas:

- Alegre.
- Excesivo.
- Distinto y jocoso.

— Sobradamente optimista y desenfadado.

— Excesivamente seguro de sí mismo.

— Presuntuoso.

— Pomposo.

— Extravertido y sociable.

— Alto nivel de energía, lleno de planes y actividades improvisadas.

— Versátil y con amplios intereses.

— Sobreimplicado y entrometido.

— Desinhibido.

— Buscador de estímulos.

— Habitualmente duerme poco —menos de seis horas por la noche.

¿Cómo se diferencia la felicidad normal de la hipomanía?

— La hipomanía es un estado de ánimo alterado, recurrente o intermitente en el que, a diferencia de la «felicidad humana», el individuo se encuentra sobredimensionado.

— La hipomanía está seguida de un cambio repentino a partir de un dilatado episodio depresivo, o se manifiesta como un viraje repentino a partir de un estado de ánimo normal.

¿Cuánta gente la padece?

• Se estima que entre **3,4** y el **4,4 % de la población** *normal* **padece síndrome hipomaníaco** (según la encuesta epidemiológica de Zúrich —J. Angst, 1992—). Igualmente, de esta encuesta se desprende que la forma pura de la hipomanía es más habitual en los hombres, mientras que la hipomanía asociada a la depresión mayor es más frecuente en la mujer.

7

La depresión bipolar

❧ ❧

*No hay para mí ninguna enfermedad que me revele
más lo que hay de misterioso en la vida que la melancolía
—depresión—. Los que se hayan visto libres de ella carecen
de la experiencia auténtica y pura del sufrimiento.*

*En el dolor, el sufrimiento toma una forma concreta y
definida. Cuando nos tropezamos con una desgracia, la
vida aparece como un valle de lágrimas. Pero llorar es
ya comenzar a consolarse. Llorar es ya una elaboración
vital, una catarsis, una digestión del sufrimiento. El sufrimiento sin lágrimas de la melancolía es algo más profundo
e inefable. Nunca la criatura siente su propia miseria con
tal intensidad.*

(JUAN JOSÉ LÓPEZ-IBOR, 1952)

*C*UANDO *parecía que había cesado todo tipo de alteración, justo
a la semana de haber concluido un cuadro maníaco con hospitalización, empecé a sentirme paralizado. Mi cuerpo no res-
pondía, nada me estimulaba, solo tenía ganas de quedarme solo en
casa y no salir jamás de la cama. Sin hambre, sin sueño, sin motivaciones, sufriendo toda la ansiedad del mundo... Me sentía un gusano,
menos que un gusano... Repasaba mentalmente las estupideces que
había sentido durante el episodio maníaco y solo quería morirme. Tenía pánico a salir a la calle, había perdido el apetito y continuamente
tenía frío. Creía que jamás lograría salir de ese horrible estado.*

¿Qué es la depresión bipolar?

* También conocida como **depresión endógena**, ya que no está motivada por acontecimientos reactivos —tales como: desempleo, fallecimiento de un familiar o cualquier otro desencadenante externo—. La depresión bipolar **supone el reverso de la manía**, y viene acompañada de: inactividad, complejos, lentitud, tristeza, abatimiento, miedos, fobias, culpabilidad, obsesiones, disminución del apetito... Un profundo estado de abatimiento invade al individuo, difícil de entender, o explicar, si no se ha pasado.

* Consiste en una **pérdida de interés** por el entorno y las actividades cotidianas, así como una **falta de ilusión** por todo, sumada a una tremenda **dificultad para realizar cualquier cosa** rutinaria que en circunstancias normales no revestiría ningún problema, ya que les asisten ideas negativas sobre su inutilidad y frustración. En la fase depresiva, **el paciente tiende a recluirse en casa, sumido en una profunda tristeza.** No desear salir de la cama, abandona su higiene personal y se descuida físicamente. Por supuesto, en todo esto hay grados, que dependen de muchos factores: el propio proceso, la medicación con la que está siendo tratado, el entorno afectivo...

* **En los casos en los que la depresión sucede a la fase maníaca, el paciente experimenta los primeros síntomas depresivos a los pocos días o semanas de concluir el cuadro eufórico.** Aunque también es cierto que muchos bipolares ciclan al revés: primero tienen la fase depresiva y luego pasan a la maníaca.

Los pacientes bipolares deprimidos no revisten peligro o alarma social durante este episodio, ya que, lejos de ser conflictivos, se vuelven sumisos y cariñosos, mostrándose agradecidos para con su entorno.

Riesgo de suicidio

• Si en la fase maníaca el enfermo debe estar completamente vigilado —por la familia o mediante el ingreso hospitalario—, es, si cabe, más importante **no dejar solo a un bipolar deprimido**, porque la sensación de fatalidad que los invade puede conducirlos —desgraciadamente en un porcentaje muy elevado— al **suicidio**. Bien el intento o, en el peor de los casos, llegando a la consumación. Les asiste la convicción —casi irracional— de que jamás podrán salir de esa fase y de que no hay fármaco posible que pueda mitigar su dolor y desesperación... Sobra decir que esto no es cierto. Siempre se sale de la depresión... más tarde o más temprano.

Depresión y variaciones circadianas

• La depresión del estado de ánimo varía escasamente de un día para otro y no responde a cambios ambientales, aunque sí pueda presentar **variaciones circadianas** —fenómenos biológicos que ocurren, rítmicamente, a la misma hora— características: sentirse peor en un determinado momento del día o despertarse a la misma hora de la madrugada. Un gran número de bipolares deprimidos **tienden a encontrarse mucho peor por la mañana** que por la tarde. No debemos pensar que se trata de una percepción engañosa de su estado, ya que tiene una explicación neurohormonal: se sabe que por la mañana hay menos valores en sangre de ciertos neurotransmisores que funcionan como «antidepresivos» endógenos.

Alteraciones de la realidad

• De igual forma que en fase maníaca, a los pacientes deprimidos les acompaña un sentido distorsionado del espacio-tiempo: los minutos se convierten en horas, y caminar medio kilómetro les parece escalar el Everest.

Síntomas de la depresión

• Los síntomas más frecuentes que acompañan a la fase depresiva son los siguientes:

— Disminución de la atención y la concentración.
— Predisposición al llanto.
— Ensimismamiento.
— Sentimiento de culpabilidad.
— Episodios de pérdida de la memoria —incluso algo de amnesia.
— Intensos sentimientos de tristeza y abatimiento.
— Autopercepción de inutilidad y poca valía.
— Pérdida de interés por las actividades preferidas.
— Incapacidad de experimentar sensaciones positivas.
— Sentimientos de pesimismo y desesperanza.
— Pérdida de confianza en sí mismo.
— Sentimiento de inferioridad.
— Cambios en los patrones de sueño (descenso o aumento).
— Irritabilidad mayor de lo habitual.
— Somatización —dolor y sensaciones corporales que no tienen origen físico.
— Empeoramiento matutino del estado de ánimo.
— Incapacidad para tomar decisiones.
— Resentimiento y frustración.
— Perspectiva sombría de futuro.
— Sentimiento de inferioridad e incapacitación.
— Descenso de los niveles de energía y vitalidad.
— Pérdida de autoconfianza y autoestima.
— Rechazo al propio cuerpo —se ven gordos, o delgados, o feos, o bajos...
— Sentimiento de culpabilidad y vacío interior.
— Ideas suicidas recurrente... e intentos de suicidio.
— Agorafobia: temor a salir de casa, aun acompañados.
— Ataques de pánico: miedo a morir súbitamente.

Síntomas físicos

— Fatiga, cansancio y agotamiento.
— Alteración del apetito.
— Variación de peso.
— Disminución de la libido —deseo sexual.
— Dolor de cabeza y estómago sin causas específicas.
— Insomnio o excesiva somnolencia.
— Ralentización en los movimientos.
— Vómitos y náuseas.
— Trastornos respiratorios.
— Temblores y sudoración.

- Enumerados y conocidos los síntomas, se pueden diferenciar tres categorías de episodios depresivos: leve, moderado y grave.

A) EPISODIO DEPRESIVO LEVE

- Los síntomas más típicos que se presentan, en un grado no muy intenso, son: **pérdida del interés, incapacidad para disfrutar y aumento de la fatiga.** Además de lo dicho, deben manifestarse —al menos— dos de los indicios enumerados en el anterior recuadro.
- Tienen pocas manifestaciones somáticas —pérdida marcada del apetito, incapacidad para disfrutar de actividades que antes eran placenteras—. En caso de presentarse, son de una intensidad leve.
- Aunque el paciente se encuentre con obstáculos para llevar a cabo su actividad laboral y social, no es probable que pida la baja médica, ni desatienda sus compromisos.
- Este episodio tiene una **duración de dos a tres semanas.**

B) Episodio depresivo moderado

- Para decir que el paciente se encuentra atravesando un episodio depresivo moderado debe padecer entre tres y cuatro de los síntomas enumerados en el cuadro.
- Es probable que varios de esos síntomas se manifiesten de forma intensa. No es esencial para este diagnóstico si no son más de cuatro los síntomas presentes.
- El paciente tiene grandes dificultades para poder continuar desarrollando su actividad laboral, social y doméstica.
- Puede tener ciertos síntomas somáticos y, en algunos casos, podrían llegar a revestir gravedad.

C) Episodio depresivo grave

- El enfermo presenta una considerable angustia y agitación, acompañados de falta de autoestima y sentimientos de inutilidad o culpa.
- Las manifestaciones somáticas siempre están presentes en este tipo de depresión.
- Suele haber agitación e inhibición psicomotrices —es decir, falta de movilidad o exceso de ella—, y el enfermo se siente incapaz de describir muchos de los síntomas que padece.
- Este tipo de depresión **puede prolongarse entre dos y seis meses.**

Hospitalización

- Ante una respuesta lenta o inadecuada del tratamiento antidepresivo, y una vez comprobado que la fase no remite, un **alto porcentaje de bipolares depresivos de tipo grave deben ser hospitalizados.**

Depresión y síntomas psicóticos

- En algunas ocasiones los episodios depresivos graves pueden ir acompañados de **síntomas psicóticos,** tales como:

— Ideas delirantes de culpa, ruina, fracaso e inutilidad.

— Convencimiento de padecer una enfermedad irreversible: sida, cáncer...

— Sensación de que la gente los mira por la calle y se burla de ellos.

— Alucinaciones —aunque menos frecuentes—. Algunos pacientes sienten estar poseídos por espíritus demoníacos, a quienes atribuyen su sufrimiento.

• Algunos pacientes padecen **depresiones catatónicas** durante las cuales permanecen completamente recluidos en sus casas, o inmóviles en la cama, absolutamente desconectados de la realidad exterior —incluso la más próxima: como pareja, hijos...

Cómo actúa el tratamiento

• Hoy sabemos que el malestar emocional y la ansiedad somática parecen estar articulados por la **serotonina** —con lo cual, los fármacos serotoninérgicos como el *Seroxat* pueden paliar significativamente los síntomas de la depresión—. Mientras que el efecto positivo, la motivación hacia la recompensa o el placer parecen depender de la **dopamina** e, indirectamente, de la **noradrenalina.** Es importante familiarizarse con este tipo de nombres —aunque sean un tanto complicados—, ya que si uno es bipolar o tiene alguien cerca que padece el trastorno, está abocado a escuchar estos términos en infinidad de ocasiones. (Después de lo dicho, no sería extraño escuchar al psiquiatra de un paciente bipolar deprimido recetarle una *monoterapia* a base de **serotoninérgicos** —el término completo es recaptadores de la inhibición de la serotonia— tales como Prozac o Seroxat si encuentran síntomas de malestar emocional general.)

¿Cómo se puede ayudar a un paciente bipolar en fase depresiva?

• Para quienes viven con un paciente bipolar, acompañarlo en la depresión comporta un sentimiento de impotencia terrible. A pesar de todo, los familiares suelen encontrar esta fase más llevadera que el estadio maníaco —del que refieren «no conocerlos... como si no fueran ellos»—. Hay muchas cosas que se pueden hacer por estos pacientes durante este proceso:

A) Ayudarles a preparar las dosis de medicamentos que están obligados a tomar y que les ha prescrito su psiquiatra. Este punto es de vital importancia, ya que muchos enfermos deprimidos —bipolares en general— tienden a desconfiar de la medicación o a temer los efectos secundarios de esta, llegando a suprimirla. Una recomendación importante pasa por esconder todos los prospectos de los fármacos, ya que pueden tender a somatizar los efectos secundarios que explica el laboratorio.

B) Vigilar cualquier incremento que pueda hacer el paciente en la pauta farmacológica: sin ánimo de alarma, esta modalidad supone una de las principales tentativas suicidas de los bipolares.

Si se observa un incremento en las ideas suicidas del paciente, **debe acudir inmediatamente a urgencias** o consultar con su psiquiatra. En primer lugar, porque muchos pacientes bipolares planean o intentan quitarse la vida, con un alarmante porcentaje de éxito. No olvidemos que **uno de cada cinco pacientes con trastorno bipolar tratan de quitarse la vida,** y el porcentaje de intentos de suicidio es 30 veces superior al registrado entre la población general.

C) Se les puede brindar alivio mediante la mejoría de los hábitos saludables: sueño adecuado y regular —no más de ocho horas al día—, buena nutrición...

D) Animarlos a practicar ejercicio: en tanto que ayuda al fortalecimiento y establece una pauta de obligaciones. Cualquier deporte es válido.

E) Prohibirles el consumo de alcohol y otras drogas: porque agravan los síntomas depresivos, además de que cualquier sustancia puede variar la efectividad del tratamiento farmacológico. Un empeoramiento en la depresión —o un tratamiento prolongado con antidepresivos— puede llevar asociado un «viraje» hacia el otro extremo del bipolar: la manía. Desgraciadamente, ya hay que aceptar que un altísimo porcentaje de bipolares son adictos al tabaco y en ambos polos aumentan el consumo de nicotina porque les ayuda a «paliar» la ansiedad.

F) Motivarlos a permanecer involucrados con la familia y amigos: aunque deseen el aislamiento, resulta conveniente recibir visitas o asistir a reuniones tranquilas, para combatir su mermado deseo de sociabilidad. Es aconsejable que no permanezcan mucho tiempo solos, para evitar pensamientos —o tentativas— suicidas.

G) Incorporación de actividades placenteras: es el momento de estimular al paciente con las cosas que más le gustan y mejor sabe hacer: fomentarle ciertos pasatiempos, o acudir a espectáculos que desee...

H) Posponer situaciones estresantes, preocupantes o dolorosas: problemas económicos, enfermedades de algún familiar, las malas notas de un hijo...

I) En según qué personas —y a tenor de sus creencias—, **los consejos espirituales pueden dar un significado** —o alivio— a las experiencias dolorosas. Muchos bipolares, pese a tener antecedentes de ateísmo o gnosticismo, aseguran encontrar fortaleza interior en la oración —del credo que sea.

J) La meditación —ejercicios de visualización o respiración, yoga...—, sin ser una solución en sí misma, ayuda a estimular, serenar y fortalecer la energía perdida (ya tenga un origen somático o físico... poco importa, mientras sirva de ayuda).

K) Impedir que se recrimine y autocritique constantemente. Puede ser una pequeña ayuda, tan lenta como segura. Identificar una conducta negativa no es una solución inmediata, pero puede animar a modificarla.

L) **El amor, el cariño, el apoyo y la comprensión sincera** son los mejores instrumentos para ayudar a un paciente bipolar que atraviesa el doloroso trance de la depresión.

8

Fases mixtas

∾ ∽

La verdad es que, ahora que ha pasado todo, no puedo negar que estaba en manía... pero tampoco mentía al decir que tenía depresión. Conozco perfectamente los síntomas porque he vivido varias depresiones, y lo que yo sentía cuando estuve hospitalizado por descompensación eufórica era una depresión de caballo... Insomnio, ganas de emprender proyectos, locuacidad, ideas delirantes..., ¡es verdad!, pero no eran menos ciertos los otros síntomas: angustia, ansiedad, tristeza, sensación de vacío... Por eso me enfadaba tanto cuando el psiquiatra no paraba de subirme la dosis de neurolépticos... ¿Cómo podían estar tan ciegos? —pensaba yo—... ¿Y mi familia?, ¿quería matarme? Porque no paraban de decirles a los médicos que cada vez me encontraban más «eufórico»... Solo tiempo después, he entendido que aquello fue un episodio mixto... Aunque, afortunadamente, no he vuelto a tener ninguna más de esas características.

¿PUEDEN coincidir la noche y el día?, ¿es posible la presentación simultánea de las dos caras de la moneda?, ¿puede convivir un estado anímico triste con comportamientos e ideas maníacas? La respuesta es sí. Hay un subtipo de trastorno del estado de ánimo que conlleva toda la exaltación y los pensamientos vertiginosos de la euforia, entrelazados con sentimientos de angustia, tristeza y ansiedad propios del cuadro depresivo. A lo largo de décadas ha recibido multitud de acepciones, entre ellas: depresión ansiosa, depresión agitada, depresión involutiva, manía inhibida... hasta que J. Falret, en 1860, fue el primero en utilizar el término «estado mixto» para describir la coexistencia de ideas tristes y excitación maníaca.

¿Qué es una fase mixta?

- En la actualidad se conoce como **manía disfórica** —*disforia* significa opuesto a euforia, inquietud, malestar— **o fase mixta,** y en ella se superponen manifestaciones eufóricas y depresivas. No se trata de un estado intermedio entre la manía y la depresión, ni de una forma extrema de manía intensa o depresión agitada. Hablamos de **la superposición de un estado depresivo y un estado maníaco con los síntomas entremezclados,** con algunas de las siguientes manifestaciones:

  — Melancolía agitada con trastornos del habla y conducta *querulante* —reivindicativa—, *taquipsiquia* —rapidez en los procesos psíquicos—, *taquipfrenia* —rapidez mental—, expresiones dramáticas de sufrimiento, crisis de angustia, irritabilidad, labilidad emocional e intentos de suicidio impulsivos.

Algunos pacientes presentan manías disfóricas aisladas, pero **lo más frecuente es que las fases mixtas sean la continuación de un cuadro maníaco o la transición entre una manía y una depresión** —especialmente en los bipolares denominados cicladores rápidos, que cambian, súbitamente, de la euforia a la melancolía, y a la inversa.

¿Por qué se producen las fases mixtas?

- Una de las **principales causas** de la manía disfórica podría ser **la adicción al alcohol.** Otra, muy importante y que deben tener en cuenta los psiquiatras, resulta derivada del **tratamiento con antidepresivos tricíclicos** —muy eficaces, pero con muchísimos efectos secundarios.

¿A cuánta gente afecta la manía disfórica?

- Se han barajado muchas estadísticas alarmantes e indefinidas sobre la incidencia de las fases mixtas, y, según distintos estudios, se manejaban datos dispares que oscilaban entre el 5 % y el 70 %. Desde el año 1990 hay criterios de definición más estrictos que centran la cifra en **un 31 %, en función de las muestras estudiadas** —no de la población total.
- Tienen **más probabilidades de padecer cuadros mixtos las mujeres** que los hombres, y aunque no hay datos con relación a la edad del paciente, sí sabemos que los adolescentes —debido a los cambios hormonales que se producen en ellos— están especialmente expuestos.

¿Cómo se siente el paciente?

- Algunos pacientes con estados mixtos relatan una **intensa excitación sexual** —incluyendo masturbación, consumo de pornografía o aumento de contactos sexuales—. En general, muestran un **carácter extravertido** y **buscan sensaciones nuevas a pesar de referir una intensa depresión**.

Dificultad de diagnóstico y tratamiento

- **Los pacientes con manía disfórica son difíciles de diagnosticar, lo que comporta un alto grado de confusión y sufrimiento,** tanto en el individuo como en la familia. De igual modo, tienen más **dificultad a la hora de responder al tratamiento** (por poner un ejemplo que veremos más adelante, las manías disfóricas responden peor al litio, principal fármaco regulador del trastorno bipolar).

- Algunos autores sostienen que el **TEC** —Terapia Electro Convulsiva— **es el mejor tratamiento para estos bipolares** y que deberían evitarse los antidepresivos. Otros expertos afirman que la mejor forma de mantener al **paciente estable sería con eutimizantes** —reguladores del humor— **y/o con neurolépticos atípicos** —como la Olanzapina, comercializada como Zyprexa—. Sabremos más de todo esto en el capítulo de las medicaciones.

Duración

- La mejoría de la manía mixta es más larga que la de la manía pura: catorce semanas contra las cinco semanas, aproximadas, que puede tardar en remitir un episodio maníaco normal.

Es necesario saber con respecto a la manía disfórica que:

La **evolución es peor** que en las manías puras.
Hay un **menor grado de recuperación** después de los episodios.
Conlleva un **mayor número de recaídas.**
Aumenta el riesgo de suicidio, con el agravante de la energía sumada a la ansiedad, que caracteriza a estos pacientes.

¿Cómo saber si un bipolar padece cuadros mixtos?

- Veamos la tabla de diagnóstico —que puede servir de autoevaluación— propuesta en 1992 por S. L. McElroy y cols. Hay riesgo de padecer manía disfórica: si se reúnen los síntomas maníacos (conocidos en el capítulo 6) junto con la presencia simultánea de, al menos tres, de los siguientes síntomas depresivos:

1. Estado de ánimo depresivo.
2. Notable disminución del interés o del placer en casi todas las actividades.

3. Aumento del peso o del apetito.
4. Hipersomnia —sueño excesivo.
5. Enlentecimiento psicomotor.
6. Fatiga o pérdida de la energía.
7. Sentimientos de inutilidad o culpa excesivos.
8. Sentimientos de desesperanza y desamparo.
9. Ideas de muerte recurrentes, ideas de suicidio recurrentes o planes precisos de suicidio.

Diagnóstico:

Si hay presencia de:

- Tres o más síntomas depresivos descritos: manía disfórica segura.
- Dos síntomas depresivos descritos: manía disfórica probable.
- Un síntoma depresivo descrito: manía disfórica dudosa.

9

Clasificación de los trastornos del estado de ánimo

∽ ∾

La verdad es que yo tuve suerte, porque desde el principio acertaron con el diagnóstico. Tenía 28 años y acababa de separarme. Estuve una semana sin dormir, bebiéndome toda Barcelona. La familia y amigos no vieron nada raro en una «depre» posdivorcio —aun en alguien que nunca había pasado por la consulta de un psiquiatra—, pero cuando salí de mi abatimiento y empecé a cambiar todos los muebles de la casa a las tres de la mañana, a gastarme un montón de dinero en cosas innecesarias, a ponerme unas minifaldas de vértigo —yo, que jamás me he comprado una falda más arriba de la rodilla—, e incluso a despedirme del trabajo... Entonces me llevaron a un psiquiatra. Debía ser bueno, porque acertó a la primera. Me recetó litio como tratamiento crónico, y fue mano de santo. Desde entonces, solo he tenido pequeños altibajos... nada muy serio. Alguna pequeña «subida», de vez en cuando... algún bajoncillo en otoño... desde luego, nada que ver con aquella primera vez.

EL universo de los trastornos afectivos no puede ser tajantemente dividido entre bipolares y unipolares, ya que hoy día se conoce la evidencia de **muchos grupos intermedios** que, hasta hace poco tiempo, carecían de reconocimiento. El trastorno bipolar puro —con «manía» y «depresión» bipolar al uso— se situaría en un extremo del abanico, mientras que las depresiones recurrentes con episodios hipomaníacos, la ciclotimia, la distimia, etc., ocuparían una amplia área de bipolaridad suave, que antes no se contemplaba. El gran reto clínico de la psiquiatría actual pasa por reconocer —cuando se habla de *reconocer* en medicina, los médicos se refieren al modo de diagnosticarlos, computarlos en estadísticas y determinar su tratamiento— a los pacientes bipolares cuyos síntomas afectivos estén por debajo del nivel de la hipomanía.

• Teniendo en cuenta que **solo se diagnostica a un tercio de las personas, y de ellas solo un tercio recibe el tratamiento adecuado**, el trastorno bipolar se convierte en la enfermedad más *infratratada* de las psiquiátricas.
• Podemos clasificar varios subtipos en función de la intensidad de sus síntomas, la recurrencia, los antecedentes familiares y la consiguiente respuesta a los tratamientos:

— **Trastorno bipolar**
— *TAB. Tipo I* (agudo/episodios depresivos con, al menos, una fase maníaca).
— *TAB. Tipo II* (moderado/depresiones recurrentes con fases hipomaníacas que no hayan requerido hospitalización).
— *TAB. Tipo III* (episodios depresivos sin hipomanía —pero con temperamento hipertímico— con antecedentes familiares de bipolaridad).
— **Manía unipolar.**
— Cicladores rápidos.
— **Ciclotímicos** (alternancia durante toda la vida de hipomanías y minidepresiones).
— **Distímicos.**

A) Bipolar tipo I (TAB I)

• El tipo I es la forma más clásica —lo que se podría denominar ser un *bipolar de libro*—. Las crisis están caracterizadas por:

> — Una fase maníaca que suele requerir **hospitalización** debido a su intensidad.
>
> — Una relativa frecuencia a padecer **delirios** (en el 70 % de los casos), tanto en la manía —ideas mesiánicas— como en la depresión —culpabilidad desmedida e ideas catastróficas.
>
> — Una predisposición a padecer **alucinaciones** —sensoriales: ver y escuchar cosas que no son reales.
>
> — Cuando el paciente recupera la normalidad le parece increíble haber hecho o pensado las cosas que hacía y pensaba, tanto en la fase eufórica como en la depresiva.

¿Cuándo comienza?

- Es un trastorno que se inicia —frecuentemente— en la juventud y, por lo general, en forma de fase maníaca en los hombres y en las mujeres en forma de depresión. **El primer episodio no suele ser identificado** por la familia ni por el enfermo, por lo que suele vivirse «intramuros» —es decir, sin acudir al psiquiatra ni solicitar tratamiento u hospitalización—. Es frecuente que la primera vez se asocie a un problema esporádico causado por el alcohol o las drogas —si se ha iniciado una manía— o a causas medioambientales —problemas familiares, problemas en el trabajo o en los estudios...— si es una depresión. No olvidemos que tanto el consumo de drogas y alcohol como los factores estresantes medioambientales, aunque no son los causantes, sí actúan como desencadenantes de un episodio maníaco o depresivo.

- Se podría decir, como norma, que **después de un primer episodio tarda mucho tiempo en aparecer el segundo.** Este es el motivo principal por el que muchos pacientes, después de sufrida la primera descompensación, tardan años en acudir al psiquiatra y, por consiguiente, saber que sufren un trastorno cíclico y recurrente. Solo la información puede llevar a concienciar a los enfermos potenciales de que es importantísimo estar tratados médicamente desde el primer síntoma, porque solo de esta forma se previenen recaídas, así como una mejor respuesta —a la larga—

ante los fármacos. Es uno de los motivos de que las estadísticas revelen que más de **la mitad de los bipolares tardan 10 años en ser diagnosticados.**

¿En qué consiste?

- En general, los pacientes del tipo I tienen una **cierta simetría entre las recaídas maníacas y las depresivas.** Con frecuencia, después de una fase maníaca, pasan inmediatamente a un cuadro depresivo de intensidad proporcional a la manía. En los pacientes bipolares del tipo I, la euforia es raramente recurrente sin episodios depresivos. Además, los enfermos se caracterizan por tener un mal cumplimiento del tratamiento eutímico —pasado un tiempo, empiezan a rebajar las dosis prescritas por el médico o terminan abandonándolo.
- **Resulta de vital importancia reconocer una manía cuando llega.** Solo con un tratamiento adecuado y eficaz es posible *abortarla* o mitigarla antes de que se pierda el horizonte de la realidad. Un dicho psiquiátrico nos alerta de que *una manía intensa y mal tratada se suele pagar con una depresión muy pronunciada.*

Ejemplo gráfico de los cambios de humor de un bipolar tipo I

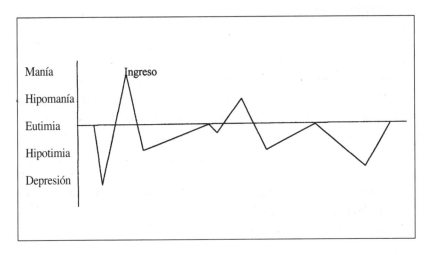

B) BIPOLAR TIPO II (TAB II)

- El trastorno bipolar tipo II **se caracteriza por depresiones igual de intensas que en los bipolares de tipo I, pero con fases de euforia moderada que no precisan de hospitalización.** Como ya vimos, se llaman hipomanías, y tienen una duración media entre uno y tres días e implica menos deterioro en el paciente —si es que llega a implicar alguno—. Hasta tal punto la hipomanía puede ser imperceptible, que el diagnóstico de un estado hipomaníaco —aun a partir de un historial con trastornos del estado de ánimo— requiere de las observaciones de familiares que atestigüen que, ese cambio se diferencia claramente del estado habitual del paciente.

> No obstante, la hipomanía se puede dar tanto en los bipolares de tipo I como en los de tipo II. Ahí estriba la diferencia. La manía solo la padecen los bipolares de tipo I.

- La alternancia fluctuante de periodos depresivos e hipomaníacos en este tipo de pacientes lleva a la aparición de crisis interpersonales que suelen confundir a los psiquiatras a la hora de hacer un diagnóstico, tomándolos por enfermos con *trastorno límite de la personalidad.*

> Así pues, no se trata de una bipolaridad atenuada, sino de una forma menos invalidante y estigmatizada —en tanto que pocos familiares, amigos o compañeros terminan dándose cuenta de las fases de hipomanía—, pero comporta más altibajos en el estado de ánimo y más padecimiento de tipo depresivo.

- **Solo el 10 % de bipolares de tipo II pasan a convertirse en bipolares del tipo I** (es decir, presentar, al menos una vez a lo largo de su vida, un episodio maníaco puro).

¿En qué se diferencia un bipolar tipo I del tipo II?

- **Los síntomas psicóticos** —como delirios y alucinaciones— **son poco frecuentes en este tipo de bipolares** y solo 1/3 de los bipolares de tipo II las padecen, siendo más común durante la fase depresiva.
- Podríamos decir, por tanto, que el trastorno afectivo de tipo II **es menos grave que el I,** como mínimo, por la intensidad de sus síntomas. Pero los estudios demuestran que los **bipolares del tipo II tienen más recaídas que los del tipo I** y pasan más tiempo en fase depresiva. Por este motivo, no es correcto denominarlos bipolares leves.
- La conducta suicida no presenta diferencias entre los pacientes bipolares I y bipolares II. Aunque recientes estudios indican lo contrario, situando a **los bipolares con TAB II como más tendentes al suicidio.**

Diagnóstico y tratamiento

- **Muchos bipolares de tipo II no están bien diagnosticados, ya que no acuden al psiquiatra cuando están en hipomanía y sí cuando están en depresión.** De esta forma, los médicos tienden a englobarlos en las estadísticas de los depresivos recetándoles fármacos para paliar la depresión, pero no les prescriben eutimizantes —reguladores del estado de ánimo— para evitar sucesivas recaídas. De tal suerte, que se acentúan las hipomanías —convirtiéndose en manías en algunos casos— y propician la tendencia a que generen nuevos ciclos.
- En la actualidad ha variado mucho la utilización de los antidepresivos —como se verá en el capítulo dedicado a fármacos—. Hace años, si se prescribía a un bipolar de tipo II un antidepresivo antiguo —un tricíclico—, se corría el riesgo de hacerlo virar hacia el otro polo. Quizá esa fuera una de las razones por la que las estadísticas revelaban que los bipolares II tenían más episodios. Hoy día, con los nuevos medicamentos se corren menos riesgos de precipitar un episodio eufórico a un paciente bipolar.

Características del TAB II
(Según Akiskal y cols., 1979):

— Depresiones mayores recurrentes.
— Hipersomnia —sueño excesivo.
— Hiperfagia —apetito excesivo.
— Tensión e inquietud.
— Labilidad del humor —facilidad en el cambio del estado afectivo.
— Virajes —cambios bruscos— durante los episodios depresivos.
— Historia de episodios maníacos o ciclotimia.
— Aspecto atractivo o llamativo.
— Biografía accidentada.

• Los bipolares con TAB II tienden a padecer síntomas «no afectivos», según un estudio de Akiskal y cols., 1995. A tenor de esta investigación, realizada durante 11 años, y tomando 559 pacientes con depresión mayor, se observaron manifestaciones del tipo. No es determinante, pero puede servir de ilustración:

1. Obsesivo-compulsivo.
2. Preocupaciones somáticas —que se refieren a lo corporal y se distinguen de las psíquicas.
3. Despersonalización —pérdida de identidad del yo, con sensación de extrañamiento de uno mismo, del cuerpo y el entorno.
4. Ansiedad fóbica.
5. Ira subjetiva.
6. Suspicacia.
7. Ideas autorreferenciales.
8. Autocompadecimiento.
9. Alto nivel de exigencia.

Factores estacionales

• Hay un «**aspecto estacional**» en los trastornos de tipo II, en los que, de forma clásica, la depresión sucede en otoño, se transforma en hipersomnia —o sueño excesivo— en invierno, para terminar pasando en primavera a un resurgimiento del humor, un incremento de la actividad y una menor necesidad de sueño. No podemos ofrecer estadísticas de la influencia *estacional* en los bipolares de tipo II, especialmente porque, como hemos dicho, el uso de antidepresivos altera estos parámetros.

Bipolares de tipo II y ciclación rápida

• Aunque más adelante hablaremos de ello, es importante reseñar un círculo peligroso que se puede establecer entre los bipolares de tipo II y la medicación: los **antidepresivos tricíclicos** —Triptizol o Anafranil...— **son inductores de la ciclación rápida** —rapidez para virar de un polo al otro del estado de ánimo—. Hay que tener en cuenta que la ciclación rápida surge con más frecuencia en el trastorno bipolar II que en el trastorno bipolar I.

Ejemplo gráfico de los cambios de humor de un bipolar tipo II

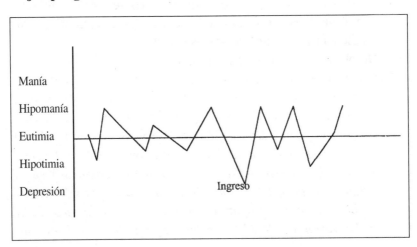

C) BIPOLAR III (TAB III)

- Algunos autores engloban en este tercer tipo de bipolares (tipo III) aquellos en los que las fases hipomaníacas solo aparecen como consecuencia del empleo de antidepresivos.
- Este subgrupo está caracterizado por depresión recurrente sin hipomanía espontánea, aunque con temperamento hipertímico —hedonista, con dotes de elocuencia, optimismo excesivo, condiciones de liderazgo.
- La bipolaridad en estos pacientes es muy sutil, pero los antecedentes familiares de bipolaridad hacen pensar en que se padezca este trastorno y no cualquier otro.

D) TRASTORNO UNIPOLAR O MONOPOLAR

- También conocido como **manía unipolar.** El cuadro clínico es similar a la descripción de la manía clásica, con la salvedad de que la fuga de ideas es poco frecuente. Para muchos autores, la manía unipolar (UP) **es considerada como una variante clínica de trastorno bipolar.** El DSM-II, el DSM IV y la CIE-10 niegan la existencia de tales cuadros, y, por consiguiente, a tratar al paciente maníaco «unipolar» de un modo distinto, aunque jamás haya sufrido una depresión.

    Podemos decir, entonces, **que el debate sobre este subgrupo del trastorno sigue abierto y en proceso de discusión médica a merced de los nuevos estudios.**
- No obstante, reseñaremos el punto en que se encuentran las investigaciones, tanto a favor como en contra, que tan didácticamente describe en su artículo —*Avances en el curso y evolución de los trastornos bipolares*— el profesor de Psiquiatría de la Universidad de Valencia y miembro del Servicio de Psiquiatría del Hospital Universitario La Fe, Lorenzo Livianos Aldana: *La edad de comienzo es más tardía y con menos carga genética. Y en un estudio (Kubacki, 1986) sobre la manía masculina y femenina, se comprobó que **la proporción de casos unipolares era de 38 % en los varones y de 22 % en las mujeres.** Incluso el profesor*

Pfohl y sus colaboradores —adalides de los detractores de la mania unipolar— reconocen que algo más de 1/3 de los «cuadros bipolares» presentan solo fases maníacas.

Estudios a favor del trastorno unipolar

- Shulman y Tohen, en 1994, arrojaron datos que hablaban de que los afectados de manía unipolar tenían una edad de comienzo más precoz que en los que aparece de forma tardía.
- En las poblaciones orientales los datos son más evidentes. Estudios realizados sobre la **población china** revelan que el **30,4 % de los cuadros maníacos son unipolares** (Shan-Ming, Deyi, Zhen, 1982).
- El investigador nigeriano Makanjuola (en 1982 y 1985) ha publicado unos interesantes trabajos en los que reconoce que, en **sociedades del oeste, la bipolaridad predomina sobre la unipolaridad.** Sin embargo, y por poner solo un ejemplo de sociedades no occidentales: **entre los yoruba,** la manía unipolar es recurrente, siendo **hasta cuatro veces más frecuente que los trastornos bipolares.**
- En la primera clínica del litio fundada en **Hong Kong, la proporción de pacientes unipolares era de un 36 %** (Lee, 1992).
- Cifras más altas todavía han sido encontradas en la población **india, alcanzando hasta el 44 % de manías unipolares** (Khanna, Grupta y Shanker, 1992).

Estudios en contra del trastorno unipolar

- Los muchos estudios que no consideran los trastornos monopolares no se centran en despreciar que tales cuadros no existan, sino que no presentan diferencia alguna con respecto a la manía clásica. No obstante, de entre los investigadores que defienden tal postura destacamos las siguientes peculiaridades:
- Abrams y Taylor revisaron, en 1974, 50 cuadros de enfermos maníacos, de los cuales, 14, nunca tuvieron un cuadro depresivo.

En 1979 repitieron el experimento sin encontrar diferencia alguna de las variables estudiadas: 29 manías unipolares frente a 48 bipolares.

- El grupo de Pfohl, en un trabajo de revisión de estudios anteriores, concluyó que no podía postularse la existencia de un trastorno maníaco monopolar independiente. Encontraron pocas diferencias en datos demográficos, sintomáticos o de antecedentes familiares.

... Entonces, ¿existe la manía unipolar?

- Antes que nada, hay que decir que la comunidad médica avanza lentamente, en tanto que se basa el la realización de pruebas y el recuento de estadísticas, empleando muchas variables: edad, tiempo, clase social, síntomas, respuesta al tratamiento, evolución, etc. Por este motivo es por lo que en muchos casos se publican conclusiones de investigadores que, a su vez, son rebatidas por otros expertos. Solo la acumulación de análisis y contraanálisis, conclusiones y el rebatimiento de esas conclusiones, termina siendo el único camino válido para dar por algo sentado. Después de dicho esto, y en cuanto a la manía monopolar, el profesor Livianos Aldana llegaba a la siguientes conclusiones:

1. Que en los países en vías de desarrollo asiáticos y africanos la manía monopolar es más frecuente —no olvidemos que las sociedades no occidentales suponen el 80 % de la población mundial.
2. Que tomando los datos con precaución, porque los seguimientos son cortos, se puede afirmar que existe un grupo pequeño de sujetos bipolares que sigue un curso de manía unipolar.
3. Pese a todo, no parece haber diferencias en cuanto a la clínica, evolución, genética y número de fases entre los bipolares y los monopolares.

E) CICLACIÓN RÁPIDA

Hasta hace un año, todas mis crisis habían sido iguales, las unas a las otras... Cada cuatro años —más o menos, como las elecciones—, se me presentaba una euforia que duraba de 15 a 20 días, y cuando terminaba, aproximadamente a las dos o tres semanas, me sobrevenía la «depre»... Nunca persistía más de un mes, ni era muy grave..., tanto es así, que jamás tuve necesidad de pedir una baja en el trabajo... Pero el año pasado tuve la colosal idea de cansarme de la medicación. Dije «basta» y tiré todo el litio y el Depakine que tenía a la basura. Por supuesto, no se lo dije a mi familia ni a mi novio, por no oírlos... Pero, al final, hemos pagado todos las consecuencias. De Navidades a Navidades he tenido cinco descompensaciones bastante fuertes... Han sido las manías más impetuosas de mi vida. Lo peor de todo es que pasaba de una fase a la otra en cuestión de horas. Los médicos me han dicho que remitirá... Que se pasará igual que ha llegado... y la verdad, eso espero, porque estoy bastante asustada.

- En 1974, Dunner y Fieve introdujeron el concepto «ciclador rápido» para **aquellos pacientes bipolares que presentaban cuatro o más episodios anuales de recaída.** Según esta definición, entre **un 15 y un 20 % de los bipolares serían cicladores rápidos.** La ciclación rápida surge con más frecuencia de un trastorno de base bipolar II que del bipolar I, y conlleva otros cuadros involucrados que están constituidos por: abuso de alcohol y otras sustancias, umbral convulsivo bajo y, especialmente, un funcionamiento deficiente de la glándula tiroides. Este subgrupo tiene una marcada tendencia por sexos, llegando a presentarse en mujeres con una frecuencia que oscila entre el **70 y el 90 %.**

Causas que hacen que un bipolar se convierta en ciclador rápido

1. *Causas hormonales* como el hipotiroidismo. Hay indicios para pensar que el hipotiroidismo podría predisponer al individuo hacia la ciclación rápida —bien inducido por el litio, que tiene tendencia a hacer trabajar menos la glándula tiroidea, o bien por

otras causas. La cuestión es que **el 20 % de los cicladores rápidos tienen hipotiroidismo.** Aunque se verá más adelante, es oportuno reseñar en este punto que los bipolares tratados con litio precisan tener un control de su tiroides, al menos, cada año.

2. *Los antidepresivos tricíclicos* —como el Triptizol o el Anafranil— podrían actuar como desencadenantes a la ciclación rápida.

3. *Las lesiones cerebrales.*

4. **Fármacos de uso no psiquiátrico,** como los corticoides.

5. *El consumo de alcohol,* estupefacientes y otras sustancias.

6. *La propia evolución de la enfermedad.* Aunque los clásicos lo definían como una enfermedad con curso clínico y uniforme, recientes estudios revelan cierta tendencia a la aceleración de los ciclos.

7. *No hay relación entre las causas genéticas* y la ciclación rápida.

8. *El abandono del litio* puede desencadenar ciclos rápidos, y es posible que después, aunque vuelva a reiniciarse el tratamiento, resulta que no es tan eficaz como debiera, al menos en un plazo de meses o años.

9. *La falta de tratamiento adecuado* tiende a empeorar la enfermedad con el paso del tiempo, convirtiéndose los episodios en más graves y más seguidos. Por este motivo se insiste tanto en un buen diagnóstico desde el principio: para comenzar cuanto antes el tratamiento oportuno —y no dejarlo nunca—, ya que cada nueva recaída hace al individuo más vulnerable al «estrés» —es decir: ser más sensible a los condicionamientos externos.

Proceso de «ignición»

- El hecho de que la ciclación rápida sea más frecuente en fases tardías de la enfermedad, ha conducido a los expertos a pensar en un interesante fenómeno, conocido como **«kindling»** (en castellano traducido por proceso de **«ignición»** o **«incendiamiento»,** o, parafraseando a la autora norteamericana —y declarada bipolar— Kay Redfield Jamison, estar **«tocado por el fuego»**). Este proceso, afortunadamente, parece remitir de igual forma que llega.

- **No se trata de una complicación irreversible.** Aunque en muchas ocasiones pasa tiempo antes de dar con los fármacos adecuados, lo cierto es que en la mayor parte de los casos se acaban encontrando. Veremos cuál es el tratamiento más oportuno en el apartado de medicamentos, pero avanzaremos que necesitan una combinación de ellos, no siendo efectiva la monoterapia (con frecuencia suele ser litio + Carbamazepina o litio + Depakine).

Afortunadamente, son pocos los bipolares que se convierten en cicladores rápidos ocasionales, y muchos menos los que terminan siéndolo de forma crónica.

F) CICLOTIMIA

Jamás se me hubiera ocurrido pensar que estaba enfermo... Vamos, que padecía un trastorno. Tenía perfectamente asumido que era un tipo variable. Mis amigos me llamaban «don imprevisible», y había escuchado decir a mi madre, desde que era un niño, que era gallego como mi padre... «que nunca se sabía si iba o venía». Nunca tuve grandes problemas para conseguir lo que me proponía: quise estudiar arquitectura y terminé la carrera. Con el tiempo, he llegado a tener mi propio estudio y las cosas no me van mal... las secretarias me duran poco, eso sí... Supongo que a consecuencia de mis continuos cambios de humor. Hace dos años, cuando atravesé con mi mujer una crisis de pareja, que estuvo a punto de costarnos el matrimonio..., entonces la psicóloga, después de un montón de test y preguntas, me envió a un amigo suyo psiquiatra. Él fue quien confirmó mi ciclotimia. Desde entonces estoy en tratamiento. Las cosas han mejorado, mi mujer y yo solucionamos los problemas y mis amigos y mi madre dicen que estoy más tratable. La verdad es que yo me encuentro bastante mejor... y rindo más en el trabajo.

- La ciclotimia es un trastorno crónico caracterizado por leves cambios en el estado de ánimo que, en muchas ocasiones, son imperceptibles. Así pues, la manifestación de la enfermedad consiste en una sucesión de hipomanías muy sutiles —excitación ligera— y de fases depresivas —leves o moderadas.

Cómo detectar la ciclotimia

• El trastorno ciclotímico se diagnostica cuando, **por espacio de al menos dos años, se alternan periodos hipomaníacos con lapsos de síntomas depresivos, que no alcanzan a cumplir los criterios de episodio depresivo mayor, disfrutando el paciente de muy pocas etapas de eutimia.** El episodio depresivo dura de dos a tres días, y el hipomaníaco, de uno a ocho días.

El 80 % de los pacientes ciclotímicos experimenta más de 12 episodios al año.

• Los cambios en el estado de ánimo son irregulares y abruptos, pero **la severidad de las oscilaciones es mucho menor que en los pacientes bipolares.** El enfermo no percibe relación alguna entre las oscilaciones de su humor y los acontecimientos vitales. Por este motivo, quienes padecen este trastorno del estado de ánimo **no acuden al psiquiatra,** en muy buena parte porque desconocen el desorden y porque no son conscientes de padecerlo. A esto se le añade que un paciente ciclotímico es visto por su entorno como un ser inestable, imprevisible, difícil y lunático, pero nunca como un enfermo.
• Esta inestabilidad emocional **aparece, por lo general, al inicio de la edad adulta y sigue un curso crónico**, aunque a veces el estado de ánimo permanece normal y estable durante meses seguidos.

La inestabilidad de estos pacientes es tan frecuente que termina confundiéndose con su propio carácter.

¿Cuánta gente padece ciclotimia?

- El retrato robot de un ciclotímico pudiera ser: **población de 16 a 24 años, y especialmente mujeres.**
- Recientes estudios revelan que **del 4 al 6 % de la población general podría padecer ciclotimia.**
- Esta enfermedad **es frecuente entre los familiares de enfermos que padecen cualquier tipo de trastorno bipolar.**

Relación entre ciclotimia y otros trastornos del estado de ánimo

- Una ciclotimia puede persistir durante toda la edad adulta, desaparecer de manera temporal —incluso permanente— o bien evolucionar hacia alteraciones más graves del estado de ánimo. **Un 30 % de los ciclotímicos derivan hacia un trastorno bipolar de tipo II.**
- Muchos pacientes bipolares I y bipolares II son también ciclotímicos, es decir, que además de sus episodios maníacos —o hipomaníacos— y depresivos, también presentan pequeñas y frecuentes oscilaciones en el carácter.
- Los pacientes con ciclotimia muestran depresión mayor durante la adolescencia o la primera edad adulta.

Ciclotimia, algo más que un rasgo del carácter...

- Como todos los trastornos del estado de ánimo, la ciclotimia **predispone al paciente a una vida agitada y con dificultades de interrelación social.** Muchos individuos ciclotímicos se refugian en las drogas —alcohol preferentemente—, en la ludopatía o se aíslan socialmente. Hablamos de personas que tienen severas dificultades para manejar sus propias emociones.
- Muchos de estos pacientes terminan recurriendo a psicoterapias, libros de autoayuda y terapias alternativas, pero la mayor parte ignora el verdadero nombre de su patología y que esta se debe a una disfunción química. Así pues, es bueno conocer que la ci-

clotimia, es algo más que el rasgo característico —y hasta curioso— de una personalidad: se trata de un trastorno de cierta importancia, que debe ser tratado adecuadamente para no agravarse.

Ejemplo gráfico de los cambios de humor de un bipolar tipo II

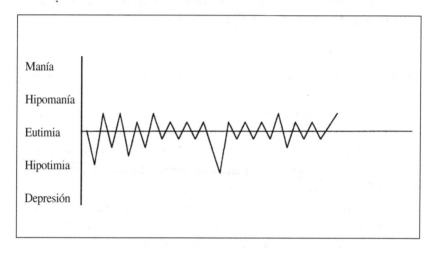

G) DISTIMIA (o neurosis depresiva)

Siempre cansada, siempre triste, nada me hacía ilusión... Me gustaba mi trabajo pero me agotaba. Quiero mucho a mi marido, pero, por la noche prefería ver la tele a charlar con él. Los fines de semana, optaba por quedarme en pijama antes que acudir a alguna cena con amigos... Todo me daba pereza. Hace seis meses, mi marido se plantó y me dijo que no estaba dispuesto a seguir con esta situación: «Cuando no estás trabajando estás tumbada. Ya no lees, ni cocinas, ni haces nada de lo que te gustaba, ni mucho menos quieres ver a nadie. Tenemos que pedir ayuda». El psiquiatra tardó un par de meses en darse cuenta que no era una depresión sin más, y la clave estuvo en mencionar que mi padre había sido maníaco-depresivo. Hoy sé que soy distímica, estoy en tratamiento y las cosas, poco a poco, empiezan a cobrar sentido.

- El trastorno distímico se define como un desorden afectivo o del estado de ánimo, que se parece a una forma de depresión grave —clínica—, aunque menos severa, pero más crónica. También conocida como **neurosis depresiva,** deriva del griego (significa «humor perturbado») y es uno de los trastornos más abundantes en nuestro tiempo. Lo peor de padecer distimia y no diagnosticarla es que muchas personas pueden llegan a creer que «ellas son así» —como sucede con la ciclotimia—, y no identificar el problema como la patología que es, sino como un estado normal de su forma de ser.
- De ningún modo se trata de un trastorno depresivo recurrente —ni por su gravedad ni por la duración de los episodios—. **Hablamos de un trastorno del estado de ánimo menos grave que los otros,** pero su característica de perpetuarse en el tiempo la convierte en muy molesta. Por otra parte, en muchas ocasiones acaba derivando en un fenómeno más grave: depresión mayor o crisis de pánico, por poner algún ejemplo.

Causas de la distimia

- La distimia se debe a un fallo en los mecanismos de regulación del estado de ánimo, debido a un mal aprovechamiento de uno de los neurotransmisores cerebrales —serotonina— en la zona cerebral que se cuida de moderar los cambios de humor. El déficit de serotonina se acompaña de una serie de trastornos que pueden ser: anorexia, depresión, fobias, obsesiones, bulimia, crisis de pánico, etc.

Características

- Su evolución suele ser de más de dos años. Se caracteriza por un **abatimiento prolongado** del estado de ánimo **en que el sujeto distímico se describe a sí mismo como «triste» o «desanimado»,** perdiendo el interés por las cosas y viéndose, a menudo, como inútil y poco interesante. Posee síntomas persistentes o intermitentes, de intensidad más leve, en comparación a la depresión mayor.

- Akiskal (1983) la define como «mal humor», y se caracteriza porque «el individuo está habitualmente triste, introvertido, melancólico, incapaz de alegrarse y preocupado por su insuficiencia personal».
- **Solo podemos hablar de distimia** en los siguientes casos.

— Si la alteración se produce durante al menos un periodo de dos años, con intervalos eutímicos de dos meses.

— Si no hay pruebas de un episodio depresivo mayor durante los dos primeros años de alteración.

— Si nunca ha habido un episodio maníaco o hipomaníaco inequívoco.

— Si el trastorno distímico no está superpuesto a un trastorno psicótico, como esquizofrenia o cualquier otro cuadro de trastorno delirante.

— Si no se puede demostrar la existencia de una causa orgánica que haya iniciado o mantenido la alteración.

Síntomas

- Aunque los enfermos dicen encontrarse bien, es frecuente que durante la mayor parte del tiempo —incluso meses seguidos— registren, en mayor o menor medida, algunos de los siguientes síntomas:

1. Tristeza, ansiedad o sensación de «vacío» persistentes.
2. Pérdida de interés en actividades que antes se disfrutaban.
3. Llanto excesivo.
4. Mayor inquietud e irritabilidad.
5. Menor capacidad para concentrarse y tomar decisiones.
6. Disminución de la energía. Cansancio.
7. Aumento de sentimiento de culpabilidad, desamparo o desesperanza.

8. Alteraciones en los hábitos del sueño.
9. Alteraciones del peso —debido a comer de forma insuficiente o excesiva.
10. Tendencia al aislamiento social.
11. Síntomas físicos que no cesan ante tratamientos estándar —por ejemplo, dolor de cabeza.

• Como hemos visto, muchos de los síntomas de la distimia pueden parecerse a los de otros diagnósticos psiquiátricos; por este motivo es por lo que no podemos autoevaluarnos y debemos consultar con un especialista.

Cuándo se manifiesta

• Suele comenzar al iniciarse la edad adulta y evoluciona a lo largo de varios años, o bien se hace crónica, indefinida. Si el comienzo es más tardío, suele ser la consecuencia de un episodio depresivo aislado o asociado a pérdida de seres queridos u otros factores estresantes manifiestos.

¿A quiénes afecta?

• **Afecta a la mujeres con doble frecuencia que a los hombres.** El trastorno distímico incide, aproximadamente, sobre el **5,4 % de los adultos estadounidenses de más de 18 años.** Es decir, lo padecen 10,9 millones de personas (según datos del Instituto Nacional de Salud Mental —National Institute of Mental Health).
• Cada año, alrededor del 40 % de los adultos que tienen un trastorno distímico también cumplen los criterios de depresión grave o trastorno bipolar.

Tratamiento

- Dado que los episodios de distimia suelen persistir —en ocasiones— más de cinco años, puede ser necesario el tratamiento a largo plazo del trastorno, pudiendo incluir cualquier de los siguientes elementos o una combinación de ellos:

> — **Medicamentos antidepresivos** que conoceremos en el capítulo dedicado a tratamiento (especialmente los inhibidores de la recaptación de la serotonina, cuando se administran en combinación con la psicoterapia, resultan muy eficaces para el tratamiento de la distimia).
> — **Psicoterapia** (en la mayoría de los casos, terapia cognitivo-conductual o interpersonal orientada a modificar la visión distorsionada que tiene el individuo de sí mismo y de su entorno, con énfasis en las relaciones complicadas y la identificación de los factores de estrés en el entorno para aprender a evitarlos).
> — **Terapia electroconvulsiva** (sus siglas son TEC).

Cuadro-resumen de los trastornos del estado de ánimo

Mediremos el espectro de los trastornos del estado de ánimo en función de los siguientes parámetros —según Akiskal, 1992.

> 1. **BIPOLAR I:** Recurrencia de manía pura y depresión pura (con al menos dos episodios).
> 2. **BIPOLAR ATENUADO:**
>   — **BIPOLAR II:** Depresiones mayores recurrentes con hipomanía y/o ciclotimia.
>   — **BIPOLAR III:** Depresiones mayores recurrentes sin hipomanía espontánea, pero con temperamento hipertímico y/o historia familiar de bipolaridad.
>   • Frecuencia de manías o hipomanías inducidas por antidepresivos.
> 3. **UNIPOLAR:** Ausencia de hipomanía, de ciclotimia e hipertimia o de historia familiar de bipolaridad.

10

El trastorno esquizoafectivo bipolar

⟋⟍⟋⟍

- Es una enfermedad que incluye características de la equizofrenia (alucinaciones, delirio y deterioro de las funciones), así como otras que corresponden a un trastorno del estado de ánimo (ya sea desorden bipolar, depresión mayor...), en donde los síntomas están tan entrelazados que no se puede hacer una distinción entre los dos problemas. **El trastorno esquizoafectivo está tan emparentado con el trastorno bipolar que, en multitud de ocasiones, lleva a muchos especialistas a confundir su diagnóstico.** No es infrecuente encontrarnos con bipolares que han sido tratados durante años por esquizoafectivos, y viceversa. Se distinguen dos tipos de trastorno esquizoafectivo:

1. **Trastorno esquizoafectivo tipo unipolar**: que se aparta del concepto de trastorno bipolar —ya que no presenta ningún tipo de fases maníacas o hipomaníacas—. Más bien diríamos que resulta una enfermedad que mezcla la esquizofrenia y la depresión. En la actualidad es considerado como una forma de esquizofrenia.
2. **El trastorno esquizoafectivo tipo bipolar**: se podría considerar, prácticamente, un subtipo de trastorno bipolar, en el que los síntomas psicóticos tienen un gran predominio.

- El paciente, antes de entrar en euforia o en depresión, ya manifiesta ideas delirantes y alucinaciones.
- En ocasiones, los síntomas psicóticos son terriblemente complejos: como escuchar que las cañerías del baño les hablan o que

existen mensajes ocultos en las cosas corrientes. Estas manifestaciones siempre acompañan a un grado de euforia o de depresión y desaparecen con un oportuno tratamiento farmacológico.

• Los pacientes esquizoafectivos bipolares no tienen necesidad de tomar ningún eutimizante —o cualquier regulador del estado de ánimo como el litio—, sino que su mantenimiento consiste en tomar medicamentos antipsicóticos o neurolépticos.

• Este trastorno tiene mejor pronóstico que la esquizofrenia, pero peor que el trastorno bipolar puro.

11

Periodos de intercrisis o silentes

∽ ⌒

Nunca me había pasado, pero desde la última depresión hasta hoy no he terminado de estar bien, es como si el cuerpo se me hubiese quedado desajustado... Fue una euforia bastante normalita, seguida de una depresión bastante profunda, que no había modo de sacudirme. Los antidepresivos terminaron sacándome del bache, pero mi cuerpo sigue sin estar «católico». Me gustaba la montaña, y llevo meses sin ir al monte; me he distanciado de mis dos mejores amigos... Incluso me he buscado el modo de «engañar» a mi socio y poder traerme el trabajo a casa, para no salir a la calle. Me duermo tardísimo y con un sueño muy irregular. Tengo unos niveles de ansiedad desorbitados... Llego a tomarme 20 miligramos diarios de Valium, que para tiempo de «intercrisis» no es nada normal. Como muchísimo y fatal. Es la etapa de mi vida que más pizzas congeladas estoy consumiendo. Además, he tenido tres gripes, una dermatitis atópica, una gastritis... Esto es el cuento de nunca acabar...

SE llama *periodo de silente* al lapso de tiempo que existe entre una descompensación —maníaca o depresiva— y la siguiente. En un alto porcentaje de casos, se trata de una etapa prolongada en donde el paciente lleva una vida perfectamente armonizada y eutímica, pudiendo desempeñar sin menoscabo su trabajo, así como atender a sus relaciones sociales y familiares. No obstante, para un

25 % de los bipolares, el *periodo de intercrisis* suele estar empañado por síntomas afectivos residuales y, en muchas ocasiones, por trastornos psíquicos, enfermedades somáticas, anomalías de la personalidad, alteraciones del funcionamiento psicosocial y modificaciones en las capacidades creativas. Según un estudio —llevado a cabo por Escande y cols. en 1992—, se desprende que: cuando hay una adaptación sociofamiliar óptima, en el 76 % de los casos se produce en el bipolar una remisión completa de los síntomas.

- El estudio de los periodos de remisión constituye importantes aportaciones sobre la patología en diversas dimensiones: clínica, evolutiva, terapéutica y teórica. No obstante, se sabe más del periodo de intercrisis de los unipolares que de los bipolares, porque se han concluido más investigaciones.

Los bipolares tienen un periodo silente menos conflictivo que los unipolares, con menos trastornos de la personalidad y menos alteraciones en el trabajo o las relaciones.

En cambio, parecen más predispuestos al alcoholismo, a la drogadicción y a los conflictos familiares y conyugales.

Cómo afectan los periodos de intercrisis al curso de la enfermedad

- Un tratamiento adecuado de las alteraciones que se producen en los periodos silentes puede mejorar la evolución global de los trastornos bipolares, reduciendo la frecuencia e intensidad de las recaídas. Aunque los análisis son incompletos, tomemos como muestra un estudio —sobre 95 casos: 50 BP y 45 UP— de los **trastornos psíquicos no afectivos** que afectan a unipolares y bipolares, en los periodos de silentes, llevado a cabo por M. Escande, D. Bélazouz, M. Girard, en 1993.

Trastorno	Unipolares	Bipolares
Ansiedad generalizada	51,1 % (23)	14 % (7)
Agorafobia (miedo espacios abiertos)	31,1 % (14)	10 % (53)
Trastorno de angustia	18,2 % (8)	0 %
Otras fobias	22,2 % (10)	8 % (4)
Obsesiones	26,6 % (12)	10 % (5)
Trastornos del sueño	54,4 % (24)	32 % (16)
Hiperfagia (apetito voraz)	8,8 % (4)	20 % (10)
Bulimia	6,6 % (3)	10 % (53)

La misma muestra analiza los porcentajes de **alteraciones de la personalidad** que padecen bipolares y unipolares en periodos de intercrisis.

Alteración	Unipolares	Bipolares
Obsesiva	22,2 %	4 %
Por evitación	17,8 %	14 %
Dependiente	15,6 %	14 %
Histriónica	6,7 %	4 %
Alexitimia (dificultad verbalizar afectividad)	37,8 %	34 %

Las alteraciones psicosociales en los periodos de intercrisis (según W. Coryell y cols., 1993) también fueron observadas, durante cinco años, en 148 casos de bipolares y 240 de unipolares, revelando:

— **Una** alteración profesional **que afectaba al 57,3 % de los UP frente al 31,5 % de los BP.**
— **Las** rupturas de relaciones de pareja **de los BP son dos veces más frecuentes en relación a los UP.**
— **La** tasa de incapacidad laboral **(30 ó 40 años después de la primera crisis) se sitúa en un 17 % en los UP y en el 24 % en los BP (según M. T. Tsuang y cols., 1979).**

Psicoterapia durante los periodos silentes

La ayuda psicológica durante las intercrisis tiende a reducir la frecuencia de los trastornos intercríticos. Son muy eficaces —en función de las necesidades:

— Las terapias de apoyo.
— Terapias congnitivo-conductuales.
— Psicoterapia interpersonal dinámica.
— Terapia por el arte (próxima a la terapia psicoanalítica).

12

Hospitalización

❧ ❧

Las dos primeras manías que tuvo mi hijo las pasó en casa. Nos turnábamos su madre y yo para no dejarlo solo, pero, aun así, terminó desmontando la casa: cambiando muebles, «arreglando» electrodomésticos, levantándose a las cuatro de la madrugada para bañarse en agua fría o poner el equipo de música... Fue tremendo. Mi mujer habló con su jefe y llegó a un acuerdo para que le facilitaran el despido, y a mí estuvieron a punto de echarme del trabajo de tantos días libres como pedí. La última vez, la manía llegó un poco más fuerte que las otras ocasiones. Al tercer día nos dimos cuenta de que las cosas no podían seguir así, porque, además de «estar muy bravo», sabíamos que no se estaba tomando el neuroléptico... Intentamos razonar con él la posibilidad de un ingreso, pero pegó un portazo y se marchó de casa... Tardó siete interminables horas en volver. Aunque nos daba un bochorno espantoso que se enteraran los vecinos, llamamos al hospital y expusimos lo que nos pasaba. Cuando mi hijo llegó al portal, estábamos su madre y yo, junto con los enfermeros de la ambulancia, que consiguieron llevárselo «medio por la fuerza» camino de la clínica..., y todos los vecinos mirando por el balcón. Lo peor fue que nos quedamos con un complejo de culpa tremendo... y lo mejor: que en quince días terminó la manía y nuestro hijo no para de agradecernos la decisión que tomamos. Si vuelve a sobrevenirle una euforia de la misma intensidad, a pesar de las lágrimas de su madre, creo que volveremos a hacerlo. De hecho, él nos lo recomienda. Es solo por su bien...

U NO de los mayores «traumas» por los que puede pasar tanto el enfermo como el núcleo íntimo de un bipolar es la hospitalización. Generalmente, los familiares se sienten culpables sin tener en cuenta que no están apartando de su vida al paciente, sino tomando la decisión acertada, que ayuda a una mejoría y evita males mayores. En la medida de lo posible, hay que procurar desdramatizar el ingreso hospitalario, ya que no comporta el estigma social que conllevaba en otras épocas. No es más que una estancia temporal —cada vez más corta—. La mayor parte de los ingresos se producen en la fase maníaca, ya que se corren más riesgos de que el enfermo pueda hacerse algún daño o pueda hacerlo a terceros. Pero, en otras muchas ocasiones, el bipolar también necesita ser hospitalizado durante la depresión, si esta presenta síntomas graves, o en los casos de indicios suicidas.

• La mayor parte de los bipolares en fase maníaca acuden a las urgencias de un hospital o incluso firman el **ingreso voluntario**. En tales casos, declaran acceder porque, «asistidos de una desmedida autoestima», creen ser «inmunes a los fármacos» y suponen poder continuar su misión megalómana entre las paredes del recinto. En otras ocasiones, consienten la hospitalización para verse libres de la fiscalización familiar. No obstante lo dicho, también puede suceder que el paciente en descompensación maníaca se niegue a que lo ingresen, porque con ello ve truncadas sus expectativas de montar «grandes empresas», y sin duda tiene «*muchísimas* cosas importantes que acometer como para perder el tiempo encerrado». Ante esta situación, es posible realizar un **internamiento involuntario —por vía judicial—**, que resulta completamente legítimo, y que, bajo ningún concepto, puede hacer temer al enfermo una hospitalización injustificada, en tanto que hay leyes que regulan sus derechos. Cuando el paciente está en fase eutímica, agradece a su familia haber tomado tal decisión. Otros muchos, cuando todo se ha normalizado, firman un documento ante notario que faculta a uno de los miembros de su familia a tomar la determinación de ingresarlo en caso que lo estime un médico.

No hay una pauta rígida a la hora de hospitalizar a un paciente, salvo en los siguientes casos:

— Episodios maníacos agudos, en especial si se acompañan de síntomas psicóticos y alucinaciones.

— En caso de depresiones con síntomas severos. Algunas, como hemos visto, pueden ir acompañadas de alucinaciones.

— Si hay comportamiento suicida u homicida.

— Si hay pérdida o disminución de autonomía personal —en especial en fase depresiva, cuando muchos pacientes se abandonan, agravando el cuadro.

— Si hay abuso de sustancias: alcohol y otras drogas.

— Si el enfermo escamotea medicación o muestra poca colaboración con el tratamiento.

— Si es preciso aumentar la dosis de psicofármacos, siendo necesaria la supervisión médica.

— Si hay un entorno poco favorable (por ejemplo, falta de comprensión familiar).

— Si hay complicaciones médicas o psiquiátricas adicionales.

— Si hay falta de respuesta al tratamiento ambulatorio.

• En el resto de los casos se trata de una decisión adoptada por el enfermo, en tiempo de eutimia, sumada a las particularidades de cada caso —falta de tiempo por motivos de trabajo, del familiar-cuidador y a la gravedad particular del episodio. Es importante saber que el ingreso voluntario no suele prolongarse más allá de cuatro semanas—, aunque, claro está, siempre en función de la intensidad del cuadro.

Consejos para el familiar cuando un bipolar está hospitalizado

— Procure acudir a verlo en horas de visita, no permita que se sienta abandonado o piense que la familia lo recluye para «quitárselo de encima».

— No le lleve ningún medicamento, bebida alcohólica o excitante. El tabaco suele ser la principal demanda en el caso de los fumadores, ya que se acrecienta la ansiedad y con ello aumenta la necesidad de nicotina.

— No le recrimine actitudes, ni hablen demasiado sobre la enfermedad. Ya habrá tiempo de discutir todo lo relativo al trastorno en la fase eutímica.

— Trate de no darle demasiada información sobre los desastres nacionales o internacionales acaecidos durante su ingreso: guerras, conflictos, asesinatos, atentados... En el recinto recibe pocos estímulos internos, que son beneficiosos y coadyuvantes a la intervención farmacológica.

— Manifiéstele su cariño sin dejarse chantajear. Aunque le resulte difícil, procure ser asertivo con él.

• Aunque los médicos y el personal hospitalario ya se encargan de ello, compruebe usted también **si el paciente bipolar se toma la medicación.** El mejor modo de observarlo es atender a su sedación, su capacidad motora, sus ganas de moverse... incluso muchos bipolares alardean de escamotear las tomas. En ese caso, alerte inmediatamente al personal médico, ya que se está perdiendo un valioso tiempo. Si es importante cumplir el tratamiento en fase eutímica —porque previene recaídas—, aun lo es más en fase maníaca o hipomaníaca, porque alarga la duración del episodio, agravando el cuadro y exponiendo a riesgos al paciente. En caso de sospecha fundada, hable con el psiquiatra que lo trata y pídale **que le trituren la medicación o que recurran a un fármaco inyectable.** Desgraciadamente, hay pocos medicamentos que se puedan administrar de forma intramuscular, pero es bueno saber que, como antipsicóticos, existen: zuclopentixol —comercializado como Cisordinol o Clopixol— y la flufenazina —comercializado como Modecate—, entre otros.

13

Riesgo de suicidio

∼∽ ∾∿

... Se me pasaban por la cabeza mil posibilidades distintas de quitarme la vida. Cada objeto de la casa era un arma en potencia... los cuchillos, las pastillas, el abono de las plantas, el amplio ventanal que daba a la calle con una altura de 30 metros, hacerme un cóctel de productos de limpieza... Después de dos meses de depresión, cualquier posibilidad era buena para dejar de sufrir... Me importaba mi marido, ¡claro que me importaba! Y no quería que mis hijos recordaran a su madre dimitiendo de la vida... Pero no podía más... Especialmente en las noches de insomnio, cuando me levantaba a fumar un cigarro, a las tantas de la madrugada, y me veía sola con mi dolor en la cocina. Hubiera deseado que nadie me quisiera para no tener que pensar en ellos... y poder quitarme el dolor de encima como si fuera un traje sucio y viejo...

E s un hecho probado que el 95 % de las personas que mueren por suicidio padecen algún tipo de trastorno mental. Esta realidad médica se aleja de la idea romántica que convierte tal acción en una decisión filosófica o una opción en el ejercicio de la libertad. Desgraciadamente, aquellos que padecen trastornos del estado de ánimo no están exentos de engrosar tales estadísticas, ya que hasta un 15 % de los pacientes bipolares —cifra aproximada, ya que los estudios no se ponen de acuerdo— muere a causa del suicidio, y el 30 % realiza alguna tentativa —puede reducirse al simple hecho de pensarlo—. La mayor parte de estos intentos se producen durante el episodio depresivo, ya que se trata —como se ha explicado— de un periodo donde la voluntad está mutilada, y el individuo, postrado en un tremendo sufrimiento, se halla completamente incapacitado para tomar decisiones con un criterio objetivo. Si a ello se le suman varias recaídas reiteradas, la no aceptación de la enfermedad, una incomprensión del entorno o una visión sombría del futuro que le aguarda, no resulta difícil imaginar los motivos que empujan a un individuo a intentar —o conseguir— quitarse la vida. Lo más terrible del hecho es que, en fase de eutimia, esos mismos pacientes que tuvieron tentativas suicidas durante alguna recaída jamás llegarían a planteárselo.

Tentativa suicida: síntoma depresivo

- Así pues, **podemos considerar que la necesidad de quitarse la vida no pasa de ser un síntoma más de la depresión** y no una tendencia natural del individuo. En cuanto se supera esta etapa, desaparece la necesidad de dejar de vivir. Por tanto, la familia tiene la obligación —y el derecho, en caso de que el paciente depresivo les reivindique su derecho a morir— de evitar un acto irremediable que **no forma parte de los principios básicos de ese ser humano, en tanto que, por deprimido, no es enteramente libre de sus actos**.

Cómo puede ayudar la familia...

Aunque los pacientes suicidas no tienden a verbalizar su intención —contar que planean quitarse la vida—, se debe estar muy atento a cualquier iniciativa:

1. Es preciso que el paciente **no se quede solo en casa**.
2. Que el psiquiatra esté informado, por si debe **modificar la medicación**.
3. Si el terapeuta lo ve oportuno, es aconsejable **negociar con el paciente una hospitalización** —u obligarlo, en caso de tenta-

tiva—, donde estará más atendido y vigilado. Razonar en la fase maníaca es prácticamente imposible, pero durante la depresión no resulta difícil someter a valoración del paciente este tipo de decisiones.

4. **No dejar la medicación al alcance del paciente,** porque puede intentar una fatal sobredosificación. De igual modo que está obligado a responsabilizarse de tomar sus fármacos en estado eutímico, en fase depresiva, es aconsejable que sea un familiar quien le suministre los medicamentos, dejando el resto de los envases escondidos. Si es preciso, bajo llave.

Consejo para un paciente deprimido, de otro bipolar que acaba de salir de un cuadro depresivo

Nadie duda que lo estés pasando mal. Tampoco se cuestiona nadie tu capacidad de resistencia ante las adversidades. Seguro que tu entorno comprende perfectamente lo que sientes, al igual que lo harías tú en caso de tener alguien próximo viviendo el mismo sufrimiento. Pero por más que el pasado te resulte una losa insoportable y el futuro te atenace como un felino salvaje, resiste. Solo es cuestión de tiempo, de poco tiempo. Atraviesas un estado alterado, en donde las horas se alargan, para no transcurrir, como si se hubieran detenido para robarte la energía... Pero el tiempo juega a tu favor. Piensas que el antidepresivo no funciona, pero no es cierto. Quizá no haga el efecto deseado en el plazo que tu necesitas, pero está trabajando sobre la química de tu organismo. Si transcurrido un mes no sientes cambio alguno, consulta a tu psiquiatra: él sabrá encontrar otro fármaco más oportuno. Vivimos en el siglo XXI y las farmacias están llenas de posibilidades. Mientras, y para paliar tu dolor, tu ansiedad y tu espera, el terapeuta sabrá encontrar el sedante adecuado y el hipnótico oportuno para que puedas dormir. Dormir para no pensar en tu dolor. Pero resiste. En muy poco tiempo, todo esto será una anécdota y volverás a ser el mismo... Bueno, el mismo no. La experiencia que has vivido es insustituible... y no hay universidad capaz de enseñarte nada parecido.

TERCERA PARTE

14

El tratamiento:
Conocerlo y manejarlo

❧❦

No había tomado pastillas en mi vida... ¡ni cuando me dolía la cabeza!... y, paradójicamente, pasé de esta situación a tomarme nueve comprimidos diarios, de distintos colores y diferentes formas. Al principio no era más que una anécdota..., algo provisional..., pero con el tiempo cada pequeño temblor, somnolencia, dolor muscular o náuseas se lo atribuía al tratamiento. Le cogí manía, resistiéndome a tomarlo, mientras me retumbaba en la cabeza la frase del psiquiatra: «Es una medicación crónica»... A pesar de todo, creí que no pasaría nada por hacer pequeñas trampas... Unos días me tomaba todas las pastillas, y otros me daba un respiro. A veces me quitaba una de cada toma... o solo tomaba las de por la noche. No me dio tiempo a decirle nada a nadie porque me sobrevino una depresión a los quince días exactos.

NTES de pasar a conocer los distintos fármacos puede resultar de gran utilidad que el paciente diagnosticado con un trastorno del estado de ánimo tenga en cuenta el siguiente decálogo:

1. **Sin tratamiento adecuado, el paciente bipolar tendría entre 12 y 15 episodios** a lo largo de su vida. Pudiendo, en algunos casos, llegar a alcanzar la cifra de 100.

2. **La probabilidad de tener un único episodio es inferior al 10 %.** También depende de cómo decida afrontar el enfermo su trastorno y, por qué no decirlo, de un poco de suerte.

3. Con un tratamiento oportuno se puede reducir la cifra considerablemente, así como llevar una vida más regular, pero, desgraciadamente, **la medicación no tiene una varita mágica que proteja a los bipolares al 100 % de una recaída.**

4. **La necesidad de un diagnóstico rápido y preciso** en la primera crisis ayuda a la elección adecuada de los fármacos, así como una mejor aceptación orgánica de la medicación.

5. **Es imprescindible no automedicarse.** Aunque los psiquiatras inciten al enfermo a que conozca los fármacos, este no debe tomar decisiones por su cuenta —cambiar un antidepresivo por un neuroléptico, por ejemplo—, ya que, al ser una enfermedad de dos fases, se corre el riesgo de virar de un polo a otro.

6. **Solo en algunos casos el psiquiatra deja a elección del paciente una pequeña fluctuación en la medicación.** La mínima subida o bajada de un fármaco que no comporta riesgos: añadir un poco de ansiolítico, en caso de estrés, por ejemplo.

7. **Nunca jamás, bajo ningún concepto, dejar la medicación,** a pesar de que el enfermo se encuentre estabilizado. Abandonar el tratamiento crónico es una tentación muy frecuente en los bipolares y termina provocándoles continuas recaídas, agravando la enfermedad e imposibilitándolos para llevar una vida normal.

8. **No es posible sustituir los fármacos** que prescribe el psiquiatra **por compuestos paramédicos:** homeopatía, herbolario, etc. Aunque se llamen de la misma forma y digan contener los mismos miligramos del principio activo.

9. **Cualquier medicación añadida** —jarabes para la gripe, vasodilatadores, etc.— **al tratamiento psiquiátrico puede alterar la eficacia o los niveles plasmáticos.** Es importante advertir a los distintos especialistas que se padece de bipolaridad, así como la medicación que se está tomando. También es necesario reseñarlo en caso de operación, trasplante, etc.

10. **Algunos de los medicamentos que toma el bipolar precisan de controles médicos que miden sus niveles en sangre** (como el caso del litio, la carbamacepina o el valproico). Es imprescindible someterse a esos controles para que sean supervisados por el psiquiatra. Si se hace dieta para adelgazar, se cambian los hábitos de condimentación de los alimentos o se beben más líquidos —por ejemplo, en verano—, los niveles plasmáticos de algunos de estos fármacos pueden variar. Es preciso advertirlo

- Los afectados de desorden bipolar están destinados a necesitar cuatro grandes grupos de familias farmacológicas: EUTIMIZANTES, ANTIPSICÓTICOS —o neurolépticos—, ANTIDEPRESIVOS y ANSIOLÍTICOS. Afortunadamente, los trastornos del estado de ánimo conforman una patología psiquiátrica para la que existen multitud de tratamientos terapéuticos.

Se estima que solo 1/3 de los afectados de trastorno afectivo bipolar reciben tratamiento.   ✳

A) EUTIMIZANTES

Lo primero que hizo mi marido, cuando salimos de la farmacia con el litio y el Tegretol, fue quitarme los prospectos. Sabe que soy un poco hipocondríaca y que si leía los posibles efectos secundarios iba a terminar padeciéndolos todos... Pero lo de los temblores no me lo inventé: me levantaba por las mañanas con un pulso como para tocar panderetas... y también es cierto que tenía diarreas continuas y algunas náuseas. Aunque mi marido le quite importancia, sé que la culpa es del litio. Otro inconveniente fue que tuve que dejar las pastillas anticonceptivas porque el Tegretol anulaba su efecto. Con el tiempo, los temblores han desaparecido o yo me he acostumbrado, y del resto de posibles síntomas adversos no soy muy consciente. Si quiero que todo vaya bien, tengo que tomarme esas dos pastillas hasta que salga otra cosa, así es que procuro no darle muchas vueltas al asunto. Me las tomo y basta. Es un precio barato a cambio de algo muy valioso: una vida «normal».

¿Para qué sirven?

- *Eutimia* significa *ánimo correcto*. Los eutimizantes también son conocidos como **reguladores del estado de ánimo** o **estabilizadores del humor.** Se trata de sustancias que reducen la frecuencia de las recaídas, así como su intensidad, consiguiendo mantener al paciente «eutímico» —estable, compensado— y representan la base del tratamiento del trastorno bipolar. Son fármacos preventivos que no están considerados como «drogas», ni crean adicción ni, mucho menos, modifican la personalidad. Solo favorecen la estabilidad anímica, lo que no significa que impidan sentir emociones como: alegría, tristeza, gozo, ira, rabia o dolor...

¿Cuándo hay que tomarlos?

• Se utilizan durante todas las fases que comporta el amplio espectro del trastorno bipolar: episodios agudos maníacos, hipomaníacos, mixtos, depresivos y eutímicos. **Aunque no garantizan al 100 % la protección ante una recaída, sí es cierto que reducen notablemente las posibilidades de presentar un nuevo episodio.** Por decirlo de otro modo: los «eutimizantes» son al bipolar lo que la insulina al diabético.

> Un correcto tratamiento de estabilización puede prevenir la mortalidad asociada al trastorno del estado de ánimo, así como disminuir la frecuencia, severidad y consecuencias sociales y laborales de los episodios.

¿Cómo actúan?

• Los eutimizantes ajustan las cantidades de dopamina, noradrenalina y serotonina que produce el cerebro y facilitan un funcionamiento más armónico de los mecanismos reguladores del estado de ánimo.

¿Es imprescindible que un bipolar tome eutimizantes?

• Si no se utilizan eutimizantes —los adecuados a cada caso—, hasta el **73 % de los bipolares presentan recaídas.**

• Con el tratamiento eutímico adecuado:

— El 15 % de los pacientes **se recupera totalmente** —esto significa que no presenta recaídas, no que desaparezca su bipolaridad.

— Entre el 50-60 % **se recupera parcialmente** —con alguna recaída, aunque muchísimas menos y con menor intensidad que si no tomara reguladores.

— Solo el 30 % **se cronifican** —necesitando cambios o ajustes en los eutimizantes a fin de no deteriorarse social y personalmente.

Normas para tomar eutimizantes

• Se necesita el transcurso de dos o tres semanas antes de que los moduladores del afecto alcancen una respuesta completa.

• La brusca interrupción de los eutimizantes comporta un altísimo riesgo de recaída. Con mucha probabilidad, puede que tarde mucho en volver a hacer un efecto adecuado cuando se retome el tratamiento o produzca un agravamiento del trastorno, como, por ejemplo, la ciclación rápida.

Tipos de eutimizantes

• Los más conocidos son: **litio** —comercializado como Plenur—, **Carbamazepina** —comercializado como Tegretol—, el **Valproato** (en forma de sal, comercializado como Depakine o en forma de un derivado, Dipropilacetamida, comercializado como Depamide). Por fortuna, cada uno de los estabilizadores del ánimo tiene diferentes acciones químicas en el cuerpo. Si la monoterapia con uno de ellos tiene efectos secundarios, o es insuficiente para regular el humor, se puede recurrir a la combinación de dos o más para una mejor protección. Para tomar cualquiera de ellos es preciso someterse a análisis de sangre, a fin de controlar su permanencia plasmática y determinar así la dosis correcta.

A.1) EL LITIO (CARBONATO DE LITIO)

• Comercializado en España como **Plenur**. El carbonato de litio supone lo que los psiquiatras llaman **fármaco de elección** —es decir, el medicamento que prescriben en primer lugar, basándose en una eficacia avalada por la estadística—. En nuestras farmacias está disponible en frascos de cristal, con pastillas ranuradas de 400 miligramos.

• Fue el primer tratamiento específico que se halló para los trastornos del estado de ánimo. En el año 1949, un psiquiatra australiano —llamado John Cade— descubrió sus propiedades antimaníacas cuando todavía se suponía que la causa de la enfermedad era una falta de litio, cosa totalmente incierta: los bipolares no tienen carencia de este elemento químico, sino que un aumento del mismo beneficia las oscilaciones llamativas de su estado de ánimo. Años antes se había utilizado como tratamiento de otras dolencias, tales como gota y piedras en el riñón... e incluso se empleó durante unos tiempos como sustituto de la sal de mesa para enfermos de corazón... Aplicaciones todas ellas nefastas. El litio es un elemento que se encuentra en el organismo en cantidades tan pequeñas que no se puede apreciar en un simple análisis de sangre, pero a altas dosis puede resultar tóxico. Los bipolares tratados con este eutimizante toman una cantidad muy pequeña y estrictamente supervisada por el médico para que se sitúe en los niveles terapéuticos exactos.

El 50 % de los paciente bipolares no necesitan más que el litio para estar regulados. La otra mitad necesita otros fármacos eutimizantes, o la combinación de varios.

¿Cómo actúa?

• *El litio altera el transporte de sodio en la células de músculo y nervio, realizando un cambio intraneuronal del metabolismo de la catecolamina. El mecanismo bioquímico específico de la acción del litio en la manía es aún desconocido.*

Precauciones

- Se **disminuye la tolerancia al litio en pacientes con un sudor prolongado y una diarrea continuada**. En tales casos —y siempre bajo supervisión médica—, sería recomendable administrar un suplemento de sal y líquido, además de reducir la toma.
- **Antes de comenzar un tratamiento con litio** es aconsejable que el médico evalúe las **funciones renales** del paciente, así como su **glándula tiroidea**. Resulta conveniente destacar que, incluso padeciendo hipotiroidismo, el paciente puede continuar tomando litio, aunque, eso sí, complementándolo con una sustancia llamada tiroxina —que se comercializa con el nombre de Levotroid.

Controles rutinarios: litemias

- Cuando se está en tratamiento con litio, resulta imprescindible que el médico supervise las concentraciones de este elemento químico en la sangre del paciente mediante análisis regulares, a fin de ajustar la dosis de litio que debe ingerir el individuo. Estos controles se llaman **litemias,** y cada psiquiatra las pide con la frecuencia que estime oportuna. En condiciones normales, podría ser suficiente realizarse una litemia cada seis meses.

— **Como mantenimiento,** y para prevenir recaídas, los niveles terapéuticos aconsejados oscilan entre **0,7 y 1 mEq/L.**

— **Durante las recaídas,** tanto maníacas como depresivas, se puede aumentar la dosis hasta alcanzar parámetros entre **0,8 y 1,2 mEq/L.**

- En muchas ocasiones, a pesar de tomar la misma dosis, el paciente puede observar cómo varían sus litemias. Es algo normal que puede ocurrir en casos de: deshidratación, gastroenteritis acompañada de diarreas intensas, fiebres altas, regímenes alimenticios severos o disminución de la sal —sodio— de forma drástica durante las comidas... La cantidad de sal no debe ser estipulada, sino que el paciente debe tomar siempre la misma y de manera uniforme.

Dosificación

* Por los motivos que acabamos de conocer, **no hay una dosificación de litio estándar para un paciente.** La ingesta de comprimidos diarios está en función del peso y estatura, así como de su *fijación* en sangre. Es importante no variar la dosis de litio prescrita por el médico a fin de que, el resultado de los controles, sea el adecuado. Este fármaco, no es un analgésico que se puede aumentar o disminuir a voluntad.

Mujeres y el litio

— Para las mujeres en edad fértil, resulta imprescindible tomar medidas anticonceptivas, ya que si se produce un embarazo cuando se ha estado tomando litio, puede haber riesgos para el feto (ver capítulo: «Mujer y embarazo»).
— Si en una pareja es el hombre quien toma litio, no comporta ningún riesgo en caso que decida tener hijos.

Otros controles preventivos

* El médico pedirá realizar a su paciente bipolar en tratamiento con litio controles anuales tiroideos, de creatinina y eletrocardiogramas. Los **controles tiroideos** se hacen porque la glándula tiroides, en algunos casos, puede llegar a perder un poco de eficacia. Si el médico detecta un hipotiroidismo —bajo funcionamiento

de la glándula—, será preciso complementar el tratamiento con una sustancia llamada tiroxina, pero no habría motivos para retirar el litio. **La creatinina** se revisa de igual forma, para ver el funcionamiento renal, puesto que el litio se elimina por el riñón. Y el **electrocardiograma** se realiza anualmente para comprobar el buen funcionamiento cardíaco.

Cuanto antes, mejor...

- En el momento en que un paciente es diagnosticado bipolar resulta indispensable iniciar, lo antes posible, el tratamiento con sales de litio. Lo más deseable sería instaurar el *plenur* en el momento en que se detecta la primera descompensación, ya que de esta forma se consigue una mejor respuesta en la estabilización del estado de ánimo, así como una óptima adaptación orgánica al elemento químico.

Riesgos de abandonar el tratamiento

- Los bipolares que suspenden el tratamiento con sales de litio, cuando lo reinician —y aunque sus litemias alcancen los niveles terapéuticos— se observa que tienen una menor protección en su estabilización del humor... como si el litio no «hiciese el mismo efecto»... De tal suerte que no solo quedan predispuestos a una recaída, sino también a un empeoramiento de su enfermedad, como pudiera ser el hecho de engrosar las listas de cicladores rápidos.

Efectos secundarios

Resulta imprescindible que el paciente bipolar conozca los *pros* y los *contras* de ese fármaco antes de comenzar el tratamiento. No con el fin de alarmarse, sino con el objeto de alertar a su médico en caso de síntomas anormales. Cualquier medicamento comporta riesgos; ninguno es completamente inocuo, pero tampoco se puede abandonar el tratamiento o vivir amedrentado por el hecho de leer un prospecto plagado de «posibles» efectos secundarios. Si se piensa con detenimiento, no son tantos los inconvenientes si el resultado pasa por llevar una vida «equilibrada».

- Entre los efectos adversos que puede provocar el litio se encuentra **un aumento de sed** en quienes lo toman —en tanto que es muy parecido al sodio—, produciendo por ende más cantidad de orina. Al ser una sal, hay una pequeña tendencia a la retención de líquidos que puede llegar a suponer un leve aumento de peso. Lo que tampoco significa que el litio engorde.
- Otros efectos secundarios menos frecuentes, que describen los bipolares que toman litio son: temblor en las manos, descomposición, digestiones lentas, cierta somnolencia, pesadez muscular... Dicho así pudiera parecer que tomar este eutimizante resulta muy incómodo, pero no lo es en absoluto. Generalmente, las consecuencias descritas son muy llevaderas, tendiendo a desaparecer en la mayor parte de los casos. Si bien es cierto que pueden incrementarse si se aumenta la dosificación.
- Al ser el fármaco eutímico más conocido, vaya por delante todo lo que se sabe de él, con un fin únicamente informativo (con letra cursiva se enumeran los síntomas y signos presentes en casos de intoxicación. Aparecen en negrita aquellos de aparición más temprana, y en **NEGRITA Y MAYÚSCULA** los tres considerados de mayor valor de alarma).

ABC DE LOS EFECTOS SECUNDARIOS Y TÓXICOS DEL LITIO

SÍNTOMA	COMENTARIO	MANEJO
Acné	Puede aparecer con otras erupciones en áreas inusuales como las proximales de MM.SS. e II., incluso ulceraciones pretibiales.	Peróxido de benzoilo (5-10 %) en solución tópica; eritromicina (1,5-2 %) en solución tópica; isotretinoína (control dermatológico).
Alopecia	Hasta en un 6 % de los casos, tras varias semanas de tratamiento.	Suele solucionarse *per se*.
Anorexia	Inespecífico.	Valorar intoxicación inminente.

SÍNTOMA	COMENTARIO	MANEJO
Arritmias cardíacas	1) Inversión o aplanamiento Onda T. 2) Disfunción del nodo sinusal, arritmias.	1) Seguimiento. 2) Suspensión y valoración por cardiólogo ventriculares.
Astenia	Inespecífico.	Valorar intoxicación inminente.
ATAXIA (falta coordinación movimientos)	Generalmente cerebelosa. 1) Intoxicación manifiesta. 2) Secuela permanente.	1) Suspender e hidratar. Evaluación exhaustiva. 2) Sin tratamiento.
Aumento de peso	Frecuente (media de 4 kg) durante los primeros 6-12 meses, luego suele estabilizarse.	Dieta y ejercicio físico. Bebidas bajas en calorías frente a la sed.
Cefalea	Inespecífico. Frecuente al inicio.	Sintomático.
Convulsiones	Intoxicación. Ocasionalmente dentro de niveles terapéuticos.	Protocolo de intoxicación.
Debilidad muscular	También descrita como flacidez de los miembros.	Valorar intoxicación inminente.
Delírium	Intoxicación.	Protocolo de intoxicación.
Diarrea	Frecuente (6 %), sobre todo si > 0,8 mEq/L, generalmente como heces pastosas.	Pueden utilizarse antidiarreicos clásicos. Si persiste, cabe cambiar de preparado o disminuir la dosis. Puede ser un signo de intoxicación inminente.
Dificultades de concentración	Signo de alarma.	Valorar intoxicación inminente.
DISARTRIA (falta articulación lenguaje)	Considerar: 1) Intoxicación manifiesta. 2) Secuela permanente.	1) Suspender e hidratar. Evaluación exhaustiva. 2) Sin tratamiento.
Disfunción eréctil	Descripciones aisladas.	Valorar otras causas.
Disgeusia (alteración gusto)	Sabor metálico; alteración del gusto al apio y la mantequilla.	Observar.
Dispepsia (digestión difícil)	Inespecífico. Frecuente al inicio.	Aumentar la frecuencia de las dosis; administrar tras las comidas.
Dolor abdominal	Posible intoxicación.	Valorar intoxicación inminente.
Edema	Relativamente frecuente y en parte responsable del aumento de peso.	Pueden usarse diuréticos ahorradores de potasio. Si es grave, valorar niveles. Se resuelve con la suspensión de litio.
Estreñimiento	Inespecífico. Infrecuente.	Hábitos higiénicos. Tratamiento sintomático.
Hiperglucemia (glucosa en sangre)	No existe constancia de que el litio sea capaz de inducirla, aunque sí parece modificar el metabolismo hidrocarbono.	En diabéticos conocidos, vigilar más de cerca las glucemias.

SÍNTOMA	COMENTARIO	MANEJO
Hipermagnesemia	Descripciones ocasionales al inicio del tratamiento.	Observar.
Hiperparotiroidismo (aumento actividad glándula parótida)	No existe constancia de que el litio sea capaz de inducirlo, aunque sí parece influir en el metabolismo del Calcio/PTH.	En hiperparatiroidismos conocidos aumenta la vigilancia.
Hiperreflexia (exageración de reflejos)	Intoxicación; en el contexto de hipertonía, fasciculaciones, mioclonus y calambres.	Protocolo de intoxicación.
Hipertiroidismo	Anecdótico.	
Hipotensión	Intoxicación.	Valorar en el contexto general y, si procede, aplicar protocolo de intoxicación.
Hipotiroidismo	Presente en 7-9 % de los pacientes. También gota (5 %) y exoftalmos benigno reversible. La tiroiditis atrófica autoinmune es un predisponente. El 50 % de los casos presenta respuesta alterada a la TSH.	Ante cualquier hallazgo alterado, debe consultarse al endocrinólogo. Si existe clínica hipotiroidea suele instaurarse tratamiento con L-T (0,05 mg/día). Valoraciones tiroideas cada 6-12 meses.
Infertilidad	Descripción in vitro, no confirmada en la clínica.	Observar.
Insuficiencia cardíaca	Muy rara. Descripciones anecdóticas de miocarditis.	Suspender litio.
Insuficiencia renal	Muy rara fuera de las intoxicaciones graves.	Valoración por nefrólogo. Ajustar dosis según aclaramiento renal.
Inversión de la onda T	También aplanamiento. El efecto cardíaco más frecuente. Benigno.	Observar.
Leucocitosis	Benigno. Se ha pretendido aprovechar en tratamientos combinados con carbamacepina.	Observar.
Lupus eritematoso	No existe constancia (no se encuentran Ac anti-ADN, aunque sí Ac antinucleares.	Valoración por reumatólogo. Observar.
Mialgias, miopatías	1) Lo más frecuente es debilidad o calambres. 2) Excepcionalmente, agravamiento de miastenia gravis o miopatías proximales.	1) Generalmente autolimitadas. 2) Valoración por reumatólogo.
Mutismo akinético (coma vigil)	Intoxicación manifiesta. El paciente permanece despierto: los ojos abiertos, pero con inexpresividad facial e imposibilidad de moverse o hablar.	Protocolo de intoxicación.

SÍNTOMA	COMENTARIO	MANEJO
Náuseas, vómitos	1) Inespecífico. 2) Sobredosificación.	1) Ver dispepsia. 2) Valorar intoxicación.
Nistagmus	Niveles tóxicos.	Valorar litemia.
Parkinsonismo	1) Intoxicación manifiesta. 2) Secuela no dosis-dependiente (puede aparecer dentro de niveles terapéuticos).	1) Protocolo de intoxicación. 2) Tratamiento sintomático.
Polidipsia/poliuria	Por antagonista de la ADH (diabetes insípida). Presente en 25-35 % de los pacientes (volumen urinario > 3 L/día). Cuanto más altos se mantienen los niveles plasmáticos, mayor poliuria	Valoración por nefrólogo. Hidratación correcta. Minimizar las dosis. Administración única nocturna. Si se opta por diuréticos (ahorradores de potasio), no administrarlos hasta 5 días después de haber reducido la litemia a la mitad.
Psoriasis	El litio puede desencadenar un primer brote de psoriasis, típicamente cuando se está consiguiendo la resolución del cuadro maníaco. Son frecuentes las formas severas.	Consultar con el dermatólogo. El tratamiento antipsoriásico convencional suele ser inefectivo; puede probarse el etretinato. Generalmente reversible con la suspensión del litio.
Somnolencia-letargia	1) Signo de alarma. 2) Inespecífico.	1) Determinar niveles. 2) Vigilar. Autolimitadas.
Temblor fino	Frecuente (15 % casos) y con frecuencia transitorio.	Si resulta invalidante, puede administrarse Propranolol (20-40 mg/día, o incluso 10-20-30 minutos antes de una reunión social, por ejemplo. También se recomiendan Benzodiazepinas, reducción de la dosis.
TEMBLOR GROSERO	Signo de alarma. De características tanto cerebelosas como parkinsonianas. Suele asociar espasmos faciales, hiperreflexia y calambres o espasmos musculares.	Suspender, hidratar y determinar niveles.
Vértigo	1) Intoxicación inminente. 2) Inespecífico.	1) Valorar dentro del contexto general. 2) Vigilar. Autolimitados.
Visión borrosa	1) Si asocia fotofobia, sospechar intoxicación manifiesta (niveles > 2 mEq/L). 2) Ocasionalmente se ha descrito disminución de la agudeza visual.	1) Protocolo de intoxicación. 2) Valoración por oftalmólogo.

Interacciones con otros fármacos

- Es recomendable no combinar el litio con el bicarbonato sódico.
- Se desaconsejan tomar, junto con las sales de litio, antiinflamatorios como: Diclofenaco, Ibuprofeno, Indometacina, Ketoprofeno, Naproxeno, Fenilbutazona y Piroxicam. Así como un antidepresivo denominado **Fluoxetina (Prozac)**.
- Hay que evitar analgésicos distintos de la aspirina o el paracetamol (Termalgin, Gelocatil).
- El litio debe suspenderse el día previo a toda cirugía mayor y reinstaurarse tras la intervención quirúrgica.

A.2) LA CARBAMAZEPINA

Nació como un fármaco para el tratamiento de la epilepsia, pero, con el tiempo, se vio que también tenía propiedades estabilizadoras del ánimo. Este es el motivo por el que también se le denomine **fármaco anticonvulsivo.**

- En nuestro país se comercializa con el nombre de Tegretol y está disponible en comprimidos de 200 y 400 miligramos, situándose su dosis eficaz —siempre dependiendo del peso y la estatura del paciente— entre 600 y 1.600 miligramos al día.
- Como preventivo puede equipararse al litio, en cuanto que reduce las posibilidades de una nueva recaída. También consigue atenuar las consecuencias de una descompensación, tanto eufórica como depresiva.
- Aunque no se sabe bien su modo de acción terapéutico en los trastornos bipolares, *podría incluir mecanismos gabaérgicos y, en última instancia, tendrían que ver con los sistemas de señales de proteínas G —segundo mensajero intracelular.*

Controles periódicos

- Cuando se está tomando Carbamazepina, también es necesario realizarse controles periódicos que determinen los niveles en sangre, aunque no de forma tan frecuente como el litio.

Los niveles terapéuticos son:

— En fase eutímica: **entre 4 y 12 g/ml.**
— En fase de descompensación: entre 6 y 15 g/ml.

Efectos secundarios

• Es posible que aparezcan pequeñas **molestias digestivas, sequedad en la boca, mareos o dolor de cabeza**, pero, con frecuencia, sucede solo al comienzo del tratamiento con Carbamazepina, y se trata de reacciones adversas transitorias. También puede llegar a producir un poco de **somnolencia,** así como un imperceptible **temblor en las manos.** Si se está en tratamiento con este eutimizante, es posible que la analítica refleje una **disminución de glóbulos blancos** en sangre —al revés que el litio, que los aumenta—, pero no tiene ninguna repercusión orgánica en el 99 % de los casos. Si las dosis que se ingieren son altas, se puede llegar a sentir pérdida del equilibrio. En este caso, se recomienda no retirar la medicación y ponerse en contacto con el psiquiatra de forma urgente. Solo en casos excepcionales puede surgir una grave reacción alérgica en forma de erupciones cutáneas.

Efectos adversos por los que debe consultar al médico

• Solo en el caso de sentir **pérdida de la coordinación muscular, cambios en el comportamiento, visión borrosa o movimiento incontrolado del cuerpo y de los ojos, debe alertar a su psiquiatra** para que valore la retirada del tratamiento.

Interacción con otros medicamentos

• El gran inconveniente de la Carbamazepina es que tiende a reducir la eficacia de otros medicamentos. Cuando se simultanea con otra dolencia médica hay que recordar al especialista que se está tomando Carbamazepina y, además, notificárselo al psiquiatra.

> **Aunque se puede tomar durante el embarazo, conlleva riesgos durante los tres primeros meses** (ver capítulo dedicado a mujer y embarazo).

Cualidades específicas de la Carbamazepina

* De los tres estabilizadores principales del estado de ánimo, la Carbamazepina es el que menos riesgos y efectos secundarios comporta. Resulta particularmente útil, tanto sola como combinada con el litio, en **el caso de los cicladores rápidos** así como en pacientes cuyas manías muestran rasgos psicóticos incongruentes.

> Responden mejor a la Carbamazepina:
>
> — Los bipolares con manías graves.
> — Los que no tienen antecedentes de trastornos afectivos en la familia.
> — Los que padecen manías disfóricas.

* En cuanto a las depresiones, solo 1/3 de los deprimidos responden satisfactoriamente a la monoterapia con Carbamazepina. La eficacia global de este eutimizante resulta beneficiosa en el 50-70 % de los casos.

A.3) EL VALPROATO

El Valproato, o ácido valproico, también es un fármaco anticonvulsivo —es decir, utilizado contra la epilepsia— que ayuda a mitigar las oscilaciones del estado de ánimo. Podemos encontrarlo en forma de sal: **Valproato sódico** —comercializado como Depakine— o **en forma salina** —comercializado como Depakine Crono—. También podemos hallar en las farmacias **un derivado llamado Dipropilacetamida** —comercializado como Depamide.

- *El ácido valproico actúa a nivel de la proteína G —segundo mensajero intracelular— modificando la actividad de las variantes «a» y «e» de la proteína Kinasa C, modulando la liberación de neurotransmisores y neuroexcitabilidad.*

Controles periódicos

- Es recomendable hacerse al menos una analítica al año para evaluar los niveles de valproico en sangre.

Las dosis terapéuticas se sitúan en:

— Fase de eutimia: entre 600 y 1.500 mg/día, lo que nos daría un resultado en sangre de: **50 y 100 μ/ml.**

Efectos secundarios

- Entre los efectos adversos —poco probables en un altísimo porcentaje de los casos, pero tampoco desdeñables— están: cierta **tendencia a la alopecia, reducción de glóbulos blancos y una pequeña somnolencia.** Si se utiliza Valproato en los niños, hay que tener un especial cuidado con las lesiones hepáticas.

Especialmente eficaz en...

- Además de asociado con el litio para la fase eutímica, los psiquiatras **lo encuentran muy útil para los pacientes maníacos irritables y hostiles.**

- También combinado con el litio resulta muy eficaz **para los bipolares que padecen episodios mixtos,** utilizándose con un buen pronóstico en **los cicladores rápidos,** así como en los bipolares con tendencia al **abuso de otras sustancias.**
- De igual forma, el Valproato a bajas dosis da resultados muy válidos para el **tratamiento de la ciclotimia** (con niveles inferiores a 50 mgr/ml).

A.4) OTROS ESTABILIZADORES ANTICONVULSIVOS

Sé que otros bipolares abandonan la medicación, pero yo jamás lo he hecho. Desde que me diagnosticaron el trastorno, tuve el total convencimiento de que no debía olvidárseme ninguna toma... y lo conseguí. Durante mucho tiempo solo tomé litio, y desde hace dos años me lo combinaron con Depakine. A pesar de mi celo, de tanto en tanto, nada evita que tenga una recaída... La más reciente fue hace medio año. En la última consulta, mi psiquiatra me alertó de que cuando me terminara de estabilizar me iba a sustituir los eutimizantes por otro nuevo que lleva un año comercializándose en España... Me da cierto miedo cambiar lo conocido, pero supongo que todo lo nuevo que inventen será más seguro...

El 30 % de los pacientes bipolares no encuentran respuesta terapéutica favorable en los tres eutimizantes que acabamos de conocer. Por este motivo, las investigaciones farmacológicas se han centrado en abrir nuevos caminos, consiguiendo un avance muy notable en los últimos años. Se ha estudiado la viabilidad de administrar nuevos fármacos anticonvulsivos —recordemos que se llaman así por ser efectivos en el tratamiento contra la epilepsia— a modo de reguladores del estado de ánimo para bipolares. Los más estudiados al día de hoy son: el **Topiramato** —comercializado como Topamax—, la **Gabapentina** —comercializado como Neurotín— y la **Lamotrigina** —comercializada como Lamictal y Labileno.

- Otras sustancias en fase de estudio —como la Oxcarbacepina, la Tiagibina y la Pregabalina— parecen inducir al optimismo en casos rebeldes a otros fármacos, pudiendo llegar a convertirse en fármacos de elección en un futuro muy próximo.

- Aunque muchos pacientes bipolares ya están tratándose con estas nuevas sustancias, hay que reseñar que no están igual de probadas que el litio, la Carbamazepina o el Valproato. Los estudios médicos tardan años en concluirse y, por este motivo, aún les quedan a los expertos algunos flecos por concretar. Por esta razón, nos referiremos a los citados fármacos basándonos en conclusiones de estudios, aún en curso, o recientemente concluidos, pero sin refutar.

A.4a) TOPIRAMATO (TOPAMAX)

- El Topiramato fue sintetizado por primera vez en 1980 y utilizado como medicación antiepiléptica oral en 1996. Es un derivado de la fructosa y originalmente fue diseñado para el tratamiento de la diabetes. En España fue comercializado como Topamax en el año 2000 en forma de comprimidos de 25, 50, 100 y 200 miligramos. Según un estudio llevado a cabo por los doctores: E. Vieta, Martínez-Arán, E. Nieto, F. Colom, M. Reinares, A. Benabarre y C. Gastó —Programa de Trastornos Bipolares del Hospital Clínico de Barcelona— se desprende que:
- Como apunte técnico: habría que destacar que, a diferencia de otros anticonvulsivos, posee un mecanismo de acción mixto: *gabaérgico y antiglutamatérgico*. Se cree que dichas acciones son las responsables de su eficacia contra la epilepsia, y algunos de estos mecanismos también serían efectivos en el tratamiento del trastorno bipolar. La absorción del Topiramato es rápida y no se altera con los alimentos. El 70 % de la dosis administrada se elimina por la orina sin modificar. Por este motivo, los pacientes que estén tratándose con Topiramato y presenten trastornos renales necesitan especiales controles. Es aconsejable su administración en dos tomas diarias al principio, y una única dosis nocturna pasados unos meses de tratamiento. La dosis media es de 200 mg/día, oscilando entre 100 y 300 mg/día. La toxicidad del fármaco a dosis elevadas es bajísima.

— Solo excepcionalmente presenta interacciones con otros fármacos —por eso es muy útil en pacientes polimedicados.
— No altera los valores de la Carbamazepina.
— Disminuye la concentración del Topiramato (hasta un 40 %) cuando se usa con Carbamazepina.
— La administración de Topiramato puede disminuir mínimamente los valores de litio y Valproato (hasta un 11 %).
— Disminuye un 12 % la concentración de digoxina (activador cardíaco).
— Aumenta la aclaración plasmática en anticonceptivos orales —por lo que se necesitan mayores dosis para alcanzar niveles equivalentes.
— Tiene una mínima interacción con el alcohol.
— Tiene una mínima interacción con depresores del sistema nervioso central.

Efectos secundarios

• Los efectos secundarios —transitorios— son: **somnolencia, fatiga, enlentecimiento, disminución de la atención y la fluidez verbal, sequedad de boca, náuseas y vómitos.** Solo en casos muy aislados se ha observado la aparición de cálculos renales —especialmente en varones—. Todavía no se sabe qué grupo de pacientes es más vulnerable a presentar efectos secundarios, aunque se puede llegar a saber en un corto espacio de tiempo, ya que hay numerosos estudios abiertos en distintas Universidades. También se desconocen las diferentes respuestas entre los distintos tipos de trastornos del estado de ánimo (bipolares I, II, etc.). **Un efecto secundario positivo, muy interesante, es la disminución de peso.** Algo que sería muy beneficioso para los pacientes bipolares que con frecuencia se medican con tratamientos que lo aumentan.

Especialmente efectivo...

- Según los primeros indicios, parece interesante el uso del Topiramato **en el caso de pacientes rebeldes a la Carbamazepina, Valproato y litio.** Pero, de momento, no supone un competidor porque todavía son necesarias muchas pruebas. Datos preliminares conceden al Topiramato más eficacia como antimaníaco que como antidepresivo. De igual forma, estos resultados —aún escasos— hablan de las bondades del Topiramato **en cicladores rápidos.**

A.4b) GABAPENTINA (NEUROTÍN)

- Recientemente comercializado en España como Neurotín. Según un estudio llevado a cabo por los doctores E. Vieta, Martínez-Arán, E. Nieto, F. Colom, M. Reinares, A. Benabarre y C. Gastó —Programa de Trastornos Bipolares del Hospital Clínico de Barcelona— parece presentarse especialmente eficaz para pacientes bipolares con **respuesta incompleta a otros fármacos y con predominio de síntomas depresivos, aislamiento social e irritabilidad.** De momento, la utilidad de la gabapentina en la manía aguda todavía es cuestionable. Los investigadores hacen hincapié en estudiar, a la mayor brevedad posible, la eficacia del fármaco en pacientes con síntomas de **depresión resistente y bipolaridad mixta.** La gabapentina, hasta el momento, parece ofrecer mucha tolerancia y pocas interacciones, aunque todavía se desconocen las dosis eficaces, ya que la posología con la que se ha trabajado provisionalmente ha tenido que ser demasiado alta debido a que el fármaco tiene poca permanencia en sangre. Podría revelarse como un medicamento adecuado para **potenciar otros eutimizantes.**

Efectos secundarios

- La somnolencia parece ser uno de los efectos secundarios más acusados. Todas las pruebas apuntan a que puede ayudar a disminuir el insomnio, tal vez la agorafobia, así como comportar una mejoría social del paciente. Pero, una vez más, es oportuno especificar que hacen falta más pruebas que ratifiquen estos primeros estudios antes de sacar conclusiones definitivas.

A.4c) Lamotrigina (Lamictal y Labileno)

• Comercializado en España como Lamictal y Labileno. De igual forma que sucede con el Topiramato y la Gabapentina, faltan todavía muchos estudios para avalar conclusiones definitivas. No obstante, y según las pruebas resumidas y extraídas por los doctores E. Vieta, Martínez-Arán, E. Nieto, F. Colom, M. Reinares, A. Benabarre y C. Gastó —Programa de Trastornos Bipolares del Hospital Clínico de Barcelona—, podría ser especialmente eficaz en pacientes **con predominio de fases depresivas** —en oposición al resto de los antiepilépticos, que acostumbran a funcionar mejor en los casos de manía—. Según ensayos publicados recientemente, **los datos solo fueron positivos en el caso de los bipolares II.** La Lamotrigina es **menos proclive al aumento de peso** que los demás reguladores del humor convencionales. Parece segura la combinación de **litio con Lamotrigina,** pudiendo ser muy útil en **depresiones refractarias.** Mucho más riesgo podría tener la **asociación de Lamotrigina con Valproato y Carbamazepina.**

Efectos secundarios

• Son menores que los de los eutimizantes convencionales —los más comunes parecen ser inestabilidad y temblor—, aunque se han descubierto dos efectos adversos nada despreciables: la incidencia de un 3 % de *Síndrome de Stevenson* —enfermedad letal—, así como algunos casos de *exantema grave* —un tipo de erupción cutánea— en casi el 10 %.

A.4d) LEVETIRACETAM

- Todavía no está comercializado y su mecanismo de acción aún no es bien conocido, aunque se sospecha que **podría tener propiedades antimaníacas.** El principal efecto secundario residiría en su posible inducción a la depresión. A día de hoy no hay datos de su uso en trastornos psiquiátricos.

A.4e) OXCARBACEPINA (TRILEPTAL)

- Comercializado recientemente en nuestro país como Trileptal, todavía está en fase de investigación con pacientes bipolares. A día de hoy, parece mostrar una eficacia en el 50 % de los casos. Su principal interés radica en su **posible analogía con la Carbamazepina, pero mejorados sus efectos secundarios e interacciones.** Por el momento, los principales efectos adversos son: inestabilidad, cefaleas, cierta irregularidad en la coordinación —ataxia— y debilidad.

A.4f) RETIGABINA

- No ha sido probada todavía su capacidad como regulador del estado de ánimo. Los efectos secundarios más comunes son: mareo, astenia, cefalea, somnolencia, náuseas y temblor.

A.4g) PREGABALINA

- Parece presentar un mecanismo de acción parecido al de la Gabapentina, pero con una potencia muy superior. Estamos pendientes de conocer los resultados de un ensayo con pacientes bipolares tipo II. Los efectos secundarios más frecuentes son: somnolencia, inestabilidad.

A.4h) TIAGABINA (GABITRIL)

• Comercializado recientemente en nuestro país, como tratamiento para algunas formas de epilepsia resistente, bajo el nombre de Gabitril. De momento solo hay sospechas teóricas de su posible capacidad antimaníaca. Los efectos adversos más habituales son: confusión, inestabilidad, anorexia, fatiga.

B) ANTIPSICÓTICOS O NEUROLÉPTICOS

Tengo 39 años y soy bipolar desde los 22. Al principio, cada manía me la trataban con Haloperidol, Akinetón y Meleril... Recuerdo una crisis en la que al psiquiatra se le olvidó recetarme el Akinetón y yo se lo advertí a mis padres..., pero como estaba «más allá que acá» no me hicieron ni caso. Después de las 40 gotas de Haloperidol de aquella noche, las manos y los pies empezaron, poco a poco, a moverse por su cuenta, hasta que mi cuerpo se convirtió en un amasijo de nudos. Fuimos a urgencias del hospital y, efectivamente, me dieron la razón: me inyectaron un «jeringazo» de Akinetón y a los cinco minutos ya estaba como nuevo. Lo llaman «efectos extrapiramidales»... y no se me ha vuelto a olvidar jamás. Aunque la verdad es que, desde hace cinco años, no me han vuelto a recetar Haloperidol para una crisis... Ahora me dan Risperdal incluso en periodos de intercrisis...

Las descompensaciones maníacas —y las hipomaníacas—, así como los cuadros mixtos, se tratan siempre con los fármacos de base conocidos como eutimizantes, que además de mantener al paciente compensado también tienen capacidades antimaníacas. Pero en la mayor parte de las ocasiones es necesario tratar la euforia, recurriendo a una familia de medicamentos que se ocupa de apaciguarla y paliarla de forma específica. Son los **antipsicóticos o neurolépticos** —antes conocidos como tranquilizantes mayores—, y actúan corrigiendo los mecanismos neuronales alterados, responsables de la «psicosis». Estos fármacos son utilizados por los especialistas desde mediados de los años 50 para tratar tanto la esquizofrenia como las alteraciones de conducta, así como la euforia, ya que tienen la capacidad de mitigar todos los síntomas propios del proceso: aceleración, hiperactividad, e incluso los delirios. Son sustancias capaces de sacar al paciente bipolar de la descompensación eufórica en la que se han instalado para retornarlos a la realidad.

Cómo funcionan

* La acción de los neurolépticos consiste en bloquear los diferentes tipos de receptores —especialmente los dopaminérgicos cerebrales D2, aunque también es cierto que muchos antipsicóticos tienen actividad sobre los receptores de otros neurotransmisores—. Según el tipo de receptores que bloquee, condicionará su acción terapéutica y sus efectos secundarios.

Cómo se administran

* A la hora de medicar a un bipolar con neurolépticos, es recomendable «atajar la fase» de la forma más rápida y contundente. Esto significa que el psiquiatra no propondrá al enfermo ir subiendo medicación poco a poco, sino que, al detectar el mínimo indicio de cuadro maníaco, prescribirá una efectiva dosis terapéutica... Pudiendo en muchos casos llegar a «abortar» un episodio eufórico.

Distintas posibilidades de tratamiento antipsicótico

* Aquello de que *cada maestrillo tiene su librillo*, en el terreno de la medicación se hace más evidente que en ningún otro campo. Los neurolépticos en la fase maníaca siguen siendo una controversia, aunque cada vez hay más datos que confirman que el tratamiento de elección para un cuadro eufórico debería ser la suma de un eutimizante más un antipsicótico.

  — En EE. UU. la práctica habitual sigue siendo la monoterapia con un regulador del estado de ánimo —en general, el litio, aunque el Divalproato ha ido sustituyéndolo progresivamente.

— En Europa: el eutimizante —especialmente el litio— es utilizado conjuntamente con un neuroléptico.

Todo un abanico de neurolépticos

Antes de pasar a conocer la larga lista de neurolépticos —solo como orientación y consulta—, diremos que se dividen en tres grupos:

* *INCISIVOS* (eficaces en los casos de delirios y alucinaciones). Por poner algún ejemplo, los más conocidos son Haloperidol o el Eskazine.
* *SEDATIVOS* (eficaces para los casos de agitación o insomnio). Como el Sinogán o la Etumina.
* *ATÍPICOS* (con menos efectos secundarios y de reciente descubrimiento). Como el Leponex, el Risperdal o la Zyprexa.
* Los inyectables: es muy útil saber que existen para aquellos casos en que el paciente se niega a tomar medicación oral. Hay que decir que no hay demasiados, pero dos de los más utilizados son el Cisordinol o el Modecate (no son atípicos).

A continuación se reseñan como consulta algunos de los más utilizados:

FENOTIACINAS

— Alifáticas: Levomepromacina (SINOGÁN). Clorpromacina (LARGACTIL).
— Piperacínicas: Flufenacina (MODECATE). Perfenacina (DEPRELIO, MUTABASE, DECENTAL).
— Trifluoperacina (ESCAZINE).
— Piperidínicas: Tioridacina (MELERIL). Pipotiacina (LONSEREN).

TIOXANTENOS

— Flupentixol (DEANXIT),
— Zuclopentixol (CISORDINOL, CLOPIXOL).

BUTIROFENONAS

Haloperidol (HALOPERIDOL). Trifluperidol.

DIFENILBUTILPIPERIDINAS

Pimocida (ORAP).

COMPUESTOS INDÓLICOS

Molindona (Genérico).

BENZAMIDAS SUSTITUIDAS

Sulpiride (DOGMATIL, ANSIUM, TEPAZEPAM).
Tiapride (TIAPRIZAL).
Veralipride (AGREAL).
Clebopride (CLEBORIL, FLATORIL).
Bromopride (VALOPRIDE).
Metoclopropamida (PRIMPERAN).

ALCALOIDES DE LA RAUWOLFIA

Reserpina (ADELFAN ESIDREX, BRINERDINA, PICTEN, RESNE-DAL).

Otros

Clotiapina (ETUMINA).
Lamotrigina (LAMICTAL).
Clonazepam (RIBOTRIL).
Loxapina (DESCONEX, LOXAPAC).

NEUROLÉPTICOS ATÍPICOS

Clozapina (LEPONEX).
Olanzapina (ZYPREXA).
Risperidona (RISPERDAL).
Quetiapina (SEROQUEL).

Antipsicóticos clásicos

- Los antipsicóticos clásicos son los más potentes, pero pesan en su contra los efectos secundarios, un tanto desagradables, que provocan. No obstante, son muy eficaces a la hora de tratar la fase eufórica, ya que son rápidos y contundentes. Pero no hay que olvidar que el trastorno bipolar tiene dos fases, y, si un paciente es tratado durante la manía con un neuroléptico de esta familia, tiene muchas probabilidades de padecer una depresión más persistente e incapacitante. Por este motivo, en los últimos años, los psiquiatras se decantan por prescribir neurolépticos atípicos cuando se trata de un paciente bipolar en descompensación maníaca.

Efectos adversos de los antipsicóticos clásicos

- Tics, tortícoli, rigidez, sensación de «andar como un robot», temblores... Generalmente, esos efectos secundarios dependen de la dosis de antipsicótico que recete el médico. En la mayor parte de los casos basta con reducirla para que desaparezcan. No obstante, a pesar de la molestia, es importante tener un poco de paciencia, ya que es la única vía para terminar con la fase maníaca, pudiendo llegar a evitar en buena parte de los casos la hospitalización del paciente.

Resumiendo, los efectos colaterales más comunes de los antipsicóticos son:

Sensación de sequedad en la boca.	Discinesia tardía (ver el siguiente cuadro).

Los efectos adversos que pueden llegar a provocar los antipsicóticos, y cómo afectan a las distintas funciones orgánicas, se esquematizaría del siguiente modo:

— **NEUROLÓGICOS:** Distonía aguda. Acatisia. Parkinsonismo. Temblores periorales («síndrome del conejo»). Acinesia. Discinesia tardía.
— **GASTROENTEROLÓGICOS:** Sequedad de boca. Sialorrea. Transtornos de la motilidad esofágica. Constipación. Íleo paralítico.
— **UROLÓGICOS:** Retención urinaria. Disuria. Polaquiuria.
— **HEPÁTICOS:** Colestasis intrahepática (ictericia). Hepatotoxicidad (clorpromacina).
— **CARDIOVASCULARES:** Taquicardia. Hipotensión. Arritmias (tioridacina).
— **HEMATOLÓGICOS:** Leucocitosis. Eosinofilia. Aplasia medular. Trombocitopenia. Agranulocitosis (clozapina).
— **ENDOCRINOS:** Hiperprolactinemia. Amenorrea. Ginecomastia. Galactorrea (sulpiride). Aumento de peso.
— **SEXUALES:** Transtornos de la eyaculación y/o erección. Pérdida de la libido. Frigidez.
— **DERMATOLÓGICOS:** Dermatitis alérgica. Dermatosis por contacto. Fotosensibilidad. Urticaria. Decoloración de la piel. Pigmentación. Exantemas maculopapulares.
— **OCULARES:** Visión borrosa. Queratopatías. Cataratas estrelladas y planas (clorpromacina). Retinopatía pigmentaria (tioridacina). Empeoramiento del glaucoma.
— **S.N.C.:** Astenia. Sedación. Somnolencia. Disminución del umbral convulsivo. Delírium. Hipotermia (edad avanzada).
— **OTROS:** Síndrome neuroléptico maligno.

• Como se ha visto, los antipsicóticos típicos tienen tres grandes bloques de inconvenientes:

1. Los **efectos secundarios**.
2. La facilidad de propiciar **un episodio depresivo posmaníaco**.
3. La **aparición de la discinesia tardía** (DT): que es un problema relacionado con convulsiones espontáneas. Las seña-

les tempranas son: movimientos involuntarios de la lengua, la cara, los brazos o las piernas. Los índices de DT son relativamente altos, situándolos algunos textos en un promedio en torno al 3 % anual.

B.1) ANTIPSICÓTICOS ATÍPICOS

Desde que existe la Zyprexa, mi vida ha cambiado. Es... como no ser bipolar. En casa, decimos en broma que vamos a comprar todas las acciones de los laboratorios que la fabrica... Hace tres años que la tomo, y no he vuelto a tener una manía.... Algún «subidoncillo» de no más de tres días que se me corta aumentado hasta 10 miligramos. Junto con el litio y el Tegretol, tomo cada noche dos miligramos y medio de Zyprexa... ¡y es mano de santo! Duermo como un lirón, me reduce la ansiedad y, lo mejor de todo, es sentirme segura: como si la Zyprexa fuera una armadura metálica contra las crisis...

Una pequeña revolución...

- Los neurolépticos atípicos han llegado para variar el panorama, ya que han conseguido resucitar el interés de los investigadores ante la terapéutica del trastorno bipolar —no hay que olvidar que, hasta el momento, casi todos los fármacos válidos para esquizofrenia, epilepsia y otras enfermedades también eran suministrados a los bipolares—. Estos psicofármacos apuntan **una superioridad en pacientes resistentes a otros medicamentos** —como, por ejemplo, los **cicladores rápidos y los bipolares mixtos**—, de forma que cada vez más terapeutas están cambiando su pautas de tratamiento —tanto en fase aguda como en mantenimiento.

Para la manía y la eutimia...

- Los neurolépticos atípicos reducen la fase de euforia e hiperactividad, pero sin «pagar el peaje» de una depresión excesivamente lacerante cuando se cambia de fase. Siguiendo con este razonamiento, podríamos decir que **si el cuadro eufórico se trata con antipsicóticos atípicos, la depresión que puede sobrevenir después resultará menos intensa.** Además de lo dicho, las estadísticas revelan que la mayor parte de los bipolares tienen que tomar neurolépticos durante las fases maníacas, y más de la mitad sigue tomándolos hasta seis meses después de haber sido dado de alta. Los neurolépticos atípicos se postulan como los más indicados para este régimen de mantenimiento, dado que tienen menos efectos secundarios y no inducen a la depresión. Así pues, los antipsicóticos atípicos, además de una probada eficacia antimaníaca, **tienen escasos efectos extrapiramidales**, por lo que, cada vez con más frecuencia, **son el complemento ideal de los eutimizantes,** tanto en los cuadros maniacos, como en las etapas preventivas. No olvidemos que, en el caso de los bipolares, no solo se trata de mitigar su euforia, sino de armonizar toda la enfermedad: intentando no hacer recaer al paciente en bruscas depresiones y conseguir la ansiada eutimia.

... ¿también para la depresión?

* Pero aún más interesante es el hecho de que los antipsicóticos atípicos están siendo, en la actualidad —especialmente el Zyprexa y el Risperdal— utilizados —a muy pequeñas dosis— **durante las fases depresivas, combinados con antidepresivos.**
* Pasemos a conocer los neurolépticos atípicos más interesantes:

B.1a) Clozapina (Leponex)

Fue el primer antipsicótico atípico y, por su estructura, es conocido como una Dibenzodiazepina. Los efectos secundarios que puede llegar a provocar son: sedación, pequeños temblores, estreñimiento, cefalea, hipotensión ortostática, taquicardia, aumento de peso, convulsiones (dosis > 600 mg/d.), agranulocitosis —enfermedad que consiste en dejar sin defensas al organismo (1 % de usuarios)—. Se utiliza en **pacientes**

resistentes a los antipsicóticos clásicos. Requiere controles hematológicos semanales las primeras 18 semanas; a partir de entonces, controles mensuales.

B.1b) Risperidona (Risperdal)

Estructuralmente es un benzisoxazol. Los principales efectos adversos que provoca son: sedación, aumento de peso, hipotensión ortostática, efectos extrapiramidales (dosis > 6 mg/d.). La Risperidona, además de resultar útil para paliar la manía, muchos bipolares ya la toman como «mantenimiento» a largo plazo, junto con los eutimizantes, para prevenir recaídas.

B.1c) Olanzapina (Zyprexa)

Por su estructura, es similar a la Clozapina. Se administra en una única toma al día, y los principales efectos colaterales son la sedación y el aumento de peso. Tiene poquísimos efectos parkinsonianos —pequeños temblores— y, al igual que sucede con la Risperidona, muchos pacientes la toman en las fases depresivas —junto con antidepresivos—, así como en etapas de mantenimiento, como complemento a los eutimizantes. Se muestra especialmente **eficaz en los pacientes con manías refractarias y cicladores rápidos.**

Un estudio reciente de la Universidad de Duke —en Carolina del Norte, con resultados publicados en la revista *Pharmacotherapy*— relaciona la administración de Olanzapina con la existencia de casos aislados en los que se han detectado graves problemas de azúcar en la sangre, así como una complicación de la diabetes, conocida como cetoacidosis. Otro de los inconvenientes que encontraron, según la misma investigación, fueron algunos casos de pancreatitis —inflamación del páncreas—. Todos estos estudios están abiertos y pendientes de ser rebatidos o completados. Por el momento, muchos bipolares están siendo tratados satisfactoriamente con Olanzapina.

B.1d) Quetiapina (Seroquel)

Estructuralmente, es similar a la Clozapina y a la Olanzapina. Se ad
ministra de dos a tres tomas diarias. Los efectos colaterales principale
son la sedación y el aumento de peso. En los últimos estudios se muestra como excelente eutimizante.

B.1e) Benzamidas sustituidas (Sulpirida y Amisulprida)

Producen efectos extrapiramidales a dosis altas. Se metabolizan
predominantemente de forma renal. A dosis bajas, se han detectado
buenos efectos antidepresivos, y algunos estudiosos sostienen que no se
trata de verdaderos neurolépticos atípicos.

- **Otros:** Sertindola, Iloperidona (en estudio), Mazapertina (en estudio), Aripiprazola (en estudio)...

COMPARATIVA DE LOS PRINCIPALES EFECTOS SECUNDARIOS DE LOS TRES ANTISICÓTICOS ATÍPICOS MÁS UTILIZADOS

	Clozapina	Olanzapina	Risperidona
Agranulocitosis	Sí	No	No
Efectos extrapiramidales	No	A dosis altas	A dosis altas
Hipotensión ortostática	Alta	Baja	Moderada
Convulsiones	Sí	No	Raras
Sedación	Alta	Baja	Baja
Efectos anticolinérgicos	Sí	Sí	No
Taquicardia	Sí	No	Sí
Aumento de peso	Sí	Sí	Sí
Hipersecreción de prolactina	No	No	Sí

C) ANTIDEPRESIVOS

Siempre me habían tratado las depresiones con Anafranil, y la verdad es que funciona muy rápido. A los diez días de tomarlo, ya empezaba a sentirme mejor... Ciertas molestias en la orina, generalmente cistitis, pero siempre me sacaba de la depresión. Dejaron de dármelo una vez que la fase duró más de lo previsto y tuve que estar medicado con Anafranil casi tres meses... ¡No solo me sacó de la depresión, sino que me sobrevino una euforia bastante fuerte! Desde entonces, empezaron a recetarme Seroxat, que aunque es un poco más lento, me equilibra de forma más segura. Mi psiquiatra dice que si vuelvo a tener un depresión, probaremos con Rexert, que es un antidepresivo más nuevo... y, aunque los cambios me dan un poco de miedo, ¿por qué no intentarlo?...

Son los fármacos que se utilizan en el tratamiento contra la depresión —bien se trate de una depresión bipolar o de las llamadas exógenas o reactivas—. La elección del antidepresivo se realiza en función del perfil de efectos secundarios y del estado del paciente. No hay normas fijas, y depende de las preferencias de cada médico, del historial del enfermo... Como factor predictor de buena eficacia terapéutica, se deben considerar los antecedentes personales de buena respuesta en episodios pasados. Su forma de actuación sobre el organismo no es inmediata, por lo que no se produce una reducción de los síntomas de igual modo que cuando existe un dolor de cabeza y el paciente se toma una aspirina. Son necesarias al menos dos semanas de aumento paulatino para que el antidepresivo tenga un efecto óptimo. Cualquier antidepresivo **debe ser suspendido gradualmente cuando el estado de ánimo se haya estabilizado** —por ejemplo, durante cuatro semanas—, debido al riesgo que corren los bipolares de sufrir una descompensación hacia el otro polo. Solo si se tienen indicios de manía o hipomanía se suspenderá de forma brusca.

- El «malestar emocional» general y la «ansiedad somática» parecen estar significativamente modulados por la **serotonina**, mientras que el efecto positivo, la «dimensión motivacional de orientación hacia la recompensa y el placer», parecen ser más dependientes de la **dopamina** e indirectamente de la **noadre-nalina.**

Riesgos de los antidepresivos para un bipolar

- Si una vez concluido el episodio maníaco no se han experimentado mejorías en un plazo de dos semanas, entonces es el momento de añadir antidepresivos al tratamiento. Un paciente bipolar debe tener mucho cuidado con el uso de antidepresivos, dado que corre el serio riesgo de *virar al otro polo* —manía o hipomanía—. **Los antidepresivos que más riesgo comportan para los bipolares son los conocidos como antidepresivos tricíclicos —ADT—, y los que menos, los antidepresivos selectivos** —bien sean inhibidores de la recaptación de la serotonina, de la noradrenalina, o de ambas.

- Como cifras redondas, los estudios dicen que 1/3 de los pacientes bipolares presentan virajes maníacos o hipomaníacos a consecuencia de los antidepresivos, especialmente tricíclicos. Los estudios también apuntan que los antidepresivos pueden inducir a ciclos rápidos y estados mixtos, por lo que hay que tener muchísimo tacto en manejarlos: el médico, en la elección y dosificación; el paciente, en reseñar todos los efectos que sienta, y el familiar —como siempre—, en observar.

Desde un punto de vista práctico, se pueden clasificar los fármacos antidepresivos en los siguientes grupos:

— Antidepresivos no selectivos de la recaptación de aminas:
- Tricíclicos (ATC).
— Antidepresivos inhibidores de la monoaminooxidasa (IMAO).
— Antidepresivos Selectivos:
1. Inhibidores selectivos de la recaptación de la serotonina (ISRS).
2. Inhibidores selectivos de la recaptación de la noradrenalina (ISRN).
3. Inhibidores de la recaptación de la noradrenalina y la serotonina (ISRNS).

C.1) TRICÍCLICOS

* **Se consigue una buena respuesta con el tratamiento de anti-depresivos tricíclicos en un 75 % de los bipolares,** ya que, como se ha dicho, son muy rápidos y eficaces, aunque tengan diversos efectos secundarios y conlleven el riesgo de precipitar una fase maníaca.

Cómo actúan y efectos secundarios principales

* Los ATC ejercen su efecto a través de la inhibición de la recaptación presináptica de la noradrenalina y la serotonina, fundamentalmente.

Algunos antidepresivos tricíclicos comercializados en España son:

— Imipramina (TOFRANIL).
— Clomipramina (ANAFRANIL).
— Amitriptilina (TRIPTYZOL).
— Mianserina (LANTANON).
— Maprotilina (LUDIOMIL).
— Nortriptilina (MARTIMIL, PAXTIBI).

Los efectos adversos más frecuentes que se detectan son:

— **Efectos anticolinérgicos:**

Palpitaciones.
Estreñimiento.
Hipotensión ortostática.
Retención urinaria
Visión borrosa.
Alteraciones de la eyaculación.
Sudoración.
Sequedad de boca.

— **Los efectos sobre el SNC —sistema nervioso central:**

Temblor fino de extremidades superiores.
Cuadros confusionales (más frecuentes en ancianos).

— **Otros efectos de rara presentación son:**

Amenorrea.
Reacciones cutáneas de hipersensibilidad.
Hipoglucemia.
Ginecomastia.
Galactorrea.

— **Es relativamente frecuente el aumento de peso.**

C.2) IMAO

• Como dato técnico explicaremos que la Isoniazida y la Iproniazida mejoraban el humor de los pacientes tuberculosos. La hepatotoxicidad de los primeros IMAOS, así como la interacción que presentaban con los alimentos de alto contenido en tiramina, les hicieron caer en desgracia durante muchos años. Deben su nombre a la abreviatura de su acción: **inhibidores de la monoamino oxidasa** y representan el grupo de antidepresivos más antiguos —un ejemplo de IMAO es la Fenelcina (NARDELZINE). En la actualidad se utilizan IMAOS Reformados (RIMA), que han intentado paliar los efectos secundarios e interacciones de los primeros: ejemplo de estos últimos son: Toloxatona y Moclobemide (MANERIX).
Efectos secundarios, en orden de frecuencia, que producen los IMAO:

— Hipotensión ortostática.
— Insomnio.
— Sequedad de boca.
— Sedación diurna.
— Disminución de la libido.

— Mioclonía —contracciones involuntarias.
— Irritación gástrica.
— Aumento del apetito y del peso.
— Edema.
— Vértigo postural.

Otro tipo de contraindicaciones de los IMAO es la relación de alimentos que no se pueden tomar cuando se está en tratamiento.

Alimentos que contienen tiramina (especialmente los que llevan asterisco):

Vino tinto, Chianti * y cerveza *.

Quesos curados, sobre todo tipo Cheddar, Suizo, Stilton, Cammembert, Gruyère, Brie, Edam, Roquefort, Brick *.

Conservas de pescado o carne, escabeches *, adobos y ahumados.

Patés de hígados y *foie-gras.*

Hígado *.

Embutidos fermentados.

Caracoles.

Setas.

Habas *.

Plátanos.

Aguacates.

Arenques * y caviar.

Concentrados de carne.

Chocolates.

Medicamentos que no se pueden tomar, si se está en tratamiento con IMAOS, porque interaccionan:

Descongestionantes nasales.
Antipiréticos.
Anestésicos locales.

ANTIDEPRESIVOS SELECTIVOS

C.3a) Inhibidores selectivos de la recaptación de la serotonina

- Se les conoce por **ISRS,** y los más recetados en nuestro país son: Fluoxetina, Fluvoxamina, Paroxetina, Sertralina y Citalopram. Estos medicamentos han sido desarrollados en los últimos quince años en la búsqueda de fármacos antidepresivos con menos efectos secundarios e igual eficacia que la de los tricíclicos. En general, son muy bien tolerados por casi todos los pacientes, haciéndose muy recomendable su uso en el caso de los bipolares, ya que comportan menos riesgos a que se presente una manía.

- Recientes estudios revelan que la probabilidad de que un bipolar sufra descompensación hacia la fase maníaca, tomando ISRS, es de 3,7 %, frente al 11,2 % si se le administra antidepresivos tricíclicos. Así pues, podemos decir que los ISRS son menos inductores a la manía, mientras que su eficacia en la práctica resulta casi parecida.

En bajas dosis, también durante la eutimia

- Muchos psiquiatras mantienen a sus pacientes bipolares con una bajísima dosis de antidepresivos ISRS, aun finalizada la fase depresiva, ya que ciertos estudios señalan que pueden ser positivos en el tratamiento eutimizante.

Los ISRS más conocidos son:

— Fluoxetina (PROZAC, RENEURÓN, ADOFÉN).

— Paroxetina (SEROXAT, FROSINOR, MOTIVÁN).

— Sertralina (AREMIS Y BESITRÁN).

— Trazodona (DEPRAX).

— Fluvoxamina (DUMIROX).

EFECTOS SECUNDARIOS DE LOS ISRS

	SISTEMA GASTROINTESTINAL SNC						
Síntoma	Náuseas	Anorexia	Diarrea	Ansiedad	Insomnio	Sedación	Cefalea
Fluoxetina —Prozac—	+	++	+	++	++	+	++
Paroxetina —Seroxat—	++	+/–	+	+	+	++	++
Fluvoxamina —Dumirox—	++	+/–	+	+	+	++	+
Sertralina —Besitrán—	++	+/–	++	+	+	+	++
Citalopram —Prisdal—	++	+/–	+	+	++	+	++

C.3b) Antidepresivos que actúan por la vía de la noradrenalina y la serotonina (ISRNS)

• Son los antidepresivos más recientes que existen en el mercado y actúan por la vía de la serotonina y la noradrenalina, cubriendo así más espectro antidepresivo e intentando conseguir la eficacia que tenían los tricíclicos antiguos, pero sin los efectos secundarios que aquellos producían. Cada vez más psiquiatras recetan a sus pacientes bipolares en fase depresiva resistente este tipo de fármacos ya que pueden tomarlos, durante bastante tiempo, sin correr el riesgo de despertar un cuadro maníaco.

Algunos ejemplos:

— Venlafaxina —VANDRAL o DOBUPAL.
— Mirtazapina —REXER.
— Nefazodona —DUTONIN, RULIVAN, MENFAZONA.

El más reciente de los antidepresivos introducidos en el mercado es la Reboxetina (Norebox) que actúan como inhibidores de la recapación de la noradrenalina. Como explica el doctor López-Ibor Aliño: «Debido a su selectividad noradrenérgica, resulta de gran interés en casos de depresiones severas con alto componente melancólico, así como en aquellos casos de depresiones inhibidas o en los que es aconsejable favorecer el estado de alerta, la motivación y la capacidad cognitiva del paciente. Todo esto convierte a la Reboxetina en un antidepresivo con un perfil diferente a los actualmente existentes».

— Reboxetina (NOREBOX).

D) ANSIOLÍTICOS E HIPNÓTICOS

• Son medicamentos utilizados para combatir la ansiedad —nerviosismo, inquietud, desasosiego— y el insomnio —o dificultad para conciliar el sueño— y se utilizan, indistintamente, tanto en el caso de la manía como en el de la depresión. Los fármacos, más importantes de este grupo se denominan **benzodiacepinas** y son de fácil administración, baja toxicidad y múltiples posibilidades terapéuticas. Solo el 37 % de las prescripciones de benzodiacepinas se deben a cuadros de raíz psiquiátrica. El resto son «automedicaciones», responsables directas de la crónica negra de este grupo de psicofármacos —muy especialmente, a principios de los ochenta, cuando se utilizaban como «drogas blandas»—. En cualquier caso, no se pueden negar los problemas de dependencia que conllevan, aunque bien es cierto que se pueden minimizar con una correcta utilización, claro está, administrada por un especialista. En nuestro país no se pueden adquirir ansiolíticos sin receta y, además, el farmacéutico está obligado a solicitar un número de DNI.

Alguno de los ansiolíticos más comunes son:

NOMBRE
Alprazolan (TRANKIMAZÍN).
Bromacepan (LEXATÍN).
Camazpam (ALBEGO).
Clobazam (CLARMYL, NOIAFREN).
Clonacepan (RIVOTRIL).
Cloracepato (TRANXILIUM, DORKEN).
Diacepan (VALIUM).
Fluracepan (DORMODOR).
Flunitracepam (ROHIPNOL).
Halazepam (ALAPRYL).
Ketazolam (MARCEN, SEDOTINE).
Loracepam (ORFIDAL, IDALPREM).
Lormetacepam (LORAMET, NOCTAMID).
Meprobamato (DAPAZ).
Oxacepan (ADUMBRAN).
Triazolan (HALCION).

E) FÁRMACOS QUE PALIAN EFECTOS SECUNDARIOS

* *En psiquiatría, en más ocasiones de las deseadas, se hace inevitable recetar un fármaco que produce en el paciente algunos efectos «no deseables». Sucede especialmente con medicamentos antiguos como el Haloperidol, que provoca efectos parkinsonianos —convulsiones—. Para contrarrestar este tipo de manifestaciones se administran otros fármacos, coadyuvantes, como pudiera ser el Biperide (AKINETÓN) o el Trihexifenidil (ARTANE). De esta manera se consigue que mejoren los temblores, la rigidez, la inquietud y los efectos extrapiramidales. En alguna ocasión, si se le olvida prescribir al psiquiatra el Akinetón junto con el Haloperidol, debe saberse que no reviste gravedad alguna, pero tampoco debe ser motivo de alarma observar cómo el paciente mueve involuntariamente las extremidades. A la primera dosis del* paliativo *desaparecen todo tipo de efectos secundarios.*

F) TERAPIA ELECTROCONVULSIVA (TEC)

* La terapia electroconvulsiva (TEC) es todavía en la actualidad un tratamiento válido para ciertos casos, tras 50 años de uso clínico y prácticamente el mismo tiempo de controversias. También conocida como **electrochoque o «chispa»,** fue la primera terapia eficaz en el tratamiento de algunas enfermedades psiquiátricas. El origen se remonta a principios de siglo pasado, a partir de los presupuestos de Von Meduna sobre el efecto beneficioso de la *convulsivoterapia* en la esquizofrenia, bajo el supuesto antagonismo entre esta y la epilepsia, que en la actualidad se ha demostrado falso. Von Meduna utilizó el alcanfor con éxito por primera vez en 1927, en un paciente esquizofrénico con *estupor catatónico* desde hacía cuatro años. El éxito de Von Meduna llevó a Cerletti, y sus discípulos Bini, Acconero y Felici, a realizar el primer TEC en humanos, tras estudios preliminares en perros, en abril de 1938. Desde entonces, hasta el descubrimiento del primer antipsicótico (Clorpromacina, 1952) y el primer antidepresivo (Imipramina, 1957), la TEC fue prácticamente la única terapia eficaz utilizada en psiquiatría.

¿Cuáles son las técnicas de aplicación?

• Las dos técnicas principales son: la aplicación bilateral y la unilateral en el hemisferio no dominante. En general, se acepta que la aplicación unilateral produce menos efectos secundarios, si bien también puede resultar menos eficaz.

Tipos de corriente

• Actualmente se suele utilizar la corriente pulsátil o de breve pulso, con pulsos de 0,5 a 0,7 mseg, frecuencias entre 90 a 249 Hz y duración total de 1 a 5 s. La impedancia total debe ser menor de 3.000 ohmios (3). Estas medidas pueden variar ligeramente según el aparato utilizado.

¿Para qué casos está indicada la TEC?

Han sufrido variaciones a lo largo de sus 50 años de historia, aunque en la actualidad existen unas indicaciones bien establecidas y otras cuya utilidad precisa de una valoración más rigurosa.

• **En la depresión grave con características endógenas** es, sin duda, la indicación más ampliamente aceptada de la TEC. Su eficacia ha quedado contrastada, con un índice de respuesta superior o igual al 80 %. Si la comparamos con los antidepresivos tricíclicos, se obtienen resultados similares o favorables a la TEC.
• **En la depresión delirante** se ha mostrado más eficaz que la asociación de antidepresivos y neurolépticos.
• Es polémica, todavía, la superioridad de la TEC sobre el litio en casos resistentes.

La TEC se reserva para casos de gravedad manifiesta, donde sea necesaria una respuesta rápida o donde los antidepresivos hayan fracasado o estén contraindicados. **Las indicaciones de la TEC en los trastornos afectivos son:**

Indicación clínica	Motivo
Depresión delirante.	Más eficaz que los ADT o ADT + neuroléptico.
Situaciones somáticas críticas.	Acción rápida y escasez de contraindicaciones.
Riesgo grave de suicidio.	Acción rápida.
Intensa agitación o inhibición.	Acción rápida.
Seudodemencia.	Mayor eficacia.
Contraindicaciones de ADT.	Enfermedades médicas intercurrentes, intolerancia o efectos secundarios.
Embarazo.	Contraindicación de ADT (teratogeneidad).
Paciente senil.	Mayor eficacia y evitar efectos secundarios de los
ADT.	·
Depresión resistente.	Mayor eficacia (índice de eficacia 50 %).

- La agitación suele asociarse a una buena respuesta hacia la TEC, mientras que los contenidos paranoides y la irritabilidad suelen ser indicativos de menor eficacia.

Indicaciones de la TEC en la manía

Indicación clínica	Motivo
Delirio maníaco agudo. (7).	La TEC y la ACTH reducen la mortalidad al 10 %
Agitación con sujeción mecánica o altas dosis de fármacos.	La TEC es eficaz. Pueden ser necesarios varios ES/día.
Cuadros prolongados.	La manía de curso crónico puede responder a la TEC.
Cuadros resistentes al tratamiento farmacologicolépticos y litio (8).	Responden en un 56 % asociados a neurolépticos.
Contraindicación de fármacos.	Efectos secundarios, intolerancia, enfermedades intercurrentes.
Mujer gestante.	Evitar teratogenia —malformación feto.
Prevención de recurrencias.	En enfermos que no responden no toleran

- El número de sesiones varían, recomendándose tradicionalmente mayor número que durante la depresión, aunque estudios recientes no lo corroboran. En los pacientes tratados con litio se deberá prestar atención especial a la litemia, dado que la TEC favorece la neurotoxicidad.

Efectos adversos de la TEC

- La mayoría de los efectos adversos de la TEC, parecen deberse a la conjunción de diversos factores somáticos del paciente, la anestesia general y los fallos de monitorización.

Los efectos adversos más comunes de la TEC son:

Apnea prolongada —suspensión del acto respiratorio.
Puede deberse a una convulsión continuada. La convulsión adecuada dura 25 segundos, cuando esta alcanza los 180, debe tratarse dado que se incrementa el riesgo de arritmias, confusión y alteraciones de la memoria.

Confusión
La aplicación de TEC bilateral favorece la aparición de cuadros confusionales. En la mayoría de pacientes la orientación se restablece en los 45 minutos pos-TEC.

Arritmias
Aparecen en un 30 % de los pacientes tratados con TEC. Las arritmias letales suelen estar asociadas a una patología cardíaca previa.

Euforia
Se asocia a un cuadro confusional excitatorio, que aparece en el 10 % de los pacientes en el primer ES y rara vez repite, o a cuadros francos de manía o hipomanía en pacientes afectivos, que puede obligar a suspender la TEC.

Dolor posconvulsivo
Dolor muscular en extremidades.

Convulsiones tardías
Se desconoce el mecanismo implicado, aunque se postulan diferentes posibilidades; este tipo de convulsiones parecen depender de factores extra-TEC, donde los fármacos reductores del umbral convulsivo son decisivos.

Alteraciones cognitivas
La TEC induce una disfunción cerebral aguda y una disfunción cerebral de duración relativa (semanas-meses). La aplicación bilateral de la TEC incrementa la intensidad y duración de las alteraciones cognitivas, en particular mnésicas —de la memoria—. Esta afectación si bien puede ser duradera, queda circunscrita al momento del tratamiento, no extendiéndose a otras facultades. Por otro lado la TEC reduce las disfunciones cognitivas de las pseudodemencias, mejora las funciones mnésicas de los pacientes deprimidos y reduce las alteraciones cognitivas de los cuadros psicóticos agudos.

Contraindicaciones (relativas)

- Se pueden definir una serie de situaciones de alto riesgo, en las que la indicación de tratamiento debe basarse en la valoración cuidadosa del riesgo/beneficio: alteraciones cerebrales (tumores, malformaciones arteriovenosas, aneurismas, etc.), infarto agudo de miocardio reciente, hipertensión grave, arritmias cardíacas, desprendimiento de retina, glaucoma y riesgo a la anestesia.

A modo de resumen:

— La TEC es útil en mujeres embarazadas que atraviesan una fase aguda.
— Aunque raramente se utiliza para la prevención de recaídas, podría ser adecuado una sesión al mes.

— Es necesaria la anestesia, porque aunque la descarga es muy
baja, si el paciente está dormido, evita la impresión.
— Es imprescindible pedir permiso al paciente y a sus familiares.

G) FOTOTERAPIA

Este tratamiento está especialmente indicado para aquellas personas que no responden a la medicación de forma satisfactoria y que se
caracterizan por presentar los síntomas de la depresión en otoño e invierno. Este tipo de depresiones suele desaparecer en primavera, y las
sufren con más frecuencia las mujeres (89 % de los casos). La fototerapia se recomienda como primera línea de tratamiento en el trastorno
afectivo estacional. No es muy utilizada en nuestro país, donde, generalmente, hace buen tiempo, pero en los países nórdicos empieza a tener
buena aceptación.

• La exposición a la luz artificial por la mañana adelanta la fase de
  los ritmos biológicos y sirve como tratamiento contra el retraso
  de los ritmos circadianos, asociados a los Trastornos Depresivos
  Mayores. Esta terapia requiere la exposición del paciente a una
  luz intensa (200 veces más intensa que la luz normal dentro de las
  casas) durante una hora diaria —generalmente por la mañana—
  y sin mirar directamente al foco de luz, salvo para realizar ojeadas
  esporádicas.

Procedimiento

— Es no invasivo y sencillo.
— Lo más adecuado es ejecutarlo después de levantarse por la
mañana.
— El paciente se sienta a poca distancia de una fuente de luz
brillante durante media hora al día.

- Algunas personas describen mejoría en el estado de ánimo a los dos días de haber iniciado el tratamiento. En otras ocasiones, la depresión puede no desaparecer durante tres o cuatro semanas. En caso de no experimentarse mejoría alguna transcurrido ese tiempo, resulta un indicativo evidente de que la fototerapia no es el tratamiento adecuado, en tanto que la depresión pueda estar causada por otros factores.

Efectos secundarios que desaparecen a la semana de tratamiento:

— Dolor de cabeza.
— Vista cansada.
— Irritabilidad.

Hay que tener presente...

- Los pacientes que toman fármacos fotosensibilizantes (por ejemplo, los usados para la psoriasis o algún antipsicótico como la Olanzapina —Zyprexa), así como ciertos antibióticos, no deberían utilizar la fototerapia. Es imprescindible que el paciente sea examinado por un oftalmólogo antes de seguir este tratamiento.
- Tratarse con fototerapia no implica abandonar el tratamiento médico.
- Todavía no hay estudios suficientes para saber la eficacia de esta terapia a largo plazo.

H) ESTIMULACIÓN MAGNÉTICA TRANSCRANEAL

Es una de las herramientas más recientemente incorporadas a la neurociencia y permite la exploración, activación o inhibición de las funciones cerebrales, de manera segura, específica, no invasiva e indolora.

En qué consiste:

- El método radica en estimular el cerebro —de modo dirigido y focalizado— mediante pulsos magnéticos sobre el cráneo, los cuales atraviesan los tejidos sin que sufran alteración orgánica, generando una corriente inducida y estimulando la despolarización neuronal. Para ello se utiliza una corriente eléctrica muy breve, e indolora, que al atravesar una pequeña bobina de alambre de cobre colocada sobre el cuero cabelludo forma un campo magnético de suficiente intensidad como para traspasar el cráneo y despolarizar las neuronas de la corteza que se encuentran a 1,5-2 centímetros por debajo del mismo.

- La EMT puede administrarse en pulsos únicos, pero desde hace pocos años también se practica a modo de series de pulsos regulares y repetitivos, de frecuencia y duración variables. Esta última práctica recibe el nombre de Estimulación Magnética Transcraneal Repetitiva (EMTR), siendo esta variante mucho más eficaz para modificar la actividad de la corteza cerebral de forma duradera.

Qué la diferencia del electrochoque:

- Dos de sus características más destacables, que la diferencian de la estimulación eléctrica transcraneana (electrochoque) es que no se difunde por la corteza desencadenando crisis comiciales —epilépticas—, ni estimula terminaciones nerviosas sensitivas, por lo que es indolora. En los últimos años está aumentado considerablemente el número de artículos en revistas científicas y son cada vez más las reuniones internacionales donde se abordan las últimas investigaciones sobre esta intervención neurobiológica.

Efectos colaterales:

1. Dolor local, debido a la estimulación neuromuscular local y del cuero cabelludo (percibido como un hormigueo).
2. Cefaleas de tensión, rápidamente aliviadas con analgésicos comunes.
3. Sensación de malestar y/o eritema local debido al calor irradiado por la bobina (a los 40° C la estimulación se interrumpe automáticamente).
4. Trastornos de la audición reversibles.

   No se han demostrado pérdidas transitorias y/o permanentes de la audición, pero el aparato acústico puede ser algo molesto, en función de la sensibilidad individual y de la frecuencia e intensidad de la estimulación. Puede serlo igual para el sujeto que para el médico. Por este motivo es aconsejable la utilización de protectores en los oídos.
5. Posibles trastornos cognitivos de muy corta duración e intensidad.

   No se han observado cambios prolongados importantes de la memoria así.

- La estimulación repetitiva no necesita la administración de anestesia y no deja secuelas cognitivas.
- Durante el periodo de dos semanas de estudio el grupo estimulado en área prefrontal derecha presentó una mayor disminución de los síntomas maníacos, sugiriendo que la lateralidad de la EMTR rápida, necesaria para lograr efectos antimaníacos, es opuesta a la requerida para obtener efectos antidepresivos.

15

Incumplimiento farmacológico

∽⌣∾

Estaba harto de tantas pastillas: el litio y el Tegretol, por la mañana; al mediodía, más litio y un cuarto de Valium; a media tarde, si la angustia arreciaba, otro cuarto, y por la noche, el cóctel molotov: litio, Tegretol, Zyprexa, un dormodor y un chorrito de Denubil —que me recomendó el médico para ayudar a centrarme—. Siempre con un pastillero a cuestas. Si tenía una comida de trabajo, me iba al baño a la hora del postre para tomarme las pastillas como si fuera un cocainómano... «Las pastillas», me recordaba mi madre..., ¿te has tomado las pastillas?, me gritaba mi mujer desde la cama, mientras me cepillaba los dientes... ¡Creo que hasta soñaba con pastillas! Hasta llegué a pensar que no tenía que cambiar las pilas al reloj, de tanto litio como tomaba... Entonces apareció en mi vida Beatriz, una «reputada» terapeuta teósofa —inscrita en el Colegio de Médicos de Madrid—, que me recomendó abandonar toda la medicación porque deterioraba mi hígado y mis riñones. Una vez al mes, me inyectaba un regulador homeopático que complementaba con estramonio y un concentrado de plantas... Aunque sus consultas eran caras y frecuentes, ¡vi el cielo abierto!... No dije nada en casa, pero abandoné las pastillas... A los veinte días se me manifestó la euforia más fuerte y más irregular que he vivido...

EN los trastornos bipolares, **el abandono farmacológico supone la causa más frecuente de recaídas.** Más de un tercio de los afectados interrumpe su medicación —varias veces a lo largo de la enfermedad— sin consultar al psiquiatra, e incluso ocultándolo a la familia. Nueve de cada diez consideran la posibilidad de abandonarla, y más del 50 % de los bipolares recae durante los seis meses siguientes a haber abandonado el litio. Con el riesgo añadido de que, tras la instauración del eutimizante, este no consiga hacer el mismo efecto —o tarde mucho tiempo en conseguirlo—, provocando nuevas recaídas o agravando la enfermedad. **Cumplir el tratamiento no significa solamente tomarlo, sino hacerlo de la manera adecuada —sin alterar la dosis que ha prescrito el médico, y con la frecuencia que lo ha hecho—.** Quien padece un desorden bipolar no puede permitirse el lujo de tomar «vacaciones de medicamentos», disminuyendo la dosis de litio o ansiolíticos, para tomar una copa de más. Tampoco se debe aumentar la posología, a fin de enmascarar que se ha estado varios días sin tomarla, autoadministrándose una sobredosis 48 horas antes de someterse a un litemia, intentando así alcanzar los niveles plasmáticos esperados y no tener que soportar la recriminación del terapeuta o la familia.

- Más de 1/3 de los bipolares ha interrumpido su medicación dos o más veces sin haberlo consultado con el médico, y nueve de cada diez consideran la opción.

  El abandono del tratamiento es la causa más frecuente de recaídas, y hay estudios que afirman que el 50 % de los pacientes bipolares sufre una descompensación durante los seis meses posteriores a la retirada del litio.

- Como se ha dicho en otros capítulos, el abandono del litio puede desarrollar una «rebeldía» —refractariedad— hacia ese fármaco, provocando un agravamiento en el trastorno. Cuando se reinicia el tratamiento es posible observar «que no hace el mismo efecto»... como si necesitase más tiempo para volver a proteger al paciente de nuevas descompensaciones.

Los pacientes más reacios al tratamiento...

- Los más susceptibles de abandonar la medicación son **los bipolares jóvenes**, quienes, por falta de información, creen que una vez «pasado el susto de la primera crisis» —que atribuyen a un hecho aislado y fortuito— no se volverá a repetir una nueva descompensación. Por supuesto, ignoran que la eutimia que han alcanzado no se debe al azar, sino a los estabilizadores del ánimo que ha prescrito el psiquiatra.
- Muchos otros bipolares, con declarada «fobia» a los medicamentos, intentan sustituir ciertos fármacos, como el litio, por **compuestos de parafarmacia** —litio homeopático o grageas de litio herbodietéticas—. La eficacia no es la misma, ni aun parecida, con lo cual no tienen protección de ningún tipo frente a descompensaciones maníacas o depresivas.
- Aunque muchos estudios hablaban de un predominio del incumplimiento farmacológico en **pacientes masculinos, solteros, de bajo nivel educativo y con antecedentes de incumplimiento escaso,** la conclusión, a día de hoy, sigue siendo controvertida.
- Muchos especialistas sostienen que los pacientes **bipolares con predominio de síntomas maníacos** siguen un peor patrón de cumplimiento del tratamiento.

(Paradójicamente —y solo a título informativo—, según un reciente estudio español —Colom y cols., 2000– -, se encontró una mayor tasa de episodios hipomaníacos en pacientes cumplidores del tratamiento. La explicación más factible pasa porque, al tener una mejor conciencia de la enfermedad, los pacientes son más proclives a detectar un inicio de cambio de fase e informar a su psiquiatra, con lo que se produce una mayor constancia.)

Efectos secundarios

- Los efectos secundarios producidos por el litio —deterioro de la memoria, temblores—, el Valproato —caída de cabello o aumento de peso— o cualquier otro fármaco, pueden haber sido sobrestimados por los psiquiatras, que son los más propensos a ver en ellos la principal causa del abandono farmacológico por parte del paciente. No obstante, cuando el bipolar se queja de algunos síntomas adversos, el terapeuta tiende a centrarse más en los de índole somático —como temblor o náuseas— que en los «psicológicos» —embotamiento sensorial, abatimiento, problemas de la memoria— o los relativos a la personalidad —como una presunta reducción de la sociabilidad a consecuencia del litio.

Principales causas del abandono de la medicación:

- Negación de la enfermedad.
- A causa de los efectos secundarios que produce la medicación —habiendo, por ejemplo, peor patrón de cumplimiento para el litio que para el Valproato.
- Temor a sufrir una intoxicación producida por el litio.
- Reiteración de las descompensaciones —eufóricas o depresivas.
- Miedo a perder el control de sus propios estados de ánimo.
- Nostalgia de las fases de euforia —los propensos a cuadros maníacos son los peores cumplidores.
- Preocupación de que el estado de ánimo esté controlado por la medicación.
- Abuso o dependencia de otras sustancias —quienes tienen algún tipo de adicción tienden a administrarse más medicación de la prescrita, así como a abusar de fármacos para otras dolencias.
- Bajo apoyo social y familiar —los grupos de apoyo no farmacológico suelen incitar al paciente a abandonar la medicación.
- Por el estigma social asociado a la enfermedad mental —vergüenza a decir que se toma medicación crónica.
- Información inadecuada de los riesgos que comporta el abandono, así como de la limitación de los fármacos a la hora de prevenir recaídas.
- Dudas del terapeuta, con respecto al tratamiento, que consigue llegar a influenciar al enfermo.
- Enfado del paciente con su psiquiatra —«castigo» en forma de abandono del tratamiento.

Formas de combatir el incumplimiento:

- **Recibir información e instrucción sobre la enfermedad** —folletos, libros de autoayuda, pero principalmente de parte del terapeuta.
- **Conocer los tratamientos disponibles**, así como sus efectos secundarios y las consecuencias de abandonarlos.
- Que el psiquiatra propicie la **cooperación del enfermo** —descubriendo la dosificación óptima, por ejemplo—, sin abandonar los roles: médico-paciente.
- Pequeñas **estrategias médicas** —tales como una reducción de posología— pueden ayudar al óptimo acatamiento farmacológico.
- En algunos casos, la **utilización de betabloqueantes o anticolinérgicos** puede ayudar a contrarrestar los efectos secundarios y ser crucial para conseguir un buen cumplimiento.
- **La administración de los nuevos antipsicóticos** —con eficacia similar, pero menos efectos secundarios— también puede ayudar al enfermo.
- **Solo el 27 % de los psiquiatras piensan que la psicoterapia ofrece un papel importante** en el cumplimiento farmacológico.
  - Algunos estudios revelan que **los pacientes que siguen terapia cognitiva** presentan un mejor cumplimiento.
  - Se ha desarrollado una nueva terapia denominada «**terapia de cumplimiento**» basado en entrevistas motivacionales y abordaje cognitivo de las psicosis.

16

Tratamiento psicológico
y otras iniciativas terapéuticas...

ᗰ ᗧ

No era consciente de tener una enfermedad. O no que-
ría admitirlo. Achacaba cada recaída a un motivo distinto:
unas veces a la inseguridad laboral, otras a los problemas
con mi hijo —que es celíaco—, y las más de las ocasiones
suponía que era un problema de nervios. A fin de cuentas,
toda mi familia es muy nerviosa... A mí se me manifestaba
de esa forma, como a otros se les cae el pelo a causa del
estrés. La vida es complicada para todo el mundo... Un
día, mi marido leyó en Internet que había una asociación
para gente que padecía mi trastorno. La primera vez fui
con cierto recelo. Pero me encontré con un montón de gente
estupenda a la que le pasaba lo mismo que a mí. Desde
entonces acudimos a terapia de grupo una vez al mes. Mi
marido, por un lado, con el resto de los familiares, y yo con
los enfermos. Hoy sé lo que tengo, lo llamo por su nombre
y sé que preciso tratamiento para conseguir un equilibrio
emocional.

E L doctor Marqués escribía, en la revista *Pèndol* —de la Asociación de Bipolares de Cataluña—, que *al individuo bipolar,*
le corresponde dejar de ser paciente para pasar a ser cliente
del médico. El terapeuta pasa a ser experto y amigo. Al enfermo le
toca sentarse junto al médico y ser capaz de discutir el diagnóstico y
luego el tratamiento. Porque después de una información adecuada,

el enfermo ya entiende de su propio proceso patológico. Con esta cooperación, el paciente toma parte activa en su propia curación. Durante los últimos años, el abordaje del trastorno bipolar ha estado centrado en el imprescindible tratamiento farmacológico, pero descuidando un tanto el aspecto psicológico. Pese a tratarse de una enfermedad fundamentalmente biológica, no es óbice para desatender los factores psicológicos que la detonan, así como la evolución psicosocial del paciente. En esta línea argumental, la psicoeducación empieza a postularse como indispensable a la hora de conseguir que los afectados tomen la medicación de un modo correcto —sin abandonos, cambios o mermas.

Objetivos básicos de la psicoterapia en el caso de los bipolares:

1. Aceptación de la enfermedad.
2. Cumplimiento farmacológico.
3. Fortalecimiento frente a las situaciones de estrés.
4. Evitación de factores detonantes.
5. Autocontrol emocional.
6. Integración social (en casos excepcionales).
7. Terapia familiar (en ciertos casos).

• Si gracias a la medicación se consigue un correcto funcionamiento de los neurotransmisores y demás estructuras biológicas, no es menos cierto que se puede esperar de la vertiente psicológica una inestimable ayuda: tanto **para aceptar la enfermedad y manejar el estrés como para conseguir el ansiado cumplimiento farmacológico.** La psicología dispone de una amplia variedad de psicoterapias para ayudar al paciente a «superar sus miedos», «drenar», «saldar sus cuentas», encauzar su psique y aspirar a cierto grado de paz para evolucionar, en definitiva, hacia un estadio de equilibrio. Si para cualquier persona la serenidad se erige como un anhelo, para un bipolar es un punto de referencia al que se debe tender sin dudarlo. Algo que sí se ha hecho evidente es que **no parece haber un patrón de personalidad típico dentro del paciente bipolar, por lo que no se hace**

necesaria la psicoterapia de «modificación de rasgos de la personalidad». Es decir, el bipolar, por el hecho de padecer este desorden, no sufre una alteración psicológica, por lo que no hay motivo alguno para someterse a una disciplina que le obligue a alterar su conducta como salvoconducto para una curación definitiva.

• El abordaje psicoterapéutico en el enfermo bipolar es un tema que suscita permanente polémica y que, a falta de estudios concluyentes —que no vayan más allá de la descripción de casos individuales—, no supone más que una opción no vinculante para el paciente. A esto se le añade la confusión causada por las numerosas escuelas psicológicas que proponen terapias «igual de definitivas» y «curativas» para todo el abanico de sintomatologías. Así pues, y matizando que **los trastornos del estado de ánimo no se «curan» de raíz con ningún tratamiento psicológico, aunque sí es posible mejorar la calidad y condiciones de vida del enfermo**, pasemos a enumerar algunas de las escuelas más importantes.

Psicoanálisis: Está basado en el desarrollo de la teoría del inconsciente. Para el psicoanalista, los síntomas son consecuencia de efectos permanentes que ejercen ciertas vivencias traumáticas en la mente un paciente. Por su carácter contradictorio o irreconciliable, son «desalojadas» de la conciencia (reprimidas), pero no son olvidadas. Hay procesos mentales que siguen activos en la psique, sin que el paciente tenga conciencia de ellos, pero, sin embargo, determinan los comportamientos, siempre pugnando por expresarse conscientemente. No se ha probado su eficacia en pacientes bipolares, aunque algunos autores abogan por la psicoterapia para mejorar los periodos de intercrisis y, por ende, disminuir la frecuencia de las recaídas.

Terapia de grupo: Aunque en un principio los bipolares eran considerados inadecuados para estas terapias, desde hace quince años hay una tendencia a formar grupos de bipolares para incrementar el cumplimiento farmacológico, informar sobre le enfermedad, desestigmatizar y soluciomar los problemas que conlleva el trastorno. Diversos estudios basados en la terapia de grupo con estrategias para solucionar problemas —controlando además los niveles plasmáticos de litio— mejoraron la tasa de recaídas y adaptación social de los enfermos. Es muy conveniente integrar, en la terapia de grupo, los efectos de la enfermedad sobre la acomodación social y la forma de afrontarlos, porque ofrece una atmósfera segura y controlada al paciente, que podría ayudar a amortiguar los periodos estresantes. Aunque no hay evidencias científicas, el doctor Eduard Vieta propone la combinación de una terapia de grupo, junto con la psicoeducación, como la mejor estrategia para que el paciente aprenda a manejar adecuadamente la enfermedad y sus consecuencias, mejorando su adaptación social.

Psicoeducación: Consiste en proporcionar al paciente una base teórica y práctica para comprender y afrontar las consecuencias de la enfermedad, permitiéndole colaborar de modo activo con el médico. Ha sido muy eficaz su aplicación a enfermedades crónicas —como la diabetes, asma, etc.—, y ha demostrado ser valido para reducir la intensidad, frecuencia y el impacto de cada nueva crisis. Mejorando la calidad de vida del paciente. Solo requiere un conocimiento profundo del trastorno, su tratamiento, así como las habilidades de comunicación. Definiendo la enfermedad bipolar como una alteración biológica y centrándose el tratamiento en medidas farmacológicas que hasta el momento son las más eficaces. Los principales objetivos de la psicoeducación son la mejoría de las habilidades para el control de la enfermedad, la posibilidad de detectar nuevos episodios, el desarrollo de estrategias para afrontar de forma efectiva los síntomas, así como la mejoría de la actividad social y laboral y la calidad de vida. Como se ha dicho, el doctor Eduard Vieta propone la estrategia psicoeducativa como la más adecuada para los pacientes bipolares.

Análisis transaccional: Esta corriente psicológica parte de la teoría de que *todos nacemos bien*. Todos tenemos un cierto potencial humano que podemos desarrollar y cada uno es responsable de su vida decidiendo, para bien o para mal, lo que es bueno para sí y lo que se hace con ella. Según los terapeutas transaccionales, todos podemos cambiar en pos de la autonomía, teniendo recursos suficientes para hacerlo. Es un modelo basado en las decisiones que permite comprender nuestras relaciones, sentir y tomar conciencia de nosotros mismos y *actuar para cambiar*. El análisis transaccional ofrece: instrumentos útiles para explicar los comportamientos propios y los ajenos, así como opciones y medios afectivos para resolver los conflictos.

Terapia cognitiva-conductual: Es una técnica destinada a analizar el comportamiento humano, así como el contexto en el que transcurre, para, de este modo, determinar y corregir las causas erróneas que lo precipitan. Aunque hay pocos estudios, los existentes revelan que podría ser útil cuando se trata de ayudar a un paciente que se siente culpable por lo que hizo en la fase maníaca y lo que dejó de hacer en la fase depresiva. Mediante el autorregistro de síntomas y estrategias de solución de problemas, para afrontarlos mediante una respuesta flexible. Tratando de «inmunizar» —no apartar, sino integrar— psicológicamente al individuo, ante aquellas situaciones que le resultan temibles. Dado que los acontecimientos estresantes pueden precipitar un episodio, el autocontrol del estrés puede ser un instrumento profiláctico de gran calidad. En los pacientes moderadamente deprimidos suelen aparecer síntomas de abulia y falta de actividad. Para lo casos en los que el tratamiento antidepresivo puede resultar contraproducente por los riesgos de viraje, las terapias de la conducta pueden resultar un apoyo efectivo. Estudios recientes informan sobre la eficacia de la terapia cognitivo-conductual como tratamiento complementario para pacientes con ciclación rápida.

Terapia interpersonal: Es un tipo de terapia de tiempo limitado que se centra en los problemas psicosociales e interpersonales. Integra conceptos psicoanalíticos, cognitivos y conductuales y no pretende reconstruir la personalidad, sino que hacer hincapié en la reafirmación del paciente, le ayuda a clarificar sus estados emocionales para mejorar la comunicación interpersonal. Diseñada en un principio para el tratamiento de la depresión, se ha ampliado su aplicación a otros trastornos. Los últimos avances en terapia interpersonal aplicada a pacientes bipolares tratan de aunar las técnicas interpersonales clásicas como la evocación del afecto y los análisis de relaciones, utilizándolos para resolver las *reacciones de pesar* y *las discusiones personales*, así como para negociar los cambios de rol. También se integran técnicas conductuales como: anotación de registros, establecer objetivos, asignación gradual de tareas para regular el estilo de vida y instaurar ritmos sociales. Se incluye un énfasis en los factores cronobiológicos, ya que hay multitud de estudios que explican su papel en las recaídas —especialmente mediante la reducción del sueño.

Programación Neurolingüística —PNL—: Está fundamentada en el principio básico de que: el ser humano capta solo una parte de su realidad externa, no su totalidad. La PNL estudia la forma en que los seres humanos percibimos, representamos y comunicamos nuestras experiencias, ocupándose de desarrollar los recursos que tienen las personas para facilitar el logro de sus objetivos. Un nuevo camino para resolver viejos conflictos: «Si *siempre* haces lo que *siempre* has hecho, *siempre* obtendrás lo que *siempre* has obtenido. Si lo que estás haciendo no te funciona, haz otra cosa». Esto significa que si se desean alcanzar mejores conductas, hay que comenzar por hablar y pensar bien de uno mismo. Si uno empieza a pensar en sí mismo como alguien creativo, así comenzará a *ser* y a *actuar*.

Terapia Gestalt: Consiste en buscar la armonía emocional, integrando nuestros aspectos no conocidos, especialmente los sentimientos, para que nuestros actos conformen las aparentes contradicciones. Se trata de incluir: «Siento, quiero, pienso y elijo, conscientemente, qué hacer y lo que no en el momento presente». Lo que sucede ahora con nuestras emociones. Darse cuenta. «Aquí y ahora»: el pasado y el futuro no son más que meras «interferencias virtuales».

- Terapia reichiana, psicodrama, musicoterapia, técnicas transpersonales: yoga, terapia holotrópica... podríamos seguir enumerando mucho tiempo la larga lista de escuelas y variantes de terapias que existen. Sirva como muestra haber conocido algunas de las más practicadas en todo el mundo. Lo que sí merece una reseña especial, a modo de conclusión, es que **multitud de psiquiatras abogan por la psicoeducación,** considerándola el abordaje más consistente en tanto que se centra en el cumplimiento de la farmacología, aunque sin descuidar el impacto psicosocial de la enfermedad. En este instante, y a tenor de los nuevos estudios rigurosos que urgen, se debería demostrar su utilidad a la hora de reducir hospitalizaciones, recaídas, cronicidad e intentos de suicidio. Tampoco habría que descuidar, en caso de ser precisa, la psicoeducación del familiar como punto de apoyo y referencia continua para el paciente.

17

Mujer bipolar. Embarazo y lactancia

~~ ~~

Cuando decidimos tener un hijo, se lo conté al psiquiatra y lo primero que hizo fue retirarme el litio y la Carbamazepina. Me mantuvo los nueve meses con Zyprexa. La verdad es que aunque mi marido y yo estábamos todo el día observándome, no sufrí ninguna descompensación en el ánimo durante los nueve meses. Incluso podría decir que fue la etapa más feliz de mi vida. Tras el parto, enseguida me volvieron a administrar el litio y el Tegretol... Me fastidió un poco, porque no podía darle pecho a mi hija, pero ya había corrido bastantes riesgos. Mi niña nació preciosa y sanísima... está creciendo fuerte y feliz... Yo, tuve una pequeña «depre» posparto que me trató el psiquiatra con Vandral, pero no fue muy grave. La verdad es que miro atrás y creo firmemente que ha merecido la pena correr el riesgo... Todavía me queda el miedo de que la niña pueda heredar mi enfermedad y me he vuelto una madre bastante aprensiva, pero el pediatra no para de restarle importancia. También me como mucho el «coco» con que mi hija crezca con una madre a la que puede darle una euforia o una depresión en cualquier momento, pero... soy consciente de que no estoy sola: está su padre para explicarle lo que me pasa y quitarle hierro al asunto... Los niños son más listos de lo que pensamos.

H ACIENDO un pequeño resumen sobre las mujeres y los trastornos afectivos:

1. Tienen más predisposición que los hombres a presentar trastornos bipolares con ciclos rápidos.
2. Experimentan un mayor número de episodios depresivos.
3. Presentan con más facilidad episodios de manía mixta o disfórica en contraste con la manía «pura», más habitual en varones.
4. Es más probable en el sexo femenino que en el masculino que el inicio del trastorno se sitúe entre los 45 y los 49 años.
5. La menopausia y los cambios hormonales que esta lleva consigo no parecen tener influencia en el curso evolutivo del trastorno bipolar.
6. El trastorno disfórico premenstrual es una nueva categoría diagnóstica propuesta para estudios posteriores en el DSM-IV.
7. En la literatura científica existen pocos datos sobre la influencia del ciclo menstrual en el trastorno bipolar.

¿Existe mucho riesgo de sufrir una descompensación durante el embarazo?

• El impacto del embarazo en los trastornos psiquiátricos es especialmente crucial en el caso de los bipolares, ya que existe un especial riesgo de recaída en el posparto... Sin contar con que se debe plantear una retirada, ajuste o cambio de tratamiento, con los riesgos que ello comporta. No obstante, lo primero que habría que reseñar es que **el embarazo supone un periodo de poco riesgo de «descompensación» aguda para la mayoría de los trastornos psiquiátricos.** Y, obviamente, también lo es en el caso de los trastornos afectivos, resultando bastante excepcional que una paciente presente un cuadro maníaco durante la gestación. También es muy poco corriente la aparición de un primer episodio de trastorno bipolar durante el embarazo, y, en todo caso, podría sobrevenir una fase depresiva. Aun así, sucedería hacia el segundo trimestre.

Posparto

- En cuanto al posparto, sí habría que tener presente que se trata de un periodo de alto riesgo de descompensación psicótica, que se define con el término: **psicosis puerperal.** Aunque en los países industrializados, y después de mejorado el seguimiento obstétrico, se han ido erradicando estos periodos de confusión delirante, sigue habiendo **un periodo crítico que oscila entre las dos o tres semanas que siguen al alumbramiento.** La mujer que presenta una patología bipolar conocida tiene entre el **20 y el 50% de riesgo de sufrir una recaída posparto** —según M. Gitlin y R. Pasnau, 1989—. El riesgo de descompensaciones aumenta con el número de embarazos en mujeres que tienen uno o varios antecedentes de descompensación psicótica en el posparto —entre el 20 y el 30 %.

Planificación de embarazo con el psiquiatra:

Si se es mujer, y bipolar, se hace imprescindible consultar al psiquiatra para proyectar la retirada de fármacos y buscar el modo de estabilización anímica más adecuado. De momento, sirvan las siguientes pautas:

1. La mejor solución pasa por **detener el tratamiento con litio, de forma progresiva, antes de la concepción,** para evitar en la paciente el efecto «rebote» haciéndole virar al otro polo.
2. De forma ideal, la litioterapia debería abandonarse durante todo el embarazo, pudiéndose sustituir por Clonacepam —Ribotril— en las pacientes que tienen recaídas de tipo maníaco.
3. En caso de que la concepción se haya realizado bajo tratamiento con litio, es aconsejable interrumpir el tratamiento.
4. No se recomienda la utilización de Valproato, ya que existen muy pocos estudios.
5. En cuanto a neurolépticos atípicos, no hay estudios suficientes de su interacción durante el embarazo, pero los propios laboratorios farmacéuticos desaconsejan su utilización.

6. Es inadecuado recomendar sistemáticamente la interrupción terapéutica del embarazo, intentando ayudar de la mejor forma posible tanto a la madre como al feto, buscando la medicación adecuada y llevando una monitorización precisa para advertir posibles malformaciones.

Protocolo para las mujeres bipolares y el embarazo:

Diversos autores han descrito un protocolo para el tratamiento de pacientes bipolares que desean tener hijos. Según la revisión de Weinstein —1980—, es el siguiente:

---

i. Recomendar **uso de métodos anticonceptivos** (del tipo que sean) a todas las mujeres que inician terapia profiláctica —litio, Carbamazepina o Valproato.

ii. **Asesoramiento genético** a las mujeres que quieran tener hijos, incluyendo mayor riesgo de recaídas posparto.

iii. Suspender o mantener litio —u otros eutimizantes— antes del embarazo y durante el primer trimestre, si es posible durante un periodo de eutimia y en función del curso del trastorno y de la gravedad de los anteriores episodios.

iv. Durante las **semanas 16-29 de gestación, realizar ecografías** para la detección de posibles anomalías.

v. **Reducir dosis en el periodo próximo al nacimiento,** en caso de que no se hayan retirado los fármacos.

vi. **Observar al bebé en la unidad de neonatos** y controlar las concentraciones plasmáticas en la paciente con respecto a su sintomatología clínica.

vii. Hacer un **seguimiento meticuloso del estado psiquiátrico de la madre durante el primer año,** a fin de detectar los primeros signos de manía o depresión e iniciar tratamiento con el fin de reducir al máximo la sintomatología.

1.ª etapa: Ajuste terapia profiláctica:

- Los anticonceptivos orales pueden interactuar con la Carbamaze-pina, y disminuir su eficacia.
- Posiblemente, el litio presenta el riesgo añadido más bajo que el resto de los eutimizantes —en torno al 1 %— con respecto al riesgo de anomalías teratógenas (diferencias aberrantes con desorganización del sistema nervioso central y anatomía anormal de cabeza y cuello) en la población normal, en concreto las anomalías de Ebstein.
- Aunque hay resultados contradictorios, se pone de manifiesto una asociación **entre las mujeres que toman litio durante el embarazo y la presencia de malformaciones cardíacas en el bebé,** alcanzando entre el 5 y el 10 % —Verdoux y cols., 1994—. (No obstante, y para conocimiento de las afectadas, en nuestro país las malformaciones cardíacas, se contemplan como uno de los supuestos que permiten el aborto terapéutico. Aunque, como siempre, esto es una decisión que queda supeditada a la elección y creencias de la paciente.)
- **El riesgo de la enfermedad de Ebstein**, en caso de tomar litio durante la concepción y el primer trimestre de embarazo, se evalúa en la actualidad en el 3,5 %.
- No hay datos con respecto al futuro, a largo plazo, de estos niños.

2.ª etapa: Asesoramiento genético:

- En un estudio reciente, el 47 % de las parejas afectadas por el trastorno bipolar revelaba que no habría tenido hijos si hubiera tenido más información sobre las causas de la enfermedad. Por este motivo, tanto el psiquiatra como el ginecólogo deben informar a la paciente de que su desorden tiene un alto grado de transmisión genética que puede comportar riesgos para el feto, así como un componente hereditario (ya se ha dicho en otros momentos de este libro que se puede heredar la enfermedad completa o en alguna de sus manifestaciones más moderadas).
- Un problema añadido es **la previsión genética**: existe un patrón que predice un incremento de la gravedad de la enfermedad en

las generaciones consecutivas de bipolares (de 1,5 a 3,5 veces más grave), así como una disminución en la edad de inicio (de seis a catorce años). Todos estos datos deben ser expuestos y revelados a las mujeres bipolares y sus parejas.

3.ª etapa: Riesgo teratógeno:

- Con el fin de evitar efectos teratógenos —ya se ha dicho que se trata de diferencias aberrantes con desorganización del sistema nervioso central y anatomía anormal de cabeza y cuello—, **se recomienda suspender el litio antes del primer trimestre**.
- En primera instancia, es aconsejable no utilizar ninguna medicación durante el primer trimestre —si esto no es posible, porque la madre corre peligro de descompensación, se deben evaluar los riesgos del litio u otras opciones—. Para estos casos excepcionales existen preparados de litio, Carbamazepina o Valproato de **liberación muy retardada** que permiten alcanzar, con niveles muy bajos, un efecto terapéutico (entre 0,4-0,7 mmol/L).
- El riesgo de teratogénesis es menor del que se sospechaba (2,8 y 4 %), aunque hay un riesgo añadido del 1 % de anomalías —básicamente la de Ebstein— frente al no uso de medicación.
- **La Carbamazepina tiene mayor riesgo teratógeno** (entre el 0,5 y el 1 %). Algunos estudios han demostrado que **la Carbamazepina aumenta la frecuencia de malformaciones** como: perímetro craneal más pequeño, malformaciones craneoencefálicas, hipoplasia de las uñas —desarrollo incompleto—... Otros estudios —F. W. Rosa, 1991— demuestran un aumento en el porcentaje de **riesgo de espina bífida** de hasta el 13,7 % en las madres que tomaron Tegretol durante el primer trimestre de embarazo.
- En cuanto al **Valproico, hay pocos estudios** que revelen sus efectos sobre el embrión, salvo la detección —entre el 1-2 %— de anomalías en el sistema nervioso. Muchos expertos aseguran que no hay motivos para interrumpir un tratamiento eficaz con Valproico, pero otros muchos lo desestiman debido a la falta de datos.

- **Los fármacos menos teratógenos son los neurolépticos,** pero es necesario monitorizar a la madre y al niño para detectar una posible discinesia tardía. Solo en casos excepcionales se han registrado malformaciones esqueléticas. El Haloperidol es el fármaco que menos riesgo presenta. Aunque algunos estudios no han encontrado anomalías durante los primeros cinco años de vida de los niños, no existen datos de su evolución futura. Algunos autores sostienen una hipótesis: que esos niños pueden hacerse vulnerables a trastornos psicóticos, toxicomanías o déficit cognitivos.
- En caso de depresión, los antidepresivos clásicos como la Amitriptilina —Triptyzol— provocan menos efectos teratógenos que el litio. Y en más de 1.500 casos estudiados con un antidepresivo selectivo como la Fluoxetina —Prozac— no provoca problemas reseñables.

4.ª etapa: Segundo y tercer trimestre:

- El aclaramiento del litio durante el embarazo puede multiplicarse por dos, por lo que se hace imprescindible aumentar la dosis diaria de litio en el caso de las mujeres tratadas con este eutímico.
- Debe ser practicada una valoración ecográfica entre la semana 16 y la 18 de la gestación, con el fin de evaluar en el feto posibles anomalías cardíacas o de la enfermedad de Ebstein.
- Se recomienda abandonar la medicación días antes del parto —bien la semana previa o de forma paulatina durante el último mes— para minimizar los efectos tóxicos del neonato.

5.ª etapa: El parto:

1. *En caso de haber tomado litio* durante el embarazo, suelen nacer bebés-litio con un aumento de peso con respecto al resto —pese a que las mujeres de este grupo acostumbran a fumar.

   - También existe el **riesgo de bebés prematuros** (multiplicado por 2,5 con respecto a la población normal).
   - Hay una tasa significativa de muertes perinatales.

- Se recomienda que el niño sea observado en la sala de neonatos para valorar los riesgos de: hipotonía neonatal, diabetes insípida, hipotiroidismo o hipoglucemia.

2. *En caso de haber tomado Carbamazepina,* esta puede haberle provocado al bebé niveles bajos de vitamina K —que afecta a la coagulación—. Se pueden prevenir hemorragias si la madre ha tomado durante el embarazo un suplemento de esa vitamina.
3. Hay pocos estudios que comenten posibles signos extrapiramidales en bebés causados por los *neurolépticos* tomados por la madre durante la gestación.
4. *Si la madre ha tomado antidepresivos* durante el embarazo, puede causar síntomas de abstinencia en el recién nacido.

6.ª etapa: Posparto y lactancia:

- **Si se ha interrumpido el tratamiento con litio durante el embarazo, se debe iniciar dentro de las 24 horas siguientes al parto**, volviendo a tomar las dosis requeridas antes de la gestación.
- En principio, **la lactancia** está contraindicada con la toma de litio —ya que el bebé puede recibir a través de la leche entre un 10 y un 50 %, de los niveles de litio de la madre, cosa que afectaría a su sistema renal y neurológico—. No obstante, algunos autores matizan —aun aconsejando que *a priori* es incompatible— que en madres muy compensadas es factible, siempre y cuando se produzca el amamantamiento, cuando las tasas plasmáticas son más bajas —antes de las tomas de litio.
- En el caso de las madres tratadas con Carbamazepina no está contraindicada la lactancia, incluso se supone que podría prevenir un síndrome de abstinencia en el niño.
- La lactancia con Valproato se desaconseja, ya que no hay estudios suficientes sobre los pros y los contras.
- En el caso de Neurolépticos, como el Haloperidol, puede producir en el bebé irritabilidad e inquietud. Se desaconseja la lactancia.

- En cuantó a los antidepresivos, no se sugieren precauciones, aunque la Academia Americana de Pediatría —1989— clasifica estos medicamentos en la categoría de «fármacos cuyos efectos son desconocidos para el niño».

7.ª etapa: El año posterior al parto:

- Un estudio de seguimiento durante cinco años llevado a cabo por Schou —1976—, en el que comparaba a recién nacidos expuestos al litio con sus hermanos, no encontró diferencias en el desarrollo.
- Se recomienda observar muy de cerca a la madre para tratar inmediatamente la depresión o la manía.
- En cualquier caso, la herencia bipolar no debe temerse *a priori*, pese a todos los riesgos que conlleva. Un estudio de W. Coryell de 1989 sugiere que los familiares de primer grado de pacientes bipolares tienen mejor éxito social que la población general.

Por último, muchos especialistas sugieren que la TEC —Terapia Electroconvulsiva— se erige como la mejor alternativa, en tanto que eficaz y segura, frente al tratamiento farmacológico, en el caso de las mujeres embarazadas. Tanto para los episodios depresivos como las descompensaciones maníacas. Apoyan esta idea quienes plantean, además, que no produce efectos secundrios para el feto.

18

Creatividad y trastornos afectivos

❧ ❧

Cuando estoy en manía es como si tuviera dos cerebros, dos «discos duros»... El de siempre y otro con una capacidad bruta que me permite resolver problemas de física, fórmulas matemáticas, entender de circuitos integrados... pero también escribir poemas, pintar y componer canciones con la guitarra... En ese momento puedo entenderlo todo porque tengo una claridad increíble. Quien no lo ha vivido no puede comprender lo que significa dejar de ser un tipo con una inteligencia media para convertirte en alguien con la mente privilegiada..., aunque cuando termina la fase sé que todo se debe a una percepción distorsionada de la realidad. No sé dónde se encuentra la frontera entre la creatividad y la enajenación. Lo único cierto es que, cuando termina la euforia, las matemáticas y la física vuelven a ser chino para mí... pero lo que pinto y escribo no está tan mal... Y no lo digo yo. Lo dicen los que entienden un poco. Tengo un amigo, que es crítico de arte, que alucina con los cuadros que pinto en manía.

Las relaciones entre los trastornos afectivos y las capacidades de creación artística han suscitado numerosos trabajos y muchas expectativas teóricas interesantes que siguen sin confirmar. ¿Existe realmente alguna concordancia entre la creatividad y los trastornos del estado de ánimo? **No hay hasta el momento una comprobación** con rigor científico que responda a esta pregunta, pero ciertos estudios recientes de diversos investigadores ofrecen hipótesis que deben ser tenidas en cuenta. A tenor de los criterios actuales de diagnóstico, un elevado número de artistas padecen, o padecieron, alguno de los dos mayores desórdenes del estado de ánimo: un cuadro bipolar completo o un pico de depresión grave. Esto no implica —al menos hasta el momento— que quienes sufren de estos trastornos se conviertan en genios creativos o sean susceptibles de desarrollar con éxito capacidades artísticas. Lo que sí parece cierto es que, en la cuarta edición del manual de estadística y diagnóstico de bipolaridad y depresión grave, aparece un alto número de artistas establecidos, mucho más de lo esperado por el simple azar. Habría que preguntarse, entonces, si estas enfermedades pueden potenciar o, de alguna forma, contribuir a la creatividad de ciertos individuos.

* Es un hecho irrefutable que, durante los episodios de manías o hipomanías, los pacientes duermen menos y **tienen sobrada energía**. Se **incrementa su productividad**. Sus **pensamientos se mueven rápidos** y fluidos, así como su oratoria se vuelve más vertiginosa y excitable. A este respecto, estudios sobre el discurso de pacientes eufóricos han revelado una tendencia de los mismos al **uso de rimas y otros sonidos asociados como, por ejemplo, la aliteración** —figura literaria que, mediante la repetición de fonemas, contribuye a la estructura o expresividad del verso—, de una forma mucho más frecuente **que en los individuos no afectados**. Más aún, en ciertas ocasiones pueden listar sinónimos o formar otras asociaciones de palabras mucho más rápido que lo considerado normal.
* Aunque pudiera deducirse que tanto la cantidad como la calidad de los pensamientos se incrementan durante la hipomanía, no es menos cierto que este aumento de la velocidad del discurso puede variar desde lo «meramente rápido» hasta alcanzar la completa «incoherencia psicótica».

Lo que sí resulta ineludible es que **la enfermedad bipolar ha dejado su marca en la historia.** Muchas personas famosas, con grandes logros en distintos campos —literatura, música, política—, tenían y tienen síntomas del trastorno del estado de ánimo. Repasemos quiénes han sido y son «bipolares ilustres»:

- Abraham Lincoln.
- Winston Churchill.
- Theodore Roosevelt.
- Goethe.
- Balzac.
- Haendel.
- Schumann.
- Berlioz.
- Tolstoi.
- Virginia Woolf.
- Hemingway.
- Robert Lowell.
- Anne Sexton.
- Silvia Plath.
- Guillermo Cabrera Infante.
- Van Gogh.
- Lord Byron.
- Gericault.
- W. James.
- Henry James.
- Herman Melville.
- Strindberg.
- E. A. Poe.
- Ezra Pound.
- Tenesse Williams.
- A. Artaud.
- William Blake.
- Las biografías de **Beethoven, Newton** y **Dickens,** en particular revelan cambios de humor recurrente severos y debilitantes que comenzaron en su infancia.

Sören Kierkegaard, sin llegar a ser bipolar, sí padecía un trastorno del estado de ánimo que muy bien define su propia pluma: *Con qué frecuencia me ocurre lo que acaba de ocurrirme. Hundirme en el sufrimiento de la más profunda melancolía; cualquier pensamiento se adhiere a mí, de tal modo que no lo puedo soltar; como esos pensa-*

mientos están en relación con mi propia existencia, sufro indescriptiblemente, y después, cuando ha pasado un poco de tiempo, estalla la bolsa de pus y bajo ella aparece la más excitante y rica productividad, precisamente aquella que necesito en aquel momento. Pero mientras dura, el sufrimiento es terriblemente atormentador.

En otro de sus libros relata, de la siguiente forma, la salida de uno de estos estados de melancolía: *Me levanté una mañana y me sentí extraordinariamente bien; este bienestar fue aumentando hacia el mediodía y justo a la una de la tarde había alcanzado la cima... cada pensamiento se presentaba festivo... todo lo existente estaba como enamorado de mí...*

Estudios biográficos de artistas y escritores de generaciones pasadas muestran altas tasas de suicidios, depresión grave y procesos maníaco-depresivos:

— Más de dieciocho veces la tasa de suicidio que en la población común.

— De ocho a diez veces la tasa de depresión grave.

— Entre diez y veinte veces más alta frecuencia de enfermos maníaco-depresivos y otros trastornos del estado de ánimo.

• De diversos estudios se desprende que:

1. Hay una frecuente coexistencia entre los trastornos bipolares y la creación artística —mucho más habitual que en el caso de esquizofrenias.

2. También se advierte una relación entre la producción artística, los ciclos estacionales y los trastornos del estado de ánimo. Recientes estudios de K. R. Jamison (1989, 1993), dedicados a un grupo de escritores y artistas célebres, observados durante 36 meses, confirmaban la **acentuación de la productividad al final de la primavera y al inicio del otoño**. Se percibía de forma destacada en autores como G. M. Hopkins, V. Van Gogh, G. Lord Byron. Virginia Wolf, W. James, H. James, E. Hemingway, Gericault y R. Schumann. De igual modo, la autora revela que existen en muchos de ellos **antecedentes familiares con trastornos del estado de ánimo**.

3. La misma autora insiste en el **carácter positivo de los tras-
    tornos del estado de ánimo ante los impulsos creativos**:
    por un lado, debido a la experiencia vital que supone para el
    artista el sufrimiento depresivo. Por otra parte, la amplitud
    de miras, la audacia de los pensamientos y la exaltación afec-
    tiva del estado maníaco, ponen al artista en un movimiento
    interno de reconciliación de los antagonismos, indispensable
    en todo trabajo creativo. Las características emocionales, cog-
    nitivas y perceptivas de los estados hipomaníacos (inquietud,
    expansividad, irritabilidad, grandiosidad, agudización y rapi-
    dez perceptiva, intensidad de las experiencias emocionales,
    diversidad de pensamiento, rapidez de los procesos asocia-
    tivos) son las que en mayor grado comparte el pensamiento
    creativo.

- En cuanto al funcionamiento cognitivo —comprensión y razonamiento— los trabajos realizados por N. C. Andreasen 1994 en
  el caso de los escritores, aunque son bien conocidas sus conclusiones, aún resultan discutibles. Se comparaba a 30 escritores, con
  otros 30 individuos —de una educación parecida—, para terminar deduciendo que:

1. Los **trastornos del estado de ánimo** —especialmente la bi-
    polaridad— **son más elevados en el caso de los escritores**.
2. Que hay una mayor incidencia de bipolares de tipo II que de
    bipolares tipo I.
3. Por último, observó en los escritores una mayor frecuencia
    con antecedentes familiares en primer grado —progenitores—
    afectados de trastornos del estado de ánimo.
4. La conclusión de la autora fue que: **el estado de ánimo y la
    creatividad se transmiten genéticamente y que lleva im-
    plícito los ingredientes necesarios para la aptitud crea-
    tiva:** capacidad de energía, tendencia a la introspección, sen-
    sibilidad, capacidad de aceptar la incongruencia, audacia,
    apertura intelectual y perfeccionismo. Finalmente, insistía en
    que los artistas bipolares creaban más y mejor en sus perio-
    dos de intercrisis o etapas silentes.

Otras investigaciones afirman...

• M. L. Bourgeois —en su trabajo «Genio, creatividad y trastornos del estado de ánimo»— insiste en la proximidad que hay entre las fuerzas pulsionales primarias y las fuerzas creativas. Las primeras son integradas y dominadas por los artistas, mientras que en los enfermos aparecen desordenadas
• En 1992, Arnold M. Ludwig, de la Universidad de Kentucky, publicó una extensa revisión biográfica de 1.005 artistas famosos del siglo XX, descubriendo que estos creadores experimentaron de dos a tres veces una mayor tasa de psicosis, intentos de suicidio, desórdenes del estado de ánimo y abuso de estimulantes, comparados con personas de prestigio social y laboral como empresarios, científicos y arquitectos...
• Por otro lado, Hagop S Akiskal —de la Universidad de California en San Diego— y su esposa, Kareen Akiskal, en 1992, entrevistaron a 20 laureados escritores, poetas, pintores y escultores europeos para deducir que: casi dos tercios de ellos exhibieron alguna ciclotimia recurrente y tendencias hipomaníacas, y más de la mitad había sufrido alguna vez una depresión grave. En colaboración con David H. Evans, de la Universidad de Memphis, los Akiskal también notaron estas tendencias en músicos de *blues* contemporáneos.
• Recientemente, Stuart A. Montgomery y su esposa, del Hospital St. Mary's en Londres (1994), examinaron a 50 poetas modernos británicos, encontrando que una cuarta parte de ellos concordaban con los criterios de diagnóstico para depresión grave y bipolaridad. Los suicidios eran seis veces más frecuentes en esta comunidad que en la población general.

Por último, en un estudio realizado por Escande y cols. en 1993, sobre el compositor Shumann, se deducía que las fases de exaltación mental, que no sobrepasaban el nivel de la hipomanía, eran especialmente ricas para el músico. Veamos un gráfico en el que están representadas la relación de productividad, el estado de ánimo y su fecha de composición:

A Intento de suicidio.
B Hipomanía.
C Depresión grave.
D Hipomanía.
E Intento de suicidio.
F Muerte en institución psiquiátrica.

		A	B	C	D	E	F
					146	143	
					145	134	
					141	133	
					138	131	
				136	137	126	
				126	108	123	
				121	106	118	
				119	102	114	
				117	101	148	
			144	113	098	147	
			130	112	095	140	
			129	110	094	139	
			125	109	093	135	
			097	107	092	122	
			096	105	091	100	
			090	104	086		
			089	103	085		
			088	083	082		
			087		079		
			067		078		
		115			076		
		084	081	071	075		
		080	065		074		
		063	068	066	073		
		062		061	070		
		059			069		
		072	060	068	056		
		055					
	050	046					
	120	047	041				
	064	054					
	052	038	044	037			
142	029	027					
127	026	025	024				
077							
057							
053	032	021	018	016	015		
051	028	023	020	119			
049	012	006					
046	017	014	013				
045	022	011	009				
043	099						
042	010						
040	005						
039	124						
036	004						
035	003	002					
034	008						
033	007	001					
031							
030							
Opus							
años							

Los estados alterados que comporta la bipolaridad conceden al individuo una sensibilidad y una capacidad para aceptar y concebir el mundo de un modo más rico y global. Sin embargo, a tenor de las conclusiones contradictorias que arrojan las investigaciones de distintos expertos, no hay fundamentos concluyentes para relacionar la creatividad y los trastornos del estado de ánimo. Aunque bien es cierto que hay indicios evidentes y estadísticas profusas... Una vez más, la comunidad médica precisa de nuevos estudios.

19

Apoyo familiar

∾ ∽

Cuando diagnosticaron a mi hijo mayor el trastorno bipolar, nos cayó como un jarro de agua fría... Mi marido y yo no parábamos de pensar «por qué a nosotros». Sus hermanos pequeños se quedaron desolados... La niña tuvo que repetir curso de lo descentrada que estaba. Poco a poco nos fuimos informando, preguntándole a su psiquiatra... incluso asistimos a terapia familiar durante más de un año mi marido y yo. Cuanto más comprendíamos la enfermedad, más yerro le íbamos quitando al asunto... Ya hemos dejado de alarmarnos cuando llega una manía, conseguimos desdramatizar las hospitalizaciones y le ayudamos, en lo que podemos, durante las depresiones. A día de hoy me basta con ver la cara de mi hijo para saber cómo se encuentra. Incluso cuando hablo con él por teléfono me doy cuenta si está «raro», «alterado» o triste. Está a punto de casarse y su novia entiende la enfermedad, tan bien como nosotros... No hay que tener cuidados especiales, solo un poco más de sensibilidad a la hora de interpretar la más pequeña alteración... Sé que nuestra actitud le da muchísima confianza porque sabe que al menor indicio estamos «todos a una» dispuestos a ayudarle...

SI la importancia de los factores genéticos y biológicos en el desorden bipolar son decisivos, cada vez hay más estudios que apoyan la trascendencia de los agentes ambientales, tanto en la detonación, como en el desarrollo y agravamiento de la enfermedad.

Entre ellos, y muy especialmente, ocupa un puesto relevante la familia. Con el añadido de que, al tratarse de un trastorno hereditario, es muy posible que haya más de un miembro afectado en un importante número de casos. Por desgracia, la tendencia predominante en muchas familias pasa por culpar al enfermo de los síntomas que presenta, o las cosas que hace, muy especialmente durante la descompensación maníaca.

Por eso es importante, antes de continuar, que la familia de un afectado por trastorno bipolar tenga claros los siguientes puntos:

— El enfermo **no es culpable del trastorno**, ni puede evitar lo que le sucede.

— Ninguna de las cosas que hace o dice tienen el objeto de provocar o herir.

— El TAB es la **enfermedad de un individuo que padece toda la familia.**

— **No se debe a una mala educación** por parte de los padres, ni a las «malas compañías», ni al consumo de sustancias —aunque estas últimas puedan agravar la enfermedad.

— **No se trata de un trastorno contagioso.**

— La fase maníaca es la más complicada de manejar porque puede hacerle parecer un ser desconocido: egoísmo, promiscuidad, gastos excesivos... **Nada de lo que hace el enfermo es volitivo** y sí producto del trastorno.

— **En la fase depresiva: no se debe recriminar al paciente por su desgana,** ni pensar que dándole ánimos o invitándole al cine lo sacarán de su apatía. Simplemente está así y no puede hacer otra cosa.

— **Cuando pase la descompensación todo volverá a ser igual.** El paciente volverá a ser el mismo. Nadie *se ha vuelto maníaco* para siempre.

— **La familia no debe negar la existencia de la enfermedad** —generalmente, un familiar tiende a rechazarla— como si todo fuera invención o capricho del paciente.

— El núcleo íntimo debe **evitar la sobreprotección,** ya que corre el riesgo de limitar su autonomía e impedir el crecimiento del individuo. Tiene un trastorno, pero no está enfermo de forma permanente.

— *En tiempo de crisis no hacer mudanza*: no discutir ni tomar decisiones drásticas hasta que no llegue la eutimia. El paciente está en desventaja y no es libre de decidir.

— No *pasar factura*, una vez finalizada la crisis, recriminando al afectado las cosas que dijo o hizo durante la recaída.

• Cada vez, y de forma más decisiva, los especialistas ofrecen concurso a las familias para abordar el tratamiento del trastorno, ya que todos los miembros de núcleo íntimo del paciente tienen algo que hacer o aportar. De este modo, se tiene en cuenta:

1. La influencia familiar en el curso de la enfermedad.
2. La carga familiar que comporta.
3. La demanda que tienen, quienes conviven con un bipolar, de saber más acerca de la enfermedad.

• Partiendo de la base de que la **farmacoterapia representa la primera línea de defensa frente al trastorno bipolar,** no es menos cierto que, pese a su eficacia, muchos pacientes siguen abandonando la medicación y presentando recaídas. Tal circunstancia termina incidiendo negativamente tanto en la vida del paciente como en la de quienes lo rodean, provocando desastres evitables como:

1. Intentos de suicidio.
2. Hospitalizaciones indeseadas.
3. Alteraciones del funcionamiento interpersonal, laboral, económico y familiar.

Aunque existen pocos estudios que lo corroboren, muchos expertos tienen la pofunda convicción de que **un tratamiento farmacológico adecuado, junto con una intervención familiar guiada por un modelo psicoeducativo, consigue reducir el número de hospitalizaciones y recaídas del paciente.**

Hacerse «experto» en el trastorno

• Tanto el bipolar como su familia **deben hacerse expertos en la enfermedad**, aprendiendo de ella cuanto sea posible. Ser bipolar resulta una condición añadida a toda una vida —igual que muchos otros trastornos médicos como, por poner un ejemplo, la diabetes— y resulta esencial que el núcleo familiar tenga conciencia absoluta de ella: conociendo los fármacos, las consecuencias, las señales de las recaídas... Es el único modo de conseguir una intervención inmediata y resolutiva, en caso de que aparezca un nuevo episodio, con el fin de propiciar una vida armonizada al paciente. ¿Cómo se consigue? Leyendo, asistiendo a conferencias, hablando y preguntando al psiquiatra, incluso barajando la posibilidad de adherirse a una asociación de bipolares o a una terapia de grupo... Al paciente y a su entorno inmediato les vendrá muy bien compartir dudas y experiencias con gentes que sienten lo mismo que ellos.

... Sin obsesionarse

• A pesar de lo dicho, **no se debe correr el riesgo de psiquiatrizar una vida.** Ser bipolar tiene una serie de connotaciones que conllevan una mentalización y un grado de aprendizaje oportunos, pero eso no puede impedir, bajo ningún concepto, tratar de llevar una vida normal, sin ver «síntomas» e «indicios» por todas partes.

¿Cómo se detecta una recaída?

* Para evitar —o detener a tiempo— una posible recaída —especialmente eufórica— la familia debe aprender a identificar los indicios. Estar alerta, sin fiscalizar, observando a una distancia prudencial. **Ocupándose, no preocupándose.** Aunque los pacientes tienden a repetirse a sí mismos en las señales que dan inicio a una descompensación, aquí van algunos signos comunes a casi todos:

1. **Insomnio** —o disminución de las hora de sueño—: Dormir menos, retrasar el momento de ir a la cama, salir mucho más tarde del trabajo y llegar a casa cuando todos están acostados o levantarse de la cama a hacer cosas que podrían esperar suele ser síntomas inconfundibles de inicio de euforia. En ocasiones, también puede deberse a un principio de fase depresiva... pero es menos frecuente.

2. **Excitación, irritabilidad:** Donde se percibe que el paciente está más enfadado, más impaciente, discute por todo, se muestra intolerante con cosas que generalmente no le molestan, tiene menos capacidad de aguante, le «agreden» las noticias de la televisión y cada acontecimiento se lo toma como un hecho personal... Son cambios sutiles, que pueden alertar de la llegada de un episodio eufórico —o una fase mixta—. No olvidemos que se trata de trastornos del estado de ánimo donde se hace patente un «cambio de humor».

3. **Más activo:** Si de repente se observa que el bipolar tiene ganas de hacer muchas cosas —especialmente varias a la vez—, cree que puede estirar las horas del día como si fueran elásticas, tiene más ansiedad, necesidad de recuperar tiempo para aquellas tareas que nunca puede hacer... Puede ser el comienzo de un cuadro eufórico.

4. **La manera de hablar:** Cambiar habitualmente de tema, no poder mantener una conversación de modo normal. Incluso si varía la forma de expresarse: más adornada o enigmática o, tal vez, más locuaz... Suelen ser síntomas indiscutibles de cambio de fase. En algunos pacientes, sus familiares hacen men-

ción a: latiguillos verbales, rimas, frases rimbombantes... En cada paciente es de una forma pero la tónica es semejante.

5. **Nuevos temas, nuevos proyectos, nuevas opiniones:** Es muy frecuente observar en un bipolar, que está a punto de entrar en cuadro eufórico, cómo inicia un súbito interés por temas nuevos que le han sido ajenos hasta el momento o bien descubrir que tiene la intención de montar un negocio —muy ambicioso, las más de las veces— con un amigo que no ve desde hace años. En otros casos, decide reemprender estudios, actividades o proyectos que dejó inacabados en algún momento de su vida —y que generalmente le causaron algún tipo de frustración—. La madre de una bipolar relata: *Cuando noto que comienza a interesarse por el Tercer Reich —a ella, que jamás le ha interesado la historia— o empieza a comprar revistas esotéricas... o quiere retomar las clases de piano que dejó aparcadas hace 10 años, tengo la certeza de que, al poco tiempo, se desatará un episodio maníaco.*

6. **Variaciones en el estado de ánimo:** Casi imperceptibles para la persona que no conozca al paciente. Es posible que consistan en gastar bromas a un dependiente o intentar marcharse sin pagar de un bar o, tal vez, guiñarle el ojo a un extraño en el metro. Son detalles que, en sí mismos, no significan nada, pero viniendo de alguien que no está habituado a comportarse de ese modo, pueden dar indicios de un principio de cuadro eufórico. Si ocurre al contrario: alguien que generalmente tiene buen humor y minimiza los problemas, empieza a mostrarse enfadado por todo, o inhibido... puede estar dándonos señales del inicio de una etapa depresiva.

No hay enfermedades sino enfermos, por lo que se observará que los pacientes **tienden más a parecerse a «ellos mismos» que a las generalidades que se dicen de su trastorno,** repitiendo patrones de euforias pasadas. Así, por ejemplo, muchos bipolares pueden estar mostrando síntomas de comenzar una manía cuando:

— Empiezan a vestir de forma diferente, con ropa que habitualmente no se podrían (provocativos, extravagantes... con colores chillones).

— Comienza a gustarles una comida que normalmente aborrecen.

— Puede observarse como, sin motivo aparente, eliminan ciertos alimentos de la dieta.

— Cambian la marca de su tabaco habitual.

— Se peinan de forma distinta.

— Les gustan otras películas, otra música y otros escritores distintos a los de siempre.

— Inician cambios en la decoración de la casa (mobiliario, pintura...).

— Ocultan sus ojos, incluso en horas nocturnas y sitios interiores, detrás de las gafas de sol.

— Empiezan a conceder, a ciertos objetos cotidianos, utilidades
impensables.

— Realizan muchas llamadas telefónicas, generalmente para
contactar con familia y amigos con los que no se tratan desde
hace tiempo.

— Muestran indicios de ser observados por extraños —teniendo
fijación con cerrar cortinas y persianas.

— Algunos familiares advierten que el bipolar inicia una euforia
cuando se afana en escribir poemas, empieza a realizar compras absurdas o se adorna la cabeza con cintas —esto último,
por cierto, es bastante frecuente.

• Es muy sutil, pero, si se conoce bien al paciente, las señales más
evidentes se detectan en los mínimos gestos: cambio en su forma
de mirar —más inquisitiva, fría y distante—, en la manera de di-
rigirse a terceros..., en el modo de abrazar. No es infrecuente observar un talante más «rudo» a la hora tratar a las personas, coger un objeto o mover las cosas de sitio... Son pequeños detalles,
casi imperceptibles, pero cargados de información para el familiar que sepa interpretarlos.

¿Qué hacer ante los primeros síntomas de euforia?

1. Recuerde que **no sirve de nada razonar.** No es el de siempre y no le servirán sus explicaciones.
2. Procure **no discutir** con el enfermo.
3. **No lo insulte** o descalifique.
4. **Mantener la calma, sin dramatizar** —«por qué otra vez; por qué a nosotros»—. La enfermedad es así: crónica y recurrente.
5. Intente **explicarle que «usted piensa que está entrando en un cuadro eufórico»** y que deben comunicárselo al médico cuanto antes.
6. Incluso, si ya se lo conocen, y han vivido juntos otros episodios, **seguro que tienen un envase de neurolépticos en casa:** Haloperidol, Zyprexa o Risperdal. Ese mismo día, antes de acudir al psiquiatra, procure que el paciente tome una pequeña dosis. Bajo ningún concepto hay que medicarse, pero en caso de una manía incipiente, es de vital importancia atajar los síntomas, pudiendo llegar a abortar el cuadro.
7. En la medida de lo posible, **propicie que todo siga con la más absoluta normalidad** —aunque, obviamente, sentirá vértigo, miedo, preocupación...
8. Además de la ayuda médica, **busque respaldo emocional** en el resto de la familia y amigos que conocen el trastorno. Es la única manera de que no se produzca una «separación emocional» entre el paciente y usted.
9. Intente **no dejarlo solo,** sin hacerle pensar que usted ejerce de *niñera.* Se trata de observar, sin fiscalizar o hipervigilar (es difícil, pero no imposible).

Actitudes positivas ante el trastorno bipolar

1. *Leer, leer y **leer sobre la enfermedad.** Cuanto más se sabe, más esperanzas hay y se vislumbra un horizonte de expectativas más amplio.*
2. **Pregunte a su médico** todo aquello que no entienda.

3. *Intente* **reunirse con más bipolares y familias que convivan con trastornos del estado de ánimo.** *La puesta en común —mediante asociaciones o terapias de grupo— resulta de gran utilidad para saber que no se está solo, que a otros también les sucede y que se puede llevar una vida normal...*

4. En la medida de lo posible, **el paciente deberá continuar con su trabajo.** Es difícil que el entorno laboral comprenda las recaídas, las bajas y la reincorporación de un trabajador que no rinde al 100 %, pero cada vez más casos revelan que no es imposible. Como apunte, sirva decir que resulta altamente terapéutico para el enfermo. Hay quienes optan por no contar nada de su enfermedad, debido a la clandestinización de los trastornos mentales —mintiendo acerca de la causa de sus bajas—. Otros, cada vez más, tienden a decirlo abiertamente e incluso explicar a sus compañeros en qué consiste el desorden que padecen. Claro está, todo depende del entorno. No se puede aconsejar nada firme en esta dirección, pero, lo que sí es cierto, es que cada vez resulta más frecuente que la sociedad no sea ignorante en lo relativo a esta enfermedad. Como pauta profiláctica, solo habría que evitar: el estrés laboral desorbitado y eludir el trabajo nocturno —ya se han hecho muchas menciones sobre la importancia de un sueño regular.

5. Para el porcentaje de pacientes a los que su enfermedad les resulte invalidante a la hora de cumplimentar su trabajo, existen las peticiones de minusvalía con una pensión vitalicia (como se verá más adelante).

6. Es conveniente **no declinar o alterar su ocio.** Se puede seguir acudiendo al cine, ir de «copas» con los amigos —solo que las copas, en función de la medicación, se convertirán en una o ninguna—, organizar excursiones o embarcarse en viajes. Primero, porque nada lo impide. Y segundo, porque el paciente podría llegar a culpabilizarse, observando cómo su entorno modifica los hábitos en función de su enfermedad.

7. Intenten partir de la base de que **no están incapacitados para aquello que deseen hacer.** Aunque todo en su justa medida.

8. **Deben evitar el estrés elevado:** los nervios desmedidos, «complicarse la vida» desproporcionadamente, las jornadas la-

borales *maratonianas*, los desarreglos cotidianos —dormir y comer a destiempo, circular por la vida con una desmedida velocidad—... Pero, si se piensa detenidamente, no más que cualquier otro individuo de los llamados «equilibrados».

Entorno familiar: el día a día...

• Cada familia es un universo y, como dice el refranero, «cada uno en su casa sabe lo que pasa». Así pues, conociéndose, cada uno de los miembros debería sentar las bases de un comportamiento y una forma de vida que proporcione estabilidad para todos.

1. **Comprender la naturaleza de la enfermedad:** No responsabilizar al paciente de sus síntomas o recaídas, identificando cada uno de los desajustes anímicos, o físicos, que pueda tener. Actitudes recriminatorias como «deberías hacer algo por animarte» —en depresión—, o «¡deja de hacer eso!» —en manía—, o «tengo ganas de que no te duela nada» —en periodos de intercrisis— solo contribuyen a generar desconcierto y ansiedad.

2. **Desestigmatización de la enfermedad:** Ya se ha dicho que no es posible dar consejos a este respecto, pero numerosos casos consultados inducen a pensar que hablar claramente del tema con el entorno laboral, social y familiar más próximo libera y suministra compresión. Aún más, se produce el «efecto dominó»: *Cuando les dije a mis compañeros de trabajo que mi hijo sufría un trastorno bipolar, me sorprendió saber que mi jefe tenía un hermano que también lo padecía; mi compañera lo sospechaba porque me vio comprar un día litio y sabía para qué servía, porque su tía también lo tomaba. La recepcionista ha pasado dos depresiones en las que le administraron los mismos antidepresivos que a mi hijo...*

3. **Identificación de los factores desencadenantes:** Aunque de índole orgánica, ya sabemos que hay situaciones detonantes que inician un episodio —un problema (despido, ruptura sentimental, cambio estacional, problemas económicos), pero también una alegría (el nacimiento de un hijo, un ascenso laboral, la llegada de un ser querido que vive lejos...). Cuando

se conocen estos pequeños riesgos, se pueden corregir —o mitigar— *las montañas rusas de emociones.*

4. **Identificación precoz de signos de recaída:** Ya se ha dicho que cuanto más pronto se localice el mínimo inicio de cambio de fase, antes se puede abortar, o mitigar, el cuadro. Comportando así menores consecuencias para el enfermo y el entorno. Cada vez más familias, instruidas en el trastorno, son capaces de interrumpir pequeñas descompensaciones.

5. **Planificación de estrategias comunes para afrontar los episodios agudos.** Familiar y paciente deben llegar a un acuerdo sobre si lo más oportuno son las hospitalizaciones o el seguimiento ambulatorio. Muchos bipolares en época utímica redactan un papel ante notario, autorizando a su familia el ingreso, en caso de una negativa cuando hayan entrado en manía. Así se evita el posible ingreso por vía judicial, tan molesto y alarmante.

6. **En cuanto a los periodos intercrisis:** Además de la medicación, solo la comprensión familiar, sumada a una educación sobre la enfermedad y a un buen entrenamiento psicoafectivo, son la clave de la eutimia.

Cómo afectan las recaídas al entorno familiar

Es innegable que existe una relación directa entre determinadas actitudes familiares y la evolución del trastorno. Los avances farmacológicos y la breve duración de las hospitalizaciones **sitúan a los familiares como responsables de convertirse en «cuidadores»,** dejando a su cargo un enfermo que ha salido de la clínica cuando todavía no ha concluido el episodio —maníaco o depresivo— o incluso a vivirlo por entero, si es que el psiquiatra no consideró oportuno el internamiento y fue tratado de forma ambulatoria. Este es el motivo principal por el que muchos expertos han querido analizar la relación que se establece entre determinados comportamientos familiares y el modo en que afecta al curso del trastorno. Para empezar, la aparición de una descompensación comporta alteraciones. Las más comunes son:

— Ante un primer episodio: la familia suele mostrar rabia, culpabilidad, desconcierto, miedo, ansiedad...

— Cada episodio de la enfermedad es un acontecimiento estresante —para el paciente y quienes lo rodean.

— El equilibrio familiar se ve alterado, y deteriorado, con cada recaída.

— Resulta difícil establecer planes, porque puede haber una descompensación en el paciente que impida concluirlos.

— El bipolar tiende a resistirse a tomar la medicación, haciéndose incómoda la vigilancia constante de sus familiares.

— Familia y paciente, en función de las reiteradas crisis, tienden a autoexcluirse de su entorno, sus aficiones, evitando realizar innumerables actividades.

• **El funcionamiento familiar y el curso del trastorno bipolar se influyen mutuamente.** Según un estudio reciente, en el 93 % de las familias de pacientes bipolares o esquizoafectivos se asociaba el estrés a los síntomas del enfermo, perjudicando de esta forma su funcionamiento cotidiano. Los hogares más afectados eran aquellos en los que se atribuía al paciente la capacidad para controlar sus síntomas. Otro estudio llevado a cabo por Miklowitz y Goldstein —en 32 pacientes bipolares tras una hospitalización por proceso maníaco— reflejaba:

— Un 11 % de recaídas en pacientes que recibían intervención farmacológica, junto con intervención familiar.

— Un 61 % de recaídas en paciente que solo recibieron tratamiento farmacológico.

Tiene un trastorno, no es un desvalido...

• A pesar de lo dicho, no hay que tratar al paciente bipolar como si fuese *una flor de invernadero.* Es una enfermedad crónica —en tanto que dura toda la vida y requiere de una medicación y una actitud de alerta permanente—, pero también es cierto que la

mayor parte del tiempo los bipolares están eutímicos, «equilibrados» y en pleno uso de sus facultades físicas y mentales.
Siguiendo esta premisa, la familia debe evitar las siguientes actitudes y situaciones para con el afectado:

1. No hay tema que no pueda hablar, discutir, saber u opinar.
2. No hay actividad que no puedan desempeñar.
3. No hay situaciones de las que haya que excluirlo.
4. Es aconsejable no hablar y decidir a sus espaldas sobre temas que solo a él le conciernen.
5. No hay decisiones que no puedan tomar.
6. No se debe marginar al paciente.
7. Las «crisis» —euforia o depresión— no son un tema tabú.
   Incluso a muchos pacientes les resulta liberador dialogar sobre ello cuando todo ha pasado.
8. No se puede *superproteger* o fiscalizar al paciente.
9. No lo eximan ni descarguen, sistemáticamente, de obligaciones que debieran ser suyas.
10. No «mutilen» al bipolar haciéndolo sentir un enfermo, por-
    que estarán deteriorando su propia vida, así como el núcleo
    familiar.

20

La pareja de un bipolar

ᘓ ᘔ

*Cuando mi familia se enteró que mi novio era bipolar
—maníaco decían ellos— hicieron todo lo posible por dina-
mitar nuestra relación. «Está loco, ¿qué futuro te espera?...
no podréis tener hijos...» Tenía tanto miedo, y sabía tan poco
del trastorno, que hasta yo misma llegué a dudar si quería
continuar con él. El primer año tuvo dos recaídas, una de
ellas con hospitalización. Él mismo llegó a pedirme que lo
dejara porque me veía sufrir y nada me producía consuelo.
Todo empezó a encajar cuando dejé de comportarme como
un avestruz y me informé, leí todos los folletos que encontré,
busqué respuestas en el psiquiatra que le trataba, contacté
con más bipolares... Hoy llevamos siete años casados y tenemos un hijo. De momento, aunque es pequeño, no parece
presentar trastornos del estado de ánimo. No voy a decir que
haya sido un camino de rosas... pero también es verdad
que su enfermedad nos han unido mucho.*

YA se ha dicho en este mismo libro que, según un estudio de los
cónyuges, muchas parejas no se habrían casado (53 %) si hubieran tenido más información acerca de las consecuencias de
la enfermedad bipolar. Al tratarse de un trastorno que afecta a las emociones, es innegable que tenga un impacto decisivo sobre las relaciones afectivas —y a la inversa—, pero si se piensa bien, las consecuencias
de este desorden tampoco pueden constituir un impedimento decisivo
para una relación deseada. La pareja de un bipolar tiene un papel im-

portantísimo en el equilibrio y estabilización del paciente, pudiendo ayudarle a aceptar y controlar el trastorno, así como proporcionándole una cobertura emocional adecuada.

Uno de los pocos estudios clínicos existentes —Wadeson y Fitzgerald— sobre el comportamiento de las parejas en las que uno de los miembros era bipolar, resumían sus conductas y actuaciones del siguiente modo:

1. Fuerte necesidad de dependencia (especialmente en mujeres bipolares jóvenes).
2. Deseo individual, por ambas partes, de que el otro sea fuerte (necesidad de encontrar fuerzas en el otro).
3. Dominio del paciente sobre su cónyuge, quien, a su vez, manifestaba pasividad.
4. El paciente bipolar tiende a tratar a su pareja como si fuese un objeto de su propiedad, con ausencia de reciprocidad.
5. Ambos se inclinan a manifestar que su relación es completamente armoniosa, seudoperfecta, como si se hubiesen puesto de acuerdo de que forman parte de una unidad inquebrantable, negando cualquier evidencia contraria.

Durante la manía...

- **Durante la fase eufórica** es muy frecuente que el paciente —tenga pareja o no— tienda a sentir «enamoramientos» pasajeros —plagados de exaltación e idealización, con respecto al objeto amado—, que no conducen a ningún puerto. Es la principal razón de que muchos bipolares terminen siendo infieles a su pareja durante esta época..., pero ¿alguien puede ser infiel cuando no es responsable de sus actos? Durante la euforia, el bipolar se distancia de su pareja —en ocasiones, denostándola—, ya que la siente lejana y partícipe de un complot contra su persona. No es infrecuente el anuncio de que ha dejado de amar a su cónyuge, recriminándole defectos que nunca antes había mencionado, y culpabilizándolo de todo —incluso de su propia enfermedad... de las pastillas o del trabajo perdido...

Según D. S. Janowsky, el «juego» maníaco comporta cinco tipos de actos en el terreno de lo afectivo:

1. La manipulación del afecto de los demás.
2. La puesta en duda de la vulnerabilidad de los demás.
3. El rechazo de toda responsabilidad con el otro.
4. El juego con los límites, que son puestos a prueba constantemente.
5. El cuestionamiento del funcionamiento familiar.

- Así pues, el «acceso maníaco» supone un ataque narcisista contra el cónyuge, al que se le niega toda consideración, y al que el bipolar trata de evidenciar en sociedad como tiránico y rígido. (Mientras, al cónyuge le cuesta ver en el comportamiento «eufórico» de su pareja, la huella de la enfermedad. «No es él, no es él»... sería la máxima que debiera repetirse, con el fin de sufrir menos ante sus continuas recriminaciones.) Durante la fase maníaca, la pareja del bipolar tiende a responder con dos actitudes, claramente tipificables:

1. **Con pasividad** —que enmascara una fuerte agresividad ante cualquier movimiento del paciente.
2. **Ejerciendo control permanente** sobre cualquier movimiento el bipolar, intentado conseguir de él normas razonables, mediante la recriminación o la represión.

Durante la depresión

- **En el caso de la depresión:** La pareja estable puede ser un factor de protección contra el riesgo depresivo, en el supuesto de que «la calidad» de la relación sea buena —firme, sólida, comprensiva—. De lo contrario, y según muchos autores, las desavenencias conyugales constituyen un factor de riesgo depresivo añadido, que puede dar lugar a una cronificación de la enfermedad.

Actitudes que no debe consentir la pareja de un bipolar

Existen pautas generales del comportamiento de un bipolar ante su entorno que horadan las relaciones de pareja. En función de su perfil psicológico, la aceptación de la enfermedad y la madurez de su ánimo, se pueden distinguir las siguientes conductas, que, bajo ningún concepto, debe tolerar o propiciar la pareja de un afectado por el trastorno:

1. **Actitud de retraimiento** —no tomar decisiones, falta de interés por la vida social, desconfianza en conocer gente y situaciones nuevas—. El enfermo se aísla de un mundo en el que cree no poder intervenir, amparándose en su pareja, a la que termina considerando como un referente materno o paterno.

2. **Comportamiento agresivo** —falta aceptación social, aversión hacia las relaciones—, una irritación contra un mundo, del cual el paciente se siente excluido y disminuido frente a aquellos que «todo les va bien», «están sanos» y no comprenden «las heridas que subyacen en su comportamiento». Esta actitud termina aislando a la pareja en un gueto emocional.

3. **Actitud de reivindicación afectiva** —dependencia, demandas afectivas innecesarias, cierto egocentrismo...—. El enfermo, especialmente en fase depresiva, necesita la seguridad de saberse querido y aceptado en todo momento, a pesar de sentirse indigno. Esta demanda afectiva puede adoptar un cariz tiránico que puede terminar dinamitando la relación de pareja.

- Cualquiera de estos comportamientos interfieren con la conducta del cónyuge, que termina: irritándose o esforzándose por conseguir el consenso, para concluir sintiéndose impotente de lograr que el enfermo salga de su estado... Factores que conducen, inevitablemente, al deterioro del clima conyugal. **La no culpabilización por ambas partes podría resultar un paso firme en pro de la estabilización emocional de ambos.** La psicoterapia individual, junto con la farmacoterapia, es el paso que debiera dar el paciente. Las técnicas de intervención familiar y, tal vez, la terapia de grupo son soluciones por las que podría optar la pareja. Todo tiene solución. El psiquiatra puede aconsejar la mejor táctica para ambos, si el problema no es la falta de amor.

Ante un inicio de relación sentimental... las cosas claras

- Es cierto que, en muchas ocasiones, la aparición de la enfermedad, además de truncar el curso académico, laboral y de relaciones sociales, también altera la vida sentimental del bipolar. Pero, como todo ser humano, tiene derecho a enamorarse e incluso resulta muy recomendable el soporte emocional que la pareja puede aportar. Si se comienza a salir con un bipolar, es de obligado cumplimiento conocer su enfermedad para evitar rupturas, incertidumbre, malos entendidos y dolor innecesario... Cualquier separación sentimental es dolorosa, pero en un enfermo con trastorno del estado de ánimo puede comportar, además, una descompensación. Muchos bipolares se plantean, cuando conocen a alguien que les gusta, si deben contarle el trastorno que padecen. Ciertamente es una decisión privada, pero si la relación promete ser un tanto duradera, y no un contacto esporádico, **lo más lógico sería que quien va a ser su pareja esté enterado de la enfermedad, sus riesgos y consecuencias, así como las posibles alteraciones del humor.** Las enfermedades mentales están mucho peor vistas que cualquier otro trastorno orgánico, pero solo en la medida en que se comience a «salir del armario» con toda naturalidad se contribuye a dar un importante paso adelante en pro de todos.
- Ante la ruptura de una relación sentimental, un afectado de desorden bipolar **no merece ser tratado con una compasión mal entendida.** Si en el seno de una pareja ambos miembros tienen la convicción de que deben zanjar el vínculo, la enfermedad, bajo ningún concepto, debe ser un obstáculo propiciatorio de «caridades» afectivas. Sería interesante hacerlo de un modo civilizado —como en cualquier otro caso—, pero no se puede alargar una relación sentimental porque uno de sus miembros tenga un desorden. Incurrir en este juego solo puede traer mutilaciones sentimentales. Según lo dicho:

— El cónyuge no debe golpearse con la presunta pena que le causará al enfermo, ni la errónea compasión que pueda merecer el temor a un cambio de fase reactivo.

— El bipolar debe sacudirse el temor a no ser aceptado o querido por cualquier otra persona.

En general, es innegable que no resulta fácil aceptar este trastorno, y muchas parejas de bipolares alternan la actitud de «no pasa nada» con el sentimiento de «podría hacer algo por evitarlo» o «no puedo soportar su dolor, cuánta compasión me produce», para terminar pensando «esto no es vida». No se pueden establecer recomendaciones, pero toda vez que transcurre el tiempo —y con la información e incluso la psicoterapia precisa—, muchas parejas estables, en las que uno de los miembros es bipolar, aseguran que el trastorno les ha ayudado a madurar, haciéndolos «personas más realizadas», más fuertes y más unidas.

21

El trabajo y los bipolares

෧෨ ෨෧

Después de tres euforias en dos años, mi compañero terminó enterándose de lo que me pasaba... Se lo dijo a los demás y fui la comidilla de la empresa hasta que lo supo mi jefe... El resultado es que acabé en la cola del INEM. En la compañía no podían tener un comercial imprevisible, con continuos cambios de humor y con un historial lleno de bajas laborales. La verdad es que me hizo pensar que no estaba muy preparado para una vida de oficina y competición constante. El traje y la corbata, las prisas, hacer más ventas que el resto de mis compañeros, los reportes semanales de visitas... Esa semana tenía que ver a mi psiquiatra, y fue ella quien me dio la idea: «¿Por qué no intenta desempeñar un trabajo al aire libre? Ser comercial, además de no gustarle nada, le reporta un estrés tremendo para su vida... Intente buscar una ocupación al aire libre». Hice un curso en el paro y desde hace medio año soy antenista. Vivo con menos presión, a mi jefe le importa muy poco si soy bipolar o alérgico al heno y, lo mejor de todo, he rebajado el Valium tanto, que hace dos meses que no compro un solo envase...

Q UIZÁ este punto sea el menos controlable por el enfermo, y su entorno, en tanto que conjuga variables que no están al alcance de los afectados, como los prejuicios sociales, la falta de condescendencia, la ausencia de información... En la sociedad voraz y urgente en que vivimos, queda poco margen para la tolerancia con quienes requieren de alguna comprensión añadida. Tal vez, el hecho de que cada vez se escriban más libros, existan más páginas en Internet, se exponga desde los medios de comunicación y personalidades de relevancia reconozcan padecer desórdenes de este tipo pueda contribuir a un mejor entendimiento de los trastornos —afectivos, químicos, de personalidad...—, su recorrido y sus consecuencias. El enfermo debe sopesar a quién informa sobre su enfermedad. Una cosa —bastante loable por cierto— es hablar de ello en pro del entendimiento y otra, muy distinta, es hacerlo a las personas inadecuadas que pueden malversar y utilizar en su contra, la información.

Un trabajador como cualquier otro

- Es oportuno recalcar que **el paciente bipolar no es un inválido, ni un deficiente mental, ni un incapacitado social, ni un ser imprevisible o incontrolado.** Fuera de las fases, un altísimo porcentaje de afectados lleva una vida completamente normal, desempeñando eficazmente su trabajo o su labor creativa. Si objetivamente se pudiese tener una visión auténtica de conjunto, conociendo la realidad de nuestro entorno, sabríamos que algunos de nuestros vecinos, compañeros de trabajo, amigos e incluso familiares lejanos son bipolares y llevan una vida perfectamente normal. **Un bipolar no pierde sus conocimientos o capacidades porque haya atravesado una alteración transitoria de su estado de ánimo.** Lo que es innegable es que, en nuestra sociedad, resulta ciertamente complicado solicitar una baja a causa de una enfermedad mental, y aspirar a que lo entiendan el patrón o los compañeros, y además permitan al paciente reingresar en su trabajo sin mostrar el menor síntoma de recelo, sorna o desconcierto.

Revisemos un estudio sobre la reincorporación laboral de los bipolares. Es solo ilustrativo y, más que predisponer, debiera invitar a la reflexión.

Los resultados de G. L. Dion y cols., 1988, revelan que: seis meses después de la hospitalización por un acceso maníaco:

— El 43 % de los pacientes reemprende su actividad profesional.

— Solo el 21 % regresan a su nivel anterior.

- ¿Por qué? **El primer motivo de este hecho puede encontrarse en la actitud del propio paciente.** El enfermo debe concienciarse de que puede retornar a su situación laboral, porque sigue exactamente igual de capacitado que como lo estaba antes del episodio —sea maníaco o depresivo, o ambos—. Afortunadamente, cada vez un mayor número de afectados entiende —algunos precisando de ayuda— que la enfermedad no supone un obstáculo insalvable para retornar a la cotidianidad laboral. Incluso, en un alto porcentaje de casos, puede resultar terapéutico.

Resulta útil precisar una estrategia utilizada por algunos pacientes bipolares que puede ayudar a otros: **cuando se pide una baja laboral transitoria, el médico de familia no está obligado a reseñar el motivo de tal incapacidad en el parte que debe entregarse a la empresa. Los afectados amparados por esta situación, no comunican en su trabajo las causas reales, alegando enfermedades «mejor vistas» tales como: estrés, lumbalgia, herpes, salmonelosis, gastroenteritis... No se debiera mentir, porque ello contribuye a la clandestinización del trastorno, pero, en casos de extrema necesidad, y ante comportamientos obtusos, sirva como idea tal consejo.**

Reincorporación laboral y tipos de «baja»:

- Claro está que **la óptima reincorporación laboral depende de muchos aspectos:** la gravedad del desorden, el tipo de trabajo, el ambiente laboral... Si se trata de un trabajo liberal, creativo, de los llamados *por cuenta propia*, o tal vez un puesto funcionarial, será mucho más fácil que en aquellos casos en donde la labor comporte un estrés elevado o dependa de los conocidos *contratos basura*.

- Solo en casos de ciclación rápida grave, o cuando se produzca una sucesión de recaídas e ingresos frecuentes, que puedan llegar a incapacitar al enfermo, se puede renunciar a trabajar durante una temporada, hasta que se estabilice el trastorno, mediante una **incapacidad transitoria**. Esta baja médica se solicita a través de un informe que remite el psiquiatra al médico de familia —de la Seguridad Social, no sirven las entidades privadas—. Se cobra en función del tiempo y el sueldo cotizado y no hay duración límite. Eso sí, los partes de baja se renuevan semanalmente y se deben entregar a la empresa, INEM —si se está en paro— o directamente a la Seguridad Social, en caso de que se haya terminado el periodo de percibir prestación por desempleo. En cualquier momento el enfermo puede ser llamado para pasar una inspección médica que revise su caso. El bipolar deberá llevar sus informes psiquiatricos, partes de ingresos —si los hubiera— y pautas de meditación, pero no significa más que un mero trámite del que se sirve la Seguridad Social para evitar fraudes. Este régimen de invalidez provisional es reversible, hasta que le sobrevenga la mejoría al paciente.

- Para una mínima parte de afectados que soportan la cara más amarga e incapacitantc del espectro bipolar —aquellos a los que se les hace imposible retornar al trabajo—, existe la posibilidad de solicitar **la invalidez permanente.** A los 18 meses de incapacidad transitoria, el paciente será requerido por un Tribunal Médico que examinará su imposibilidad para trabajar. Tras la evaluación, el paciente obtiene de la Administración una pensión vitalicia no contributiva.

Con todo lo dicho, el trastorno bipolar solo comporta un problema realmente severo, en ámbito laboral, cuando el enfermo se empeña en:

— Autocomplacerse y negarse sus aptitudes.

— Manifestarse imposibilitado para realizar aquellas tareas en las que está perfectamente cualificado.

— En el reiterado incuplimiento farmacológico que le abocará a sucesivas recaídas, bajas y conflictos laborales.

22

¿Cómo combatir las situaciones de riesgo que provoca el estrés?

෴ ෴

Las dos últimas euforias que he pasado me sobrevinieron, paradójicamente, a raíz de dos situaciones completamente opuestas: hace dos años y medio, la primera semana de conocer a la que hoy es mi mujer, estaba tan feliz y me sentía tan contento de haber encontrado a alguien compatible conmigo... que acabé tomando Haloperidol «por litros», en el Alonso Vega —Hospital Provincial de Madrid—. *La última me la «busqué yo solo»: soy economista y, hace medio año, me vi sumergido en una cantidad de trabajo brutal. Hacía jornadas de dieciséis horas diarias, llegaba a casa cuando mi mujer ya estaba dormida y muchas noches se me olvidaba tomarme el litio. Dormir y trabajar. La verdad es que recurría al Tranxilium para mitigar la ansiedad, pero cada vez me hacía menos efecto... y, para colmo de males, hospitalizaron a mi padre con una cirrosis... Mi cuerpo dijo ¡basta!... pero lo hizo en forma de euforia. Esa vez no hubo internamiento, pero estuve veinte días tomando Risperdal en casa y comiéndome media nevera.*

Los acontecimientos vitales —salud, trabajo, vida conyugal, economía, vivienda...— constituyen «situaciones de riesgo» que pueden contribuir a precipitar un episodio maníaco o depresivo, siempre y cuando no se manejen de la forma adecuada. Si a los individuos «presuntamente equilibrados» les provoca un estrés añadido el hecho de tener problemas monetarios, mudarse de vivienda o sufrir despido laboral, al paciente bipolar, además, puede comportarle una descompensación anímica. De igual forma que existen factores que pueden ser protectores contra la amenaza de padecer un episodio: buena comprensión familiar, estabilidad emocional —con la pareja, red de amigos— y el buen manejo del tiempo libre, hay otros agentes que se erigen como elementos de riesgo: el aislamiento, las desavenencias conyugales, las pérdidas —familiares, de amigos, incluso de mascotas...—, la jubilación, los conflictos personales o profesionales... Paradójicamente, también pueden ser considerados desencadenantes situaciones muy deseables como: un ascenso laboral, resultar agraciados con un premio —lotería, quiniela...—, recibir una suculenta herencia, enamorarse...

- La aparición de **un estrés importante** —así como de un desbordamiento afectivo— en alguien que sufre un trastorno del estado de ánimo, se traduce en un aumento desproporcionado de neurotransmisión cerebral. Por este motivo, es indispensable que los afectados de desorden bipolar aprendan a manejar el «estrés». Con el tiempo, el propio enfermo sabe reconocer los indicios llegando a ser consciente, en muchos casos, cómo se fragua y precipita un cambio de fase, solicitando ayuda e intervención familiar y terapéutica. Algunas de las técnicas que se proponen a continuación, pueden ayudar a manejar las situaciones estresantes:

Técnica de respiración:

- La respiración controlada, se consigue de una manera lenta y regular, inspirando por la nariz y espirando por la boca. De este modo se logra un mejor aprovechamiento de la capacidad pulmonar. Es un procedimiento inmejorable para afrontar la ansiedad y reducir las palpitaciones elevadas, el exceso de sudoración o la sensación de mareo... Con la práctica diaria, se consigue una reducción de la rigidez muscular y la tensión psíquica, favoreciendo así un estado óptimo para afrontar las consecuencias del estrés. Es tan solo un ejemplo. Existen muchos ejercicios de respiración igual de válidos.

— Tumbados, o en una cómoda posición, con la luz baja y una música relajante o en silencio.
— Se procederá a inspirar en tres tiempos —contando mentalmente— y observando cómo se mueve el vientre: inflándose como un globo.
— Se espira lentamente, contando otros tres tiempos, y comprobando cómo el vientre se desinfla.
— Tras una pequeña pausa de tres segundos se reinicia la operación.

Técnicas de relajación

• Hay decenas de técnicas para relajarse y cientos de libros que lo ilustran. En principio, cualquier método es bueno, siempre y cuando sirva a quien lo practica. No hay reglas fijas, salvo probar y encontrar el adecuado. Resultan de fácil realización y contribuyen a disminuir la ansiedad, angustia e inquietud. Están especialmente indicadas para el final de una jornada que ha comportado un exceso de nervios, sobrecarga de trabajo y algún tipo de indecisión o preocupación. Una de la muchas modalidades, puede consistir en relajarse —tumbado o cómodamente sentado— y visualizar, con los ojos cerrados, que el cuerpo está completamente apagado y se procederá a ir «encendiéndolo», lentamente y por partes:

— Un haz de luz intensa y brillante va entrando por la punta de los dedos de los pies, poco a poco... se va iluminando la parte inferior y superior de la pierna —gemelos, músculos, huesos, arterias, capilares...— para ir subiendo hasta la rodilla, ascendiendo por el muslo... así hasta completar: tronco, brazos, cuello, mandíbula, cabeza, etc.
— Una vez finalizada la «iluminación» del cuerpo, se procede a «apagar» paulatinamente todas las zonas corporales, en sentido inverso: comenzando por la cabeza y terminando por los pies. Luego se retomará el movimiento de forma

paulatina, como si se tratase de desperezarse lentamente. La duración oscila entre los diez y los quince minutos y puede hacerse en la cama mientras se espera la llegada del sueño.

Técnicas de meditación: Adecuándose a las preferencias del paciente, son muy eficaces a medio plazo. La práctica regular de algunas disciplinas meditativas orientales como el yoga o el taichi son un buen ejemplo de ello.

Circunstancias que contribuyen a controlar el estrés:

1. **Ejercicio físico moderado** —sea del tipo que sea: natación, tenis, bicicleta...
2. **Ejercicio mental** —ajedrez, puzles, sumas mentales...
3. **En el trabajo,** hacer recesos de cinco minutos, aproximadamente, cada sesenta trabajados, a fin de evitar la saturación.
4. **Relaciones interpersonales:** Ante el exceso de autocrítica o baja autoestima, nada hay más necesario que salir de uno mismo para compartir con los demás —tan importante es: hablar como escuchar, dar como recibir—. Si la persona no expresa sus sentimientos e ideas y no atiende al testimonio de otros, corre el riesgo de caer en las garras del aislamiento.

Autoevaluación del enfermo:

• Las personas afectadas de desorden bipolar deben aprender a autoevaluarse y observarse los más pequeños indicios, puesto que puede constituir la principal arma para prevenir recaídas y alertar a los demás con el objeto de una pronta intervención. Advertir si le rodean situaciones especialmente estresantes, si se siente más locuaz que de costumbre, si tiene necesidades nuevas y extrañas... Muchos psiquiatras recomiendan escribir un diario de comportamientos y actitudes en donde el enfermo refleje el número de horas dormidas, actuaciones, deseos, sentimientos... Cada afectado debe proceder como mejor le parezca, mientras se observe sin fiscalizarse. Se vigile sin amputarse. Lo que sí resulta especialmente eficaz es atender a las siguientes normas, aunque repetidas en distintos capítulos del libro, completamente vitales para el bipolar.

- **Dormir de siete a ocho horas diarias** —dormir menos puede desencadenar una euforia y dormir más puede potenciar síntomas depresivos.
- Procurar **que el horario de sueño sea nocturno y regular.**
- **No consumir drogas ni alcohol.** Si es pernicioso para cualquier persona, lo es mucho más para un bipolar, ya que, además de interactuar con los psicofármacos, pueden descompensar al paciente favoreciendo los síntomas psicóticos. Así pues, queda prohibido el éxtasis, la cocaína, LSD, etc. La marihuana y el alcohol pueden provocar ansiedad, igual de nefasta para el trastorno.
- **No someterse a regímenes alimenticios rigurosos.** Aumentan la ansiedad e irritabilidad, predisponiendo al paciente a una recaída.
- **Llevar una vida regular**: horarios, hábitos, actividades y alimentación. La estabilidad es importante para mantener la eutimia. No se impiden grandes cosas, solo se recomiendan costumbres ordenadas.
- **Vigilar el estrés**. Cualquiera debe hacerlo, en tanto que representa una enfermedad de complicado tratamiento, pero muy especialmente en el enfermo bipolar, ya que puede resultar el detonante para una descompensación.
- **Tener conciencia de padecer una enfermedad.** Negarse a sí mismo que padecer un desorden solo empeora las cosas. Desde la identificación y aceptación es posible combatirlo, desde la negación es insostenible.
- **Procurar encontrar un familiar o amigo como punto de referencia.** Aquel que conozca, domine la enfermedad y sepa alertar al enfermo —sin miedo, histeria o trauma— que acaba de empezar una fase. Al bipolar le sirve de alivio pensar que alguien vela por sus «futuribles» desequilibrios en cuanto aparecen los primeros síntomas.

23

Los bipolares y las leyes

❧ ❧

Tenía una tienda de ropa a medias con mi hermana. Nos había costado mucho esfuerzo y dinero ponerla en pie, pero después de tres años de pérdidas comenzábamos a tener una clientela estable y un sueldo mensual más que decente. En esta situación, me sobrevino una crisis eufórica y empecé a «desparramar»... Cada noche, antes de cuadrar la caja, cogía toda la recaudación... Estuve haciendo esto durante una semana, hasta que se me ocurrió la peor idea de mi vida: sacar todo el dinero que teníamos mi hermana y yo en una cuenta conjunta para emprender un viaje... ¡a Tailandia! Mi familia me encontró antes de embarcarme en el avión, pero ya me había gastado una fortuna: un televisor de diseño, una cadena Cartier haciendo juego con una pulsera, un reloj Bulgari, dos trajes de Armani, tres pares de zapatos de Farrutx... No pudimos devolver más que la tele, aunque salimos de aquel bache. Además, no hay mal que por bien no venga: jamás he vuelto a ir tan bien vestida...

C ADA vez con más solvencia, la justicia comienza a tomar parte en los aspectos medicolegales de las enfermedades mentales. Como es de imaginar, un paciente bipolar puede actuar desatinadamente o verse involucrado en un conflicto de forma involuntaria, como consecuencia directa de su enfermedad. Dicho esto, habría que tener en cuenta los siguientes aspectos:

1. **Si un paciente maníaco comete una grave infracción, no puede ser imputado**, ya que su capacidad de razonamiento se encuentra anulada. Así pues, quedaría absuelto de cualquier acusación, decretándose un ingreso hospitalario hasta que volviese a ser responsable de sus actos.

2. **Si un bipolar teme que, en fase maníaca, pueda llegar a despilfarrar su patrimonio y el de su familia** —compras, donativos, formación de empresas, etc.—, debe saber que la ley contempla lo que se conoce como *comportamiento pródigo*: en tales casos, el juez debe equilibrar la libertad del individuo, así como la protección de sus bienes. En otras ocasiones, basta con llegar a un acuerdo con el enfermo: impidiendo que lleve tarjetas de crédito, o bien poniendo un límite bancario a su capacidad de retirar dinero. Muchos bipolares, socios en una empresa o negocio, procuran firmar una cláusula en la que se les impide disolver la sociedad, o bien un poder notarial por el que tengan un límite prefijado para disponer del capital.

3. Ya se ha hablado, en el capítulo de «los bipolares y el trabajo», sobre las bajas transitorias y bajas permanentes.

4. Por último, el hecho de tener acreditado el certificado de MINUSVALÍA comporta ciertos beneficios para los bipolares. Pueden utilizar el grado concedido para desgravaciones fiscales, presentarse a oposiciones —por cada 100 plazas convocadas, la ley obliga a reservar cuatro para quienes acrediten algún tipo de minusvalía— descuentos en el «abono de transportes» o conseguir trabajo —numerosas empresas consiguen beneficios y subvenciones por la contratación de personal discapacitado.

24

¿Tiene algún sentido mi enfermedad?

ⷭⷭ ⷭⷭ

O BVIAMENTE no resulta deseable padecer un trastorno crónico —sea de la índole que sea—, ni se puede incurrir en el misticismo mal entendido de reclamar para sí una buena dosis de dolor con el fin de conseguir compasión o santidad... o lo que sea. Detrás de una necesidad de sufrimiento subyace una tendencia masoquista. De hecho, si cualquier individuo afectado de un trastorno severo del estado de ánimo pudiese escoger, de buena gana optaría por desembarazarse de una enfermedad que le obliga a cuidarse, medicarse, hospitalizare y que, en gran medida, cambia, altera y condiciona su modo de vida. Hasta aquí resulta lógico. Pero no es menos cierto que un buen número de bipolares —«curtidos»— consultados, con cierta *lectura* sobre la enfermedad a sus espaldas, y con una experiencia dilatada en recaídas, pérdida de empleo, matrimonios fallidos y duro trabajo para fortalecer su autoestima, se expresan de la siguiente forma:

- *Cuando pienso en el camino que llevaba antes de sufrir las crisis, me doy cuenta de que podía haberme convertido en alguien que, hoy día, no se soportaría ante el espejo. Es verdad que la enfermedad me obligó a abandonar en el camino: una carrera universitaria, varios trabajos que no me disgustaban... y alguna mujer que podía haber sido el amor de mi vida.... Pero no es menos cierto que tenía todas las papeletas, entre mis deseos, mis ambiciones y mi concepción del mundo, de haberme convertido en un prepotente, un tirano y un insolente... Desde luego, «apuntaba maneras» en esa dirección. Si existiese una vacuna que me impidiera volver a tener una manía, hipotecaría todo lo que tengo por conseguirla, pero... no pediría a ningún «mago» que borrara de mi memoria las crisis que ya he tenido porque me han convertido en lo que soy... y creo que es bastante mejor que lo que llevaba camino de ser...*

- *Mi aita es bipolar. Bueno, bipolar lo llaman ahora..., porque de toda la vida hemos dicho en casa que era maníaco-depresivo. Me costó mucho tiempo entender por qué el aita pasaba algunas temporadas sin ir a trabajar, sumido en una profunda melancolía.. Sin jugar con nosotros, sin preocuparse de nuestros problemas, sin regañarnos siquiera... En cambio, en otras ocasiones, tenía toda la energía del mundo, nos llevaba al campo, al parque de atracciones, nos ayudaba con los deberes... jugaba, saltaba, reía..., era incansable... Se inventaba cuentos fantásticos, y se metía con nosotros en la cama, contándonos secretos fabulosos de lugares remotos y tesoros lejanos... Mis amigos decían que mi aita, era simplemente distinto. Como de otra galaxia. Fue durante la adolescencia cuando tuve que enfrentarme a la cruda realidad de que mi padre no era un mago, ni un novelista, ni un ser especial, sino un hombre normal y corriente, sometido a bruscos cambios de humor. Pero eso me hizo quererlo aún más. Hoy, desde mi perspectiva de adulto, admiro su coraje y su entereza. Elogio su dignidad a la hora de conjugar su «oscilaciones» emocionales con los problemas cotidianos que comporta ser hombre, trabajador, esposo y padre. Jamás me he sentido traumatizado o triste porque mi padre haya padecido un desorden afectivo. Nunca me he avergonzado de confesar, cuando he podido, que mi aita sufre un trastorno bipolar. Me siento tremendamente orgulloso de él y creo que mi familia ha conseguido la estructura afectiva que hoy tiene gracias a lo unidos que hemos estado frente a sus crisis.*
- *Desde los 18 años fui voluntaria de Cáritas y Cruz Roja porque estaba muy concienciada con las causas humanitarias. No voy a ocultar que durante un tiempo llegué incluso a plantearme mi vocación religiosa... Cuando comenzaron a surgir las ONG, enseguida me inscribí a una de ellas, que estaba liderada por los jesuitas... ¡hasta conseguir marcharme de cooperante a Perú! Me sumergí en la cara amarga de la existencia, y tanto el dolor*

como la pobreza con los que allí conviví me hicieron crecer, lo inexplicable, como persona. Estando en Latinoamérica, me sobrevino la primera crisis y el jesuita responsable de la misión se vio forzado a enviarme a España para recibir asistencia psiquiátrica.... De entre mis delirios, destacaba uno por encima de todos: creerme la salvadora de la humanidad... y cierto es que coloqué en algún grave aprieto a la congregación... Una vez en mi ciudad, Barcelona, y diagnosticada como bipolar, tuve que ir abandonando paulatinamente la tarea de «ayudar» activamente para pasar a realizar labores administrativas. Me costó trabajo aceptar que no podía cumplir mis sueños... Que un desorden era el responsable de reconducir toda mi vida... Pero aún tuvo que pasar mucho tiempo antes de que cayera en la cuenta de que mi verdadera misión «era yo». Un cometido equiparable a cualquier empresa humanitaria. Pasé de promover acciones reconocidas y tangibles a acometer una única empresa: silenciosa, callada y anónima... Mi papel de «ayudadora» se transformó en «ayudada»... Me costó muchas dosis de orgullo llegar a reconocer que igual que antes daba, ahora debía recibir.

Han pasado 15 años desde la primera crisis, y cada día que me levanto alterada, con ataques de pánico o dolor de cabeza... me cuesta un mundo remontar... Como aquel mundo que yo quería salvar entonces... Para mi soberbia ha resultado toda una lección del vida, impagable: saber que alzar y mantener a flote mi pequeño universo requiere tanta labor —o más— por mi parte como aquel otro universo necesitado que un día yo me afanaba en defender.

Este capítulo es el único de todo el libro que no puede ir avalado o refrendado por ninguna investigación científica, puesto que no existe ningún estudio de los llamados «oficiales» al respecto. Los testimonios transcritos son un reflejo significativo de la consulta realizada a decenas de afectados que padecen trastornos del estado de ánimo —en distintos grados—, pertenecientes a diversos ámbitos y estratos sociales.

La tarea básica de la psiquiatría oficial se centra en corregir y equilibrar el desarreglo bioquímico del bipolar con el fin de lograr una óptima reintegración social del paciente. Pero... ¿hay algo más que perseguir una vida eutímica?... Después de reestablecido el equilibro psico-físico y social..., ¿está todo hecho?, ¿queda algo por hacer?..., ¿las crisis pueden llegar a ser algo más que un obstáculo y una amenaza, constantes?..., ¿carecen de sentido?...

Nadie puede tener una respuesta precisa y rotunda para estos interrogantes. Sin embargo, algunos autores se han ocupado de ofrecer una visión integradora sobre la enfermedad, de la que pueden servirse los afectados para encontrar sus propias respuestas. Se trata solo de un somero repaso, a través de las conclusiones «heterodoxas» de diferentes expertos, con el que se pretende conceder un significado al trastorno como elemento imprescindible en el mapa del crecimiento humano.

JUAN JOSÉ LÓPEZ IBOR

(Sollana, Valencia, 1906-1991). Psiquiatra y neurólogo perteneciente a la Real Academia de Medicina, profesor *honoris causa* por diversas universidades y miembro de las más prestigiosas academias de medicina y psiquiatría. Padre de toda una saga de terapeutas, está considerado uno de los psiquiatras de mayor notoriedad del siglo XX. Autor de numerosas obras, estudios, ensayos y conferencias, inauguró en 1967 el Instituto de Investigaciones Neuropsiquiátricas, conocido como la Clínica López Ibor. Murió en 1991.

La trasposición de la sed de infinito en sufrimiento es la clave de una operación intelectual que mana de la experiencia de un sufrimiento que irrumpe, sin sentido, en el plano de lo finito y que forzosamente se convierte en una llamada a lo infinito.

(...)

El misterio de la melancolía es para mí el misterio mismo de la creación. Como médico, sé que es una enfermedad y que se debe a una alteración del cuerpo. Alteración, hoy por hoy, inaprehensible, pero de la que se adivinan algunos fragmentos. Tan anclada está en lo corporal que, muchas veces, se cura con medios corporales. Y, sin embargo, tan transida de carne como está la tristeza del melancólico —tristeza encarnada—, enseña sobre las profundidades del ser más que ninguna filosofía.

Ensayo sobre «El misterio de la melancolía» (1952)

STANISLAV GROF

(Psiquiatra conocido por sus investigación en el campo de los *estados no ordinarios de conciencia*. Stanislav Grof —Praga, 1930— fue, entre otros cargos, catedrático del Centro de Investigación Psiquiátrica de la Universidad de Meryland. Junto con un grupo de profesionales, entre los que estaban Maslow o Fadiman, lanzó un nuevo movimiento psicológico centrado en el estudio de la conciencia, capaz de reconocer el significado de dimensiones espirituales de la psique. Se denominó Psicología Transpersonal. En 1973 conoce, en el Instituto de Esalem —fundado por el psicoanalista Friz Perls, padre de la escuela gestáltica—, a la que es su actual esposa: Christina Grof, quien lo pone en contacto con las ideas de Swami Muktananda, que influirían poderosamente en su obra. Uno de los principales hallazgos atribuibles a Grof fue el de las *Matrices Perinatales* que describe la trascendencia inestimable de los distintos estadios del proceso del nacimiento y las huellas que imprime en el psiquismo de los seres humanos).

Atravesar un estado de «crisis» suele ser difícil y producir temor, pero también conlleva un potencial enormemente evolutivo y curativo. Si se comprenden adecuadamente, y se tratan como etapas difíciles, en un proceso de desarrollo natural, las «emergencias espirituales» pueden producir la curación espontánea de desórdenes emocionales y psicosomáticos diversos, cambios positivos en la personalidad, soluciones a importantes problemas de la vida y una evolución hacia lo que algunos llaman «la conciencia superior».

KARLFRIED GRAF DÜRCKHEIM

(Múnich, 1896-1988.) Estudió filosofía y psicología en las Universidades de Múnich y Kiel, doctorándose de filosofía. Fue pionero en aunar las técnicas espirituales, meditativas y terapéuticas orientales en la sociedad occidental. A partir de 1948 desarrolla el Centro Rütte en Selva Negra (Alemania) y el Centro de Desarrollo Psicológico Existencial,

que dirigió hasta su muerte y donde mantuvo una escuela de Psicología
Iniciática)

*Utilizamos el concepto de «numinoso» para designar una calidad
de vivencia en la que se nos revela lo que significa rozar otra dimensión, otra realidad que trasciende el horizonte de la conciencia ordi-
naria. Esta trascendencia puede tener un carácter liberador o abru-
mador, gozoso u horrible, pero siempre se evidencia una fuerza que se
experimenta como sobrenatural. No solo posee este carácter el «encuentro con el ángel», también se le puede encontrar «cuando el de-
monio está cerca». Los poderes arquetípicos que penetran la conciencia íntima son «numinosos». Cuando se apoderan del hombre y lo
dominan, su naturaleza puede ser de luz, como el arquetipo del tau-
maturgo, o bien de sombra como el de la «madre devoradora».*

ROBERTO ASSAGIOLI

(Psiquiatra y psicoterapeuta italiano —1888-1974—, padre de la
psicosíntesis. Postulaba que el individuo está en constante proceso de
crecimiento personal así como de realizar su potencial oculto. Al contrario que Freud, que se centraba en los instintos básicos de la naturaleza humana, Assagioli enfatiza los elementos positivos, creativos y
«gozosos», así como la importancia de la voluntad. Pasó toda su vida
intentando conciliar Oriente y Occidente, la espiritualidad y la ciencia,
para atender a las necesidades de realización y trascendencia del ser
humano.)

*... Las crisis son preparaciones positivas, naturales y, con frecuen-
cia, necesarias para el progreso del individuo. Hacen emerger a la su-
perficie elementos de la personalidad que tienen que ser examinados
y cambiados en interés del crecimiento posterior de la persona... (...)
No son raros los casos de este tipo de confusión* (refiriéndose a las psicosis) *entre las personas que quedan deslumbradas por el contacto
con verdades demasiado amplias o energías demasiado poderosas
para que sus capacidades mentales puedan captarlas y su personalidad
sea capaz de asimilarlas.*

KEN WILBER

(Ken Wilber —Oklahoma, 1949— es autor de 16 libros sobre espiritualidad y ciencia. Es el autor académico más traducido de Estados Unidos. Por la profundidad y originalidad de su pensamiento, ha sido llamado «el Albert Einstein de la conciencia». En la actualidad es considerado uno de los pensadores más importantes de la Psicología Transpersonal.)

Cuando una persona comienza a experimentar el sufrimiento de la vida, empieza al mismo tiempo a tener conciencia de realidades más profundas y más válidas, pues el sufrimiento destruye la complacencia de nuestras ficciones habituales acerca de la realidad y nos obliga a «despertar» en un sentido especial: a ver con cuidado, a sentir con profundidad, a establecer contacto con nosotros mismos y con nuestro mundo, y hacerlo de maneras que, hasta entonces, habíamos evitado. (...) El sufrimiento señala el principio de la intuición creativa.

El trastorno bipolar como camino de maduración

- El dolor y los estados alterados de conciencia —que se viven tanto en depresión como en euforia— **conceden al enfermo, una visión única e insustituible que, bien canalizada, aprovechada y asumida, puede ser beneficiosa para un mayor crecimiento interior,** una maduración personal y una visión holística de la vida. Dotando al individuo de una capacidad para relativizar los acontecimientos, dando a cada cosa su justo valor.
- Si un ser humano es, en buena parte, producto del conjunto de hechos, circunstancias y acontecimientos que le suceden, no es posible renegar de la enfermedad, en tanto que es indisociable del individuo; «ella» —la enfermedad— es responsable de haber contribuido, en cierta medida, a hacerle ser la persona que hoy es.

25

Entrevista con
Juan José López-Ibor Aliño

～❧

EL profesor López-Ibor Aliño, catedrático de Psiquiatría de la Universidad Complutense de Madrid, jefe del Servicio de Psiquiatría del Hospital Clínico Universitario San Carlos, ex presidente de la Asociación Mundial de Psiquiatría y jefe del Departamento del Instituto de Investigaciones Neuropsiquiátricas López Ibor, situado en la calle Nueva Zelanda de Madrid, y autor de numerosos artículos, libros y ensayos, ha tenido la amabilidad de responder a las siguientes preguntas sobre el trastorno bipolar:

1. Doctor López-Ibor, usted se refiere al desorden bipolar como un trastorno químico... pero, no obstante, tiene consecuencias mentales. En el momento en que la tecnología médica permita solucionar este desequilibrio químico, ¿se daría por finalizada la enfermedad mental?

Todas las enfermedades mentales, y de hecho toda la actividad mental, tienen lugar en el cerebro. Por el mismo motivo, la actividad cerebral se puede modificar mediante técnicas biológicas y también psicológicas. En muchos trastornos mentales existe una vulnerabilidad, que es principalmente biológica, y factores desencadenantes, que inicialmente son psicológicos o provienen del medio externo. Por decirlo de otra manera, la actividad mental y cerebral van de la mano.

2. Aunque hay terapeutas que sostienen que los «episodios» no provocan anomalías orgánicas, ¿sufre algún deterioro el cerebro después de reiteradas euforias y depresiones severas?

Aunque es una cuestión que aún requiere mucha investigación, sí que hay casos en los que la reiteración de los episodios no se acompaña de una recuperación total y, por lo tanto, la función cerebral y la actividad del sujeto se van deteriorando.

3. ¿Tiene alguna relación el haber completado el mapa genético humano con el hecho de conseguir, en un futuro próximo, «la vacuna eutímica de larga duración» para el bipolar?

La investigación genética aportará muchos datos para la vulnerabilidad y para predecir la enfermedad, pero por sí sola no será la solución del trastorno bipolar, en mi opinión.

4. ... mientras llega, si es que llega, la aparición de los antipsicóticos atípicos ha supuesto una pequeña revolución para el tratamiento bipolar... ¿De todas las sustancias que se están investigando, cuál de ellas apunta a erigirse como la más efectiva —tanto como eutímico como antipsicótico?

Algunos trastornos bipolares son especialmente resistentes a tratamientos ortodoxos y por eso se han ensayado caminos alternativos, entre ellos los antipsicóticos atípicos o de segunda generación, que tienen una gran utilidad porque ayudan a frenar ciertas anomalías bioquímicas presentes en el trastorno bipolar, sin los efectos secundarios de los antipsicóticos antiguos.

5. Por qué cada vez más bipolares —especialmente los de tipo I— están polimedicados durante el mantenimiento con: eutimizantes + antipsicótico atípico, a bajas dosis + serotoninérgico (por ejemplo: carbonato de litio y Carbamazepina + Olanzapina + Paroxetina).

La polifarmacia no es lo ideal, si bien en casos difíciles opera una cierta heterodoxia. De todas maneras, la estrategia siempre ha de ser la de valorar las indicaciones de un fármaco y darle la oportunidad en dosis y tiempo de hacer su efecto y, si no es eficaz, sustituirlo por otros.

6. En la eclosión de una manía —al igual que durante una depresión— intervienen, por exceso o por defecto, ciertos neuro-

transmisores... ¿Se sabe ya exactamente cuáles, en qué número y de qué modo actúan?, ¿los psicofármacos siguen actuando... *grosso modo* **—vulgarmente diríamos:** *matando moscas a cañonazos?*

Los neurotransmisores no actúan de un modo aislado. La mayor parte de la actividad mental y patológica incluye varios neurotransmisores. Por otro lado, cada neurotransmisor actúa sobre receptores de naturaleza y acciones muy diferentes, dependiendo de su localización y de otras características y algunas veces con acciones contrapuestas. Un psicofármaco lo que hace es que interfiere en un sistema muy complejo y desregulado, al que le da la oportunidad para volver a regularse.

7. Los expertos hablan de la manía disfórica —o ciclación rápida— como un agravamiento del trastorno, con posible «vuelta atrás» o remisión.... ¿Hay alguna forma de frenar este proceso de «ignición» —en que entran algunos bipolares— para que retornen al curso normal de la enfermedad... o simplemente hay que esperar?

La ciclación rápida es la forma más compleja y grave de la evolución del trastorno bipolar. Con frecuencia es inducida por los propios tratamientos, en especial los fármacos de acción noradrenérgica. Al mismo tiempo aparecen otros mecanismos, algunos aún hipotéticos, entre los cuales destaca una reducción del número de receptores a ciertos neurotransmisores, por ejemplo la noradrenalina, y una hipersensibilidad en los mismos. Quiere esto decir que es fácil pasar de una hipofunción a un exceso de función. Algo parecido sucede también en la enfermedad de Parkinson. En esta última el proceso degenerativo se va complicando a medida que pasa el tiempo. En el trastorno bipolar esto no suele suceder y hay que tener la paciencia para conseguir que el sistema se vaya reequilibrando por sí mismo.

8. Hay muchos riesgos de tratamiento durante la concepción, embarazo y periodo perinatal... ¿Por qué opción farmacológica se decantaría usted en el caso de una paciente bipolar que desea ser madre?

Los psicofármacos son medicamentos que se utilizan muchísimo en todo el mundo y cada vez hay más experiencia sobre el resultado en embarazos, lo cual permite poder planificar embarazos en mujeres bipolares que están sometidas a tratamiento.

9. ¿El trastorno bipolar comporta lesiones orgánicas que se puedan detectar en las técnicas de diagnóstico por imagen?

Hay dos grandes grupos de técnicas por imagen: unas son las estructurales, que proporcionan información sobre la forma del cerebro, y otras funcionales, que informan sobre el riesgo, metabolismo cerebral y otras funciones. Las primeras no suelen proporcionar información precisa sobre el trastorno bipolar. Con las segundas es posible analizar qué zonas del cerebro están hiper o hipofuncionantes.

10. ¿Qué datos obtiene un psiquiatra haciéndole a un bipolar electroencefalogramas, TAC...?

Hay que tener en cuenta que algunos trastornos bipolares son desencadenados por lesiones cerebrales, por ejemplo, traumatismos craneoencefálicos. Los diagnósticos de algunas enfermedades psíquicas deberían ser siempre completados por técnicas de neuroimagen.

11. En su clínica, usted ya emplea la Terapia Magnética Transcraneal, muy poco conocida en España. Háblenos de sus aplicaciones: ¿cómo actúa?, ¿qué se consigue con ella?..., ¿le da mejores resultados para el tratamiento de la euforia o para la depresión?..., ¿constituye un tratamiento principal o es auxiliar?

La Estimulación Magnética Transcraneal es una técnica reciente que pretende conseguir la estimulación de regiones cerebrales concretas con campos magnéticos. Es una alternativa al electrochoque y necesita menos energía para estimular las zonas que se desea. Es una técnica que se practica en estado de vigilia, y no suele tener mayores complicaciones. En los trastornos depresivos tiene una gran utilidad, en los otros la utilidad también es grande, pero aún está en estudio. Por otro lado, sus efectos son rápidos, y normalmente en una semana o poco más se pueden conseguir mejorías importantes.

12. En cuanto al PET —tomografía por emisión de positrones (Positron Emission Tomography, PET)—, que también emplea en

TRASTORNO AFECTIVO BIPOLAR

su clínica, ¿lo utiliza como vehículo de diagnóstico o también de tratamiento? ¿Qué le aporta al bipolar la aplicación del PET?

La PET es una técnica de neuroimagen funcional. Consiste en inyectar una sustancia marcada con un isótopo y ver cómo esta sustancia se reparte en el cerebro a través de las radiaciones que produce. Se utilizan isótopos de vida media corta, que se incorporan a una molécula para dar lugar a un radiofármaco. El más utilizado, la fluoro-deoxiglucosa, sirve para medir el metabolismo cerebral. Aporta mucha información sobre regiones cerebrales más o menos activas en un momento determinado y permite descartar patología cerebral importante.

13. El Hospital del Mar de Barcelona dispondrá, a principios del 2003, del primer centro español que utilizará la imagen tomográfica del cerebro, SPECT —Single Photon Emisión Computed Tomography—, para la investigación y el desarrollo de psicofármacos. Además de la utilidad en investigación psicofarmacológica —creando fármacos específicos para los bipolares—, ¿de qué forma podría tener utilidad clínica?

El SPECT es una técnica de neuroimagen que mide el flujo sanguíneo cerebral. Utiliza isótopos de vida media larga y, en términos generales, proporciona menos información que la del metabolismo cerebral.

14. Para que todos lo entendamos, ¿qué diferencia fundamental habría entre el PET y el SPECT?

Hay aplicaciones que aún están en terreno de investigación, que lo que hacen es marcar neurotransmisores con otras sustancias y permiten analizar aquella área cerebral donde se fijan más o menos y que van a proporcionar datos sobre tratamientos eficaces.

15. Ya que muchos fármacos antiepilépticos actúan como reguladores de la eutimia.... ¿Qué tienen en común la epilepsia y el TAB?

En principio la epilepsia y el trastorno bipolar no tienen nada que ver. Hay que tener en cuenta que los fármacos reciben el nombre de las primeras indicaciones. Los antiepilépticos son útiles en enfermedades que no tienen nada que ver con la epilepsia, de la misma manera hubo antipalúdicos que se utilizaron en la epilepsia. El 60 % de la utilización de los antipsicóticos es en el tratamiento de enfermedades no psicóticas. Dicho eso, en la epilepsia aparece un fenómeno que fue descrito por un neurofisiólogo español, José M.ª Rodríguez Delgado, que es el del *kindling*. Se trata de un fenómeno de sensibilización, que viene a decir que cuantas más descargas se producen en una población neuronal concreta, con más facilidad se vuelven a producir en el futuro o incluso sin ninguna estimulación. Un fenómeno análogo está presente en el trastorno bipolar, es decir, cuantas más recaídas, más facilidad persiste para nuevas recaídas.

16. Los tratamientos convencionales actuales —neurolépticos, eutímicos y antidepresivos—, además de los efectos secundarios que comportan, ¿en qué medida altera su uso crónico las capacidades cognitivas, creatividad, memoria...?

Todos los tratamientos tienen efectos secundarios, y el médico ha de valorar e informar al enfermo sobre todos ellos. Los psicotropos más recientes tienen menos efectos secundarios que los más antiguos.

17. Al psiquiatra clínico le pregunto: ¿por qué motivo prestan los terapeutas, tan poca importancia al contenido delirante de las euforias? ¿Es solo material excedente, sin importancia? ¿No les aporta información —ya no psiquiátrica—, al menos psicológica, del paciente y sus posibles detonantes?

Se suele decir que los delirios en las euforias y también las depresiones son secundarias a las alteraciones del estado de ánimo, incluso hay veces que ni siquiera son delirios, sino expresiones de anhelos profundos de la naturaleza humana. La psiquiatría actual las considera como síntomas de la enfermedad y por lo tanto se esfuerzan en combatirlas. Sin embargo, deberían de tenerse en cuenta y ser analizadas y discutidas con los enfermos. A veces se confunden los dos sentidos que tiene la palabra verdad: por un lado, lo que es opuesto al error, y por otro, lo que no existe en la realidad. Dos y dos son cinco, no es verdad, porque es un error, pero don Quijote no existió en verdad porque es una fantasía. Muchas veces el enfermo delirante se combate en este sentido y teme ser tomado por mentiroso por algo que es un error, pero que para él es verdad, aunque pertenezca a un mundo de fantasía.

18. Se dice que Haendel compuso _El Mesías_ en cinco días, Silvia Plath escribió sus mejores poemas en periodos de euforia, Shumann encontró en sus fases maníacas el mejor aliado para concluir sus más excelsas obras, e incluso Van Gogh terminó sus lienzos más importantes... A pesar de no haber estudios concluyentes, ¿usted cree que están relacionadas la bipolaridad con la creatividad e inteligencia?

Desde hace tiempo, se conocen las relaciones entre ciertas disposiciones psicológicas y patológicas sobre la creatividad. Un estado como la euforia la facilitan, al igual que algunas intoxicaciones. A veces se olvida que también los episodios depresivos suelen ser creativos, aunque esa creación no se manifiesta en el momento, sino cuando cede la depresión o aparece la euforia. Haendel escribió _El Mesías_ durante un episodio de euforia, cuando acababa de salir de una profunda depresión. El caso de Van Gogh es más complejo. En mi opinión, no sufría un trastorno psicótico, sino que su psicopatología es fruto del consumo de ajenjo, una planta que en aquella época tenía un alcaloide muy alucinógeno y muy psicoestimulante, que es la tujona.

19. Jung, Laing Assagioli o Cristina y Stanislav Groff definen los episodios bipolares, entre otros trastornos, como _estados de emergencia psicoespiritual._ Pese a los inconvenientes que comporta la enfermedad, ¿qué aspectos positivos —maduración personal, valores espirituales...— puede llegar a aportar, padecer las consecuencias del trastorno? Es decir, ¿ser bipolar brinda una oportunidad para un especial «aprendizaje interior»?

En términos generales, un episodio depresivo y un episodio eufórico dejan poca huella en el sujeto a pesar de que en muchos pacientes conmueven, por así decirlo, los cimientos de la existencia. Sin embargo, algunas personas son capaces de recuperar algunas de estas vivencias, que pueden ser positivas. Suelen ser las más creativas e inteligentes, capaces de moverse entre el mundo de la realidad y la fantasía con mayor soltura, cosa que para otros es un riesgo fatal.

20. ¿Falta mucho tiempo para que «la eutimia permanente» sea la tónica del bipolar futuro? ¿Qué pasos tendrá que dar la ciencia para conseguirlo?

En este mundo no hay nada permanente, ni siquiera el estado de ánimo. Las pequeñas alteraciones son una de las mayores quejas de los bipolares, en los que la vida se vuelve demasiado monótona y echan de menos los momentos de euforia e incluso también la depresión.

21. Por último, ¿qué mensaje positivo podría darle a un bipolar que acaban de diagnosticarle este trastorno del estado de ánimo?... ¿Y a todos aquellos que llevan años padeciendo descompensaciones, tanto maníacas como depresivas?

En primer lugar, la gran mayoría de los trastornos bipolares se pueden controlar y tratar fácilmente. En segundo lugar, el tratamiento debe ser mantenido y regulado para evitar que el cuadro se vaya deteriorando. Aquí la medicación es importante, pero también el valorar las situaciones en la vida que son estresantes y que contribuyen como desencadenantes de las fases de euforia o depresivas. En tercer lugar, el tratamiento debe ser riguroso, olvidándose de curas milagrosas, y sobre todo de automedicarse. El mayor riesgo hoy día para un bipolar es el consumo de estimulantes como la cocaína para combatir fases depresivas. En cuarto lugar, no hay que precipitarse en el tratamiento y hay que tener cierta precaución para conseguir un estado de ánimo equilibrado, sin querer combatir las euforias y las depresiones en sí mismas de un modo aislado. Pero como le decía, la mayor parte de los bipolares son fácilmente controlables. Aquellos que buscan la ayuda de asociaciones de enfermos o de familiares son los casos más graves y resistentes, aquellos que requieren mayores esfuerzos, que incluyen, como antes decía, no solo tratamientos farmacológicos, sino toda una serie de técnicas complementarias para elaborar un estilo de vida más acorde con los límites que produce la enfermedad.

Últimas técnicas de diagnóstico y tratamiento

❧ ❧

Técnicas de neuroimagen: PET y SPECT

L A neuroimagen es una de las áreas emergentes y con más innovación tecnológica en biomedicina. Es un área de conocimiento con un campo multidisciplinario que abarca desde el desarrollo de *software,* hasta el descubrimiento de radiofármacos, pasando por la validación de los distintos diagnósticos psiquiátricos. Pese a todo, el buen juicio clínico, así como el conocimiento exhaustivo del paciente por parte del terapeuta, sigue siendo insustituible.

PET

Debe su nombre a las siglas inglesas *Positron Emission Tomography* (tomografía por emisión de positrones) y se trata de una técnica no invasiva de diagnóstico por imagen, que mide el metabolismo y el funcionamiento de tejidos y órganos. Permite la detección precoz de algunas enfermedades oncológicas, cardiológicas, neurológicas y psiquiátricas. De igual forma, el PET permite conocer el funcionamiento del cerebro tanto en reposo como en actividad, de modo que el psiquiatra averigua sin margen de error cómo tratar al paciente con independencia de los síntomas, así como comprobar si el tratamiento está siendo efectivo o no, porque cuando el enfermo mejora, mejora su neuroimagen.

En qué consiste:

Para llevar a cabo esta exploración, es preciso administrar al paciente un radiofármaco —generalmente por vía oral o intravenosa—, que es un «trazador» marcado con un radiosótopo emisor de positrones, que, gracias a sus características fisicoquímicas, se concentrará en un tejido determinado. Uno de estos «trazadores» más utilizados es la molécula fluordexiglucosa marcada con F-18, que es detectado por una cámara PET.

La duración total de la prueba oscila entre dos y tres horas, pero el tiempo de permanencia en el tomógrafo no va más allá de 90 minutos. No hay peligro de radiación de ningún tipo en tanto que la cantidad inyectada es mínima.

Gracias al PET, se pueden detectar precozmente la enfermedad de Alzheimer, demencia senil, atrofia múltiple sistémica, Parkinson. Igualmente se puede averiguar la existencia y localización de focos epileptógenos, así como enfermedades psiquiátricas como la esquizofrenia o los trastornos bipolares.

SPECT

El SPECT —siglas que corresponden a Single Photon Emisión Computed Tomography— permite obtener imágenes de las distintas zonas del encéfalo, para determinar si las sustancias que se está investigando para el desarrollo de un fármaco penetran en el cerebro, en qué cantidad lo hacen y sobre qué zonas concretas. Hasta el momento, este es el único método que permite un estudio de la neurotransmisión *in vivo* en humanos, logrando ahorrar tiempo y dinero en la investigación de psicofármacos.

- Barcelona dispondrá desde principios del 2003 del **primer centro español que utilizará la imagen tomográfica del cerebro, para la investigación y el desarrollo de psicofármacos.** Será en el Hospital del Mar de Barcelona.
- Si tenemos en cuenta que se pueden tardar quince años desde que se identifica una «diana terapéutica» —es decir, desde que se sin-

tetiza una molécula con potencial farmacológico— hasta que se convierte en un medicamento comercializable, no es de extrañar que la industria farmacéutica no se arriesgue a invertir tiempo y dinero en un fármaco que no se sabe si puede funcionar o no.

- Por este motivo, la técnica SPECT puede agilizar el proceso de investigación, proporcionando una valiosa información sobre el potencial de cada fármaco.

Cómo funciona y cuándo se comenzará a emplear:

- Administrándole al paciente una pequeña dosis de sustancia que se desee experimentar y, mediante imágenes tomográficas, se puede observar la evolución de la sustancia en el cerebro: en las zonas que se deposita, en las cantidades que lo hace y dónde actúa. Las primeras investigaciones con pacientes se realizarán a principios del 2003, centrándose en fármacos para combatir la esquizofrenia, la depresión y la ansiedad, pero está previsto analizar tratamientos para el trastorno bipolar, la drogadicción y las alteraciones del sueño.

APÉNDICE

Los bipolares a lo largo de la historia

∽ ∾

- Los antiguos griegos ya hacían mención a un estado de locura delirante con ánimo exaltado. **Soranus,** en el siglo I antes de nuestra era, ya había notado la relación entre estos estados y la melancolía, llegando incluso a describir los episodios mixtos.

- **Hipócrates** ya explicó que «en las enfermedades melancólicas, los desplazamientos de la bilis negra hacen temer este género de enfermedades: la apoplejía, el espasmo, la locura».

- Fue **Aretaeus de Capadocia** (siglos I-II d. de C.) quien hizo la conexión entre los dos episodios: «la melancolía es el principio y parte de la manía»..., «algunos pacientes, después de ser melancólicos, tienen brotes de manía... de manera que la manía es una posible variedad del *estar melancólico*». De igual forma, expresaba que «la melancolía es una afección sin fiebre, en la que el espíritu triste queda permanentemente fijado en la misma idea y se le adhiere obstinadamente; me da la impresión de que se trata de un inicio o una especie de manía parcial... Si llega a suceder que se disipe la tristeza, la mayor parte de aquellos en quienes se produce este cambio se vuelven maníacos».

- **Alejandro de Tralles** (siglo VI) señala que, en los casos de melancolía crónica, la manía puede aparecer en forma de ataques periódicos o intermitentes *(per circuitus)*.

- Fue en el siglo XVII cuando realmente se hizo patente la alternancia entre manía/melancolía. El médico inglés **T. Willis** (1622-1675) observa por primera vez la sucesión repetida de ambos estados: «La melancolía que dura muchísimo tiempo se transforma frecuentemente en necedad, incluso en manía... Después de la melancolía es necesario tratar la manía, que tiene tanta relación con ella que estas dos enfermedades a menudo se suceden y la primera se transforma en la segunda, y viceversa...».

- En el siglo XVIII, **J. B. Morgagni** (1682-1771) también compara ambos estados: «Frecuentemente vais a ver que los médicos no saben si deben llamar melancólico o maníaco al mismo enfermo que habrá tenido de vez en cuando alternancias de taciturnidad y temor, de locuacidad y de audacia».

- En el siglo XIX, **J. P. Falret** (1794-1870) y **J. Baillarger** (1809-1890) realizan la primera descripción de la enfermedad desarrollando su historia natural. Falret habla de trastorno circular —*la folie circulaire*—, en donde se suceden episodios de manía y de depresión, mientras que Baillarger, además de describir un trastorno de doble forma —*la folie à double forme*—, caracterizado por dos periodos, uno de depresión y otro de excitación, eleva la «melancolía» al rango de lesión general, y ya no parcial, de sus facultades. Para Baillarger, la melancolía deja de ser un delirio para convertirse en una perturbación profunda de la afectividad.

- **Emil Kraepelin,** a principios del siglo XX, desarrolló una clasificación de las enfermedades mentales, separando la psicosis maniacodepresiva de la demencia precoz —o psicosis deteriorante—. Dentro de la psicosis maniacodepresiva, señaló el carácter episódico con recuperación intermedia, y también reseñó la historia familiar del trastorno. Él es quien establece por primera vez los criterios para el diagnóstico de:

  — **Estados maníacos:** Cuyos síntomas más significativos son la fuga de ideas, la elevación del humor y el aumento de la actividad.

  — **Formas mixtas:** En las que se observan rasgos de manía y de melancolía de tal forma que, en los cuadros, se suceden y superponen señales que corresponden a ambas enfermedades, sin que puedan clasificarse ninguna de ellas.

- **Bleuler,** en 1924, se aparta de Kraepelin al plantear que la relación entre la enfermedad maniacodepresiva y la demencia precoz eran un «continuum», sin una clara línea de demarcación.

- Varias décadas después, **la clasificación de Klerman** dividió los trastornos bipolares en seis grupos:

— Episodios de manía y episodios de depresión.
— Hipomanía-depresión.
— Origen farmacológico.
— Ciclotimia.
— Depresión mayor con antecedentes familiares en trastorno bipolar.
— Manía monopolar.

- **Adolfo Meyer** creía que la psicopatología surgía de la interacciones «biopsicosociales» —es decir, de la sinergia entre un cúmulo de consecuencias biológicas del enfermo, así como de consecuencias netamente ambientales—. De tal modo aparece reflejada en el DSM I —Manual Diagnóstico y Estadístico de los Trastornos Mentales— (1952) con la inclusión del término «reacción maniacodepresiva».
- La distinción que hoy parece básica entre los cuadros de enfermos monopolares y bipolares no empezó a tomar cuerpo hasta que aparecieron las propuestas teóricas de **Kleist,** en el año 1947 —subdividiendo las «psicosis fásicas» (intermitentes) en: formas unipolares (maníacas o depresivas) y formas bipolares.
- En 1972 se produce una nueva clasificación de los trastornos afectivos, dividiéndolos en dos familias, de la mano de un grupo de estudiosos de la Universidad de Washington, conocido como **Grupo de St. Louis.** El objetivo de esta nueva clasificación era formar dos grupos homogéneos que aportaran luz en la investigación.

— Primarios: aquellos que no tenían antecedentes de enfermedades psiquiátricas o somáticas.
— Secundarios: formado por pacientes que sí tenían antecedentes de algún trastorno físico o psíquico, así como acontecimientos estresantes psicosociales.
— Además, se establecen criterios de diagnóstico de la manía, tales como: euforia e irritabilidad y, al menos tres, de los siguientes síntomas: hiperactividad, verborrea, fuga de ideas, grandiosidad, disminución del sueño y distraibilidad.

- Su discípulo **K. Leonhard,** en la década de los sesenta, realiza una gran aportación al diferenciar, dentro de los trastornos afectivos, las formas bipolares y las unipolares.

- **Andersen y Winokur,** en 1979, clasifican los trastornos afectivos en primarios y secundarios. Los primarios se dividen en bipolares y unipolares. Estos últimos lo hacen a su vez en:

  — Unipolares puros: con historia familiar de depresión.
  — No familiares.
  — De espectro depresivo: haciendo referencia a pacientes con antecedentes familiares de alcoholismo, toxicomanía, personalidad antisocial...

- **Feighner,** en 1981, propone la siguiente clasificación de la manía —teniendo en cuenta la duración de al menos dos semanas y sin que existan trastornos psiquiátricos previos:

  — Bipolar I con manía.
  — Bipolar II con hipomanía.
  — Manía unipolar.
  — Depresión unipolar con historia familiar de manía.

- Los **Criterios de diagnóstico para la investigación (RDC),** promovidos por el Instituto Nacional de la Salud Mental de los EE. UU., se describen elaborando y modificando los criterios Feighner. Posteriormente se publica una revisión, conocida como RDC-R, muy similar a la edición previa, en donde se estima que, para catalogar el trastorno maníaco, se deben cumplir una serie de criterios —que no viene al caso reseñar— y que se vieron modificados por la dos clasificaciones válidas y definitivas: CIE-10 y DSM-IV.

- En la actualidad, la Clasificación Internacional de Enfermedades de la Organización Mundial de la Salud, **CIE-10** (1993), y la tipificación de la Asociación de Psiquiatría Americana, **DSM-IV** (1994), son las dos herramientas que manejan los psiquiatras para el diagnóstico y la ordenación del trastorno bipolar. Durante todo este texto trataremos de atenernos a sus nomenclaturas

Bibliografía

❧❦

— *La malaltia de les emocions. El trastorn bipolar* (Columna Comunicacio, 1999), Eduard Vieta, Francesc Colom y Anabel Martínez-Arán.

— *Trastornos bipolares del estado de ánimo* (Masson, 1998), M. L. Bourgeois y H. Verdoux.

— *Trastornos bipolares. Avances Clínicos y Terapéuticos* (Editorial Panamericana, 2001). Recopilación de diversos autores, por Eduard Vieta.

— *El poder curativo de las crisis* (Kairós, 1993). Selección de Stanislav y Christina Grof.

— *La conciencia sin fronteras* (Kairós, 1995), Ken Wilber.

— *Meditar. Por qué y cómo* (Ed. Mensajero, 1989), Karlfried Graf Dürckheim.

— *El descubrimiento de la Intimidad y otros ensayos* (Austral, 1952), Juan José López-Ibor.

— **Síndromes y subtipos fenomenológicos que subyacen a la manía aguda: un estudio analítico-factorial de 576 pacientes con manía.**
FUENTE: *Harvard Rev Psychiatry* (Tetsuya Sato, Ronald Bottlender, Nikolaus Kleindienst, Hans-Jürgen Möller), junio de 2002.

— **El diagnóstico del trastorno bipolar** (Diagnosis of Bipolar Disorders: Focus on bipolar disorder I and bipolar disorder II).
FUENTE: *Harvard Rev Psychiatry,* Charles L. Bowden.

— **El estado de humor previo puede predecir las tasas de respuesta en pacientes con trastorno bipolar** (Previous mood state predicts response and switch rates in patients with bipolar depression). FUENTE: *Harvard Rev Psychiatry,* Glenda M. MacQueen, L. Trevor Young, Michael Marriott, Janine Robb, Helen Begin, Russell T. Joffe.

— **La Escala de Manía de Manchester: su adaptación a nuestro medio.** FUENTE: *Acepsi Actas Españolas de Psiquiatría,* enero de 2002, 30 (1), L. Livianos Aldana, L. Rojo Moreno, V. Teruel Davó, C. Andreu Lledó, M. J. Abad Pérez, T. Navarro García.

— **Valoración numérica de la manía: su utilidad frente a la escala visual análoga.** FUENTE: *Psiquiatría Biol,* 1999, 6 (Supl. 2), 53.

— **Síntomas psicóticos incongruentes con el humor en los episodios maníacos del trastorno bipolar.** FUENTE: *Aula Médica Psiquiatría,* 2002 (1), J. M. Crespo*, A. Gramary**, J. M. Romero**, V. Soria*, X. Labad* y J. Vallejo*.

— **Revisión del tratamiento en bipolar refractario (Ciclador rápido): a propósito de un caso.** FUENTE: *Interpsiquis,* 2002, M.ª Jesús de Frutos Hernansanz, M.ª Fernanda Fernández Hernández, Ana M.ª Hernández Gudino, Sonia la Fuente Lázaro.

— **Intervención familiar y prevención de recaídas.** FUENTE: *Interpsiquis,* 2002 (2002), Maria Reinares, Eduard Van Gent.

— Colom, F.; Vieta, E; Martínez-Arán, A.; Reinares, M.; Benabarre A.; Gastó, C.: «Clinical factors associated with treatment noncompliance in euthymic bipolar patients», *J Clin Psychiatry,* 2000.

— **Grupos psicoeducativos.** FUENTE: *Interpsiquis,* 2002 (2002), Francesc Colom, Mercè Comes.

— **Factores predictores de respuesta al litio en pacientes bipolares en seguimiento a largo plazo.**
FUENTE: *Acepsi Actas Españolas de Psiquiatría,* septiembre de 2001, 29 (5), García-López, A.; Ezquiaga, E.; Nieves, P.; Rodríguez-Salvanés.

— **Fármacos antiepilépticos para el tratamiento del trastorno bipolar agudo y persistente** («Antiepileptic drugs for the acute and maintenance treatment of bipolar disorder»).
FUENTE: *Harvard Rev Psychiatry,* septiembre de 2001, De León, OA.

— **Abuso y dependencia de sustancias en el trastorno bipolar.**
FUENTE: *Trastornos adictivos,* mayo de 2001, J. L. Pérez de Heredia, A. González Pinto, M. Ramírez, A. Imaza, J. Ruiz.

— **¿Existe un lugar para la psicoterapia en el tratamiento del trastorno bipolar?**
FUENTE: *Psiquiatría biológica,* 1996, E. Vieta, F. Colom, A. Jorquera y C. Gastó.

— **Manía refractaria. Tratamiento con risperidona.**
FUENTE: *Psiquiatría biológica,* 1996, M. Camarero, R. Mira y M. J. Garrido.

— **Cambios en la voz de una paciente bipolar en función de su estado clínico.**
FUENTE: *Psiquiatría biológica,* 1996, M. García Toro, J. Saiz Ruiz y J. A. Talavera Martín.

— **Abordaje psicofarmacológico en el trastorno bipolar.**
FUENTE: *Psiquiatría biológica,* 1995, M. Urretavizcaya.

— **Antecedentes psiquiátricos familiares y variables clínicas de severidad en pacientes con trastorno bipolar: resultados preliminares.**
FUENTE: *Psiquiatría biológica,* 1995, V. Vallés, R. Guillamat, B. Gutiérrez, M. Campillo y L. Fañanás.

— **Influencia del tratamiento antidepresivo en el curso del trastorno bipolar.**
FUENTE: *Psiquiatría biológica,* 1995, J. Saiz Ruiz, A. Cebollada Gracia y A. Ibáñez Cuadrado.

— **Características clínicas del trastorno bipolar tipo II, una categoría válida de difícil diagnóstico.**
FUENTE: *Psiquiatría biológica,* 1994, E. Vieta, C. Gastó, A. Otero, E. Nieto, J. M. Menchón y J. Vallejo.

— **Efectos a largo plazo del tratamiento con risperidona *versus* neurolépticos convencionales en el rendimiento neuropsicológico de pacientes bipolares eutímicos.**
FUENTE: *Acepsi Actas Españolas de Psiquiatría,* 2000, Reinares, M.; Martínez-Arán, A.; Colom, F.; Benabarre, A.; Salamero, M., y Vieta, E.

— **Neuroimagen en el trastorno bipolar: a la búsqueda de un estándar.**
FUENTE: *Interpsiquis,* 2001, Teresa Rubio Granero.

— **Ácido valproico en psiquiatría.**
FUENTE: *Actas Esp. Psiquiatr.,* 1999, Pedro Zapater Hernández, Elena Ezquiaga Terrazas, Francisco Abad Santos.

— **Factores diferenciales entre subtipos de trastornos afectivos: trastorno bipolar vs. trastorno depresivo recurrente y depresión psicótica vs. depresión no psicótica.**
FUENTE: *Actas Esp. Psiquiatr.,* 1999, C. Carrascosa Carrascosa, N. González Suárez, J. del Castillo Fuertes, I. Octavio del.

— **Trastorno bipolar y embarazo: recomendaciones terapéuticas.**
FUENTE: *Interpsiquis,* 2001, Juan Francisco Tello Robles, María José Martínez Herrera, Loreto Brotons Sánchez y Pedro Pozo Navarro.

— **Desarrollando un programa psicoeducativo dirigido a las familias de pacientes bipolares.**
FUENTE: *Interpsiquis,* 2001, Josep Ribes Cuenca.

— **Del genoma a la molécula: Genética de los Trastornos Bipolares.** FUENTE: *Psiquiatría Noticias,* 2001, Alberto Domínguez Carabantes.

— **Avances en el curso y evolución de los trastornos bipolares.** FUENTE: *Interpsiquis,* 2001, Lorenzo Livianos Aldana.

— **Clasificación de los trastornos bipolares.** FUENTE: *Interpsiquis,* 2001, Pilar Benavent Rodríguez.

— **Tratamientos en investigación: antipsicóticos atípicos.** FUENTE: *Interpsiquis,* 2001 (2), Eduard Vieta.

— **Tratamientos en investigación: nuevos antiepilépticos.** Bárbara Corbella y Eduard Vieta.

— **Factores implicados en la cumplimentación terapéutica de los pacientes bipolares.** FUENTE: *Interpsiquis,* 2001 (2), Francesc Colom.

— **Investigación clínica de los antipsicóticos en el trastorno bipolar** («Clinical Research on Antipsychotics in Bipolar Disorder»). FUENTE: *Journal of Psychiatric Practice,* noviembre 2000, 6 (6): 310-321, James C.-Y. Chou, Ramon Solhkhah, Mark Serper.

DIRECCIONES EN CASTELLANO DE INTERNET:

www.psiquiatria.com
www.grupoaulamedica.com
www.eutimia.com
www.bipolarweb.com

Asociaciones específicas

☙❧

Associació de Bipolars de Catalunya
Secretario y delegado en Gamian Europe: Carlos Enrech Meré.
Dirección: Calle Cuba, 2. Hotel d'Entitats «Can Guardiola».
08030 Barcelona.
Teléfonos: 93 427 44 22 / 93 274 14 60.
Fax: 93 274 13 92.
http://www.bcn.es/tjussana/bipolars
http://www.gencat.es/entitas/abica/htm
Correo electrónico secretario: bipolar@mixmail.com.
Asociación Bipolar de Madrid
Tel. 91 319 52 60, miércoles y viernes de 18.30 h. a 20.30 h.
Calle Martínez Campos, 36, bajo. 28010 Madrid.
ABBBS **(Associació de Bipolars del Bages, Berguedà i Solsonès).**
Tels. 93 874 21 12 / 93 877 42 86.
Asociación Valenciana de Trastorno Bipolar
AVTBipolar@eresmas.com
GIPUZKOA
Asociación de familiares y enfermos psíquicos de Gipuzkoa. España.
«Comisión de bipolares de Agifes».
aptxo@mixmail.com

EN EL EXTRANJERO

Fundación de Bipolares de la Argentina (FUBIPA).
COLEGIO MARIANISTA, Av. Ribadavia, 5 652, Capital Federal
(Argentina).

Associaçao de Apoio Aos Doentes Depressivos e Manìaco-Depressivos (A.D.M.D.).
Rua José dos Santos Pereira, 2, 2.º Dta 1500-380 Lisboa (Portugal).
NDMDA (National Depressive amb Manic Depressive Association de Estados Unidos).
— Last updated: 12/7/1999
Web Design by: Eric T. Meyer, M.A.
National Information Systems Coordinator
Bipolar Genetics Collaboration
etmeyer@bipolargenes.org
http://www.bipolargenes.org

Instituto per la ricerca e la prevenzione della depressione e dell'ansia (IDEA).
Via Statuto, 8. 20121 Milano (Italia).

Aware (Helping to defeat Depression).
72 Lr Leeson Street. Dublin 2 (Ireland).

Santiago de Chile (Chile)
Agrupación de pacientes bipolares
Teléfono: 269 06 01
(Hospital del Salvador
Psiquiatría, Enfermedades del ánimo)

Asociación Mexicana de Trastorno Bipolar A.C. (ÁMATE)
Oficina
Cuauhtémoc, n.º 91-1
COL. ROMA
C.P. 06700, México D. F.
Metro: Niños Hérores
Teléfono: 85 96 78 28

Grupos de apoyo
COL. DEL VALLE
Tlacoquemecatl, n.º 218, Esq. Coyoacán
COL. ROMA
Cuauhtémoc, n.º 91-1
Metro: Niños Héroes
COL. TLACOPAC SAN ÁNGEL
Hidalgo, n.º 35
Metro: Barranca del muerto

COL. BOSQUES DE LAS LOMAS
Bosques de la Reforma, n.º 486
Parroquia «El Señor de la Resurrección»
E-mail. ambtbipolar@infosel.net.mx
www.amate.org.mx
Montevideo (Uruguay)
ABIPU. Asociación de bipolares del Uruguay
Canelones, 1164
Caracas (Venezuela)
bipolarven@hotmail.com

Asociaciones no específicas

❦

ASOCIACIÓN ALAVESA PRO-SALUD MENTAL (ASASAM).
C/ Tres cruces, 5, bajo.
01400 Llodio (ÁLAVA).
ASOCIACIÓN DE FAMILIARES Y AMIGOS DE ENFERMOS MENTALES (AFAEM).
C/ San Ildefonso, 2, 1.º
02600 VILLARROBLEDO (Albacete).
ASOCIACIÓN PRO-SALUD MENTAL «LA FRONTERA».
Apartadode Correos, 1165.
ALMERÍA.
ASOCIACIÓN DE ENFERMOS MENTALES. ADEMM.
C/ Art, 7-9.
08041 BARCELONA.
ASOCIACIÓN PARA LA REHABILITACIÓN ENFERMOS PSÍQUICOS (AREP).
C/ León XIII, 21.
08022 BARCELONA.
PRO-SALUD MENTAL DE BURGOS (PROSAME).
C/ Severo Ochoa, 51, 1.º C.
09007 BURGOS.
ASOCIACIÓN DE FAMILIARES DE ENFERMOS MENTALES (AFEM).
C/ Arco, 30.
11405 JEREZ DE LA FRONTERA (Cádiz).
ASOCIACIÓN PRO-SALUD MENTAL «VIVIR».
Apartado de Correos, 51.
CUENCA.

ASOCIACIÓN PARA LA INTEGRACIÓN ENFERMOS PSÍQUI-COS ALCARREÑOS (APIEPA).
Avda. de Barcelona, 18, bajo.
19005 GUADALAJARA.
Teléfono y Fax: 949 22 26 07.
E-mail: apiepa@yahoo.es

ASOCIACIÓN DE FAMILIARES PARA APOYO DE ENFER-MOS PSÍQUICOS (AFAES).
C/ Padre José de Sosa, 2.
35006 LAS PALMAS DE GRAN CANARIA.

ASOCIACIÓN DE AMIGOS Y FAMILIARES DE ENFERMOS PSÍQUICOS (AFAEPS).
P.º de Feria, 77, bajo.
02005 ALBACETE.

ASOCIACIONES DE FAMILIARES DE ENFERMOS MENTA-LES DE ALICANTE (AFAME).
C/ Padre Mariana, 46, entrep. izda. dcha.
03004 ALICANTE.

ASSOCIACIÓ DE FAMILIARS DE MALALTS MENTALS DE CATALUNYA (AFAMMCA).
C/ Valencia, 236, 1.º 1.ª
08007 BARCELONA.

ASOCIACIÓN VIZCAÍNA DE FAMILIARES Y ENFERMOS PSÍQUICOS (AVIFES).
C/ Biarritz, 14, 4.ª planta.
48002 REKALDEBERRI (Bilbao).

ASOCIACIÓN PROVINCIAL DE AMIGOS, FAMILIARES Y ENFERMOS PSÍQUICOS (APAFES).
C/ Altagracia, 21, bajo dcha.
13003 CIUDAD REAL.

ASOCIACIÓN PRO-ENFERMOS MENTALES (APEM).
Pl. Los Chopos, bloque 22, n.º 1. Barrio de las Flores.
15009 LA CORUÑA.

ASOCIACIÓN GRANADINA FAMILIARES Y ENFERMOS MENTALES (AGRAFEN-COMARES).
Apartado de Correos 4089.
18100 ARMILLA (Granada).

AGRUPACIÓN PARA LA DEFENSA DEL PACIENTE PSÍQUICO.
C/ Tenerife, 28.
ARRECIFE (Lanzarote).
ASOCIACIÓN LEONESA DE FAMILIARES Y AMIGOS DE ENFERMOS MENTALES (ALFAEM).
Avda. de Roma, 9, 2.º izda.
24001 LEÓN.
ASOCIACIÓN DE FAMILIARES DE ENFERMOS PSÍQUICOS DE PONIENTE.
C/ Felipe Silva, 2.
25005 LÉRIDA.
ASOCIACIÓN DE FAMILIARES Y AMIGOS DE ENFERMOS PSÍQUICOS (AFAEP).
C/ Arturo Soria, 204 (Hospital de San Miguel).
28043 MADRID.
ASOCIACIÓN SALUD Y AYUDA MUTUA (ASAM).
Glorieta de los Cármenes, 2.
28047 MADRID.
ASOCIACIÓN PARA LA INTEGRACIÓN SOCIAL DE LOS ENFERMOS PSÍQUICOS (APISEP).
C/ Cardenal Cisneros, 6, bajo izda.
28802 ALCALÁ DE HENARES (Madrid).
FEMASAM.
C/ Colomer, 14.
28028 MADRID.
A. INTEGRACIÓN COMUNITARIA DE ENFERMOS PS. DE CARTAGENA Y SU COMARCA (APICES).
C/ Caridad, 2.
CARTAGENA (Murcia).
ASOCIACIÓN DE FAMILIARES Y ENFERMOS MENTALES (MOREA).
C/ Monte Xeixo, 3, bajo.
ORENSE.
ASOCIACIÓN PARA EL DESARROLLO E INTEGRACIÓN DE PERSONAS ESQUIZOFRÉNICAS (ADIPE).
C/ Viñaza, 12 C.
PALMA DE MALLORCA.

LAR. ASOCIACIÓN PRO-SALUD MENTAL.
C/ Diez, La Rosaleda, 12, SOBRALEDO.
VILLAGARCÍA DE AROSA (Pontevedra).

ASOCIACIÓN RIOJANA DE FAMILIARES DE ENFERMOS PSÍQUICOS (ARFES).
Avda. de España, 7.
26001 LOGROÑO.

ASOCIACIÓN EN LUCHA POR LA SALUD MENTAL (ALU-SAMEN).
C. de S. de Vallecas.
Peña Gorbea, 4.
28018 MADRID.

ASOCIACIÓN PSIQUIATRÍA Y VIDA.
C/ Colomer, 14.
28028 MADRID.

MENSANA - Asociación de Usuarios de Centros de Salud Mental. Familiares y Allegados.
C/ Virgen de África, 43.
28027 MADRID.

ASOCIACIÓN SALUD Y ALTERNATIVAS DE VIDA (ASAV).
P.º de Colón, s/n.
28045 MADRID.

ASOCIACIÓN DE FAMILIARES DE ENFERMOS MENTA-LES DE MENORCA (AFEM).
C/ San Fernando, 30.
MAHÓN (Baleares).

ASOCIACIÓN DE FAMILIARES PRO-ENFERMOS PSÍQUI-COS (AFES).
C/ Pinares, 1, ático.
30001 MURCIA.

ASOCIACIÓN DE FAMILIARES ENFERMOS PSÍQUICOS DE ASTURIAS (AFESA).
Apartado de Correos 1235.
OVIEDO.

A. FAMILIARES DE ENFERMOS PSÍQUICOS (AFES).
C/ Salvino Sierra, 8.
34005 PALENCIA.

A. NAVARRA PARA LA SALUD PSÍQUICA. ANASAPS.
C/ Iturrama, 5, entresuelo, oficina 3.ª
31007 PAMPLONA.

A. FAMILIARES DE EN. MEN. CRO. SALAMANCA (AFEMEC).
Apartado de Correos, 329.
37008 SALAMANCA.

ASOCIACIÓN TINERFEÑA FAMILIAS ENFERMOS PSÍQUICOS (AFES).
C/ Sorolla, 3, 1.º
38007 SANTA CRUZ DE TENERIFE.

ASOCIACIÓN GUIPUZCOANA DE FAMILIARES DE ENFERMOS PSÍQUICOS (AGUIFES).
C/ Sancho el Sabio, 25, 1.º D.
20010 SAN SEBASTIÁN.

ASOCIACIÓN SEGOVIANA DE ENFERMOS MENTALES, FAMILIARES Y AMIGOS (AMANECER).
Apartado de Correos 171.
48080 SEGOVIA.

ASOCIACIÓN VIRGEN DEL CAMINO (Hospital Institucional).
Ctra. de Logroño, s/n.
42004 SORIA.

ASOCIACIÓN DE FAMILIARES Y AMIGOS DE ENFERMOS MENTALES (DESPERTAR).
C/ Valdelmesa, 1, Yedra, 23.
45007 TOLEDO.

A.S.I.E.M. (Asociación por la Salud Integral del Enfermo Mental).
C/ Blanquerías, s/n.
46003 VALENCIA.
Tel. 96 391 89 52.

ASOCIACIÓN DE FAMILIARES DE ENFERMOS MENTALES (AFEM).
C/ Peris Brell, 9, bajo dcha.
46022 VALENCIA.

FEDERACIÓN VALENCIANA DE ASOCIACIONES DE FAMILIARES Y ENFERMOS MENTALES (FEVAFEM).
C/ Peris Brell, 9, bajo dcha.
46022 VALENCIA.

ASOCIACIÓN AYUDA ENFERMO PSÍQUICO (DOA).
C/ Romil, 84.
36211 VIGO.

ASOCIACIÓN ZAMORANA DE ASISTENCIA Y PREVENCIÓN DE ENFERMOS PSÍQUICOS (AZAPES).
Apartado de Correos, 470.
ZAMORA.

A. PRO-SALUD MENTAL «A. CREBA».
Marqués de Monroy, s/n.
15200 NOIA (La Coruña).

ASOCIACIÓN CÁNTABRA PRO-SALUD MENTAL (ASCASAM).
C/ Ruasal, 7, 3.º
39001 SANTANDER.

FEDERACIÓN DE EUSKADI DE ASOCIACIONES DE FAMILIARES Y ENFERMOS PSÍQUICOS (FEDEAFES).
C/ Biarritz, 14, 4.ª planta.
48002 REKALDEBERRI (Bilbao).

FEDERACIÓN ANDALUZA DE ALLEGADOS DE ENFERMOS ESQUIZOFRÉNICOS (FANAES).
C/ Villegas y Marmolejo, 2, M-1.º
41005 SEVILLA.

ASOCIACIÓN TALAVERANA DE AMIGOS, FAMILIARES Y ENFERMOS PSÍQUICOS (ATAFES).
C/ Segurilla, 35.
TALAVERA DE LA REINA (Toledo).

ASOCIACIÓN FAMILIARES Y AMIGOS DE ENFERMOS PSÍQUICOS DE TARRAGONA («AURORA»).
C/ Reial, 9, 1.º-2.ª
43004 TARRAGONA.

ASOCIACIÓN DE LOS SAFOR DE AYUDA A ENFERMOS MENTALES (ASAEM).
C/ Perú, 18, bajo.
46700 GANDÍA (Valencia).

ASOCIACIÓN FAMILIARES Y ENFERMOS MENTALES («EL PUENTE»).
C/ López Gómez, 30 ext. izda.
47005 VALLADOLID.

ASOCIACIÓN ALAVESA DE FAMILIARES DE ENFERMOS MENTALES (ASAFES).

C/ Portal de Arriaga, 14, bajo.

01012 VITORIA.

ASOCIACIÓN ARAGONESA PRO-SALUD MENTAL (ASAPME).

Pabellón de San José - Parque de las Delicias.

C/ Ciudadela, s/n.

50010 ZARAGOZA.

FEDERACIÓN DE ASOCIACIONES ARAGONESAS PRO-SALUD MENTAL (FASAPME).

Pabellón de San José - Parque de las Delicias.

C/ Ciudadela, s/n.

50010 ZARAGOZA.